大哲學家100  ONE HUNDRED PHILOSOPHERS

大哲學家100 ONE HUNDRED PHILOSOPHERS

世界上最偉大的思想家——
他們的生平及成就簡述

PETER J. KING 著

戴聯斌 王了因 譯

三聯書店（香港）有限公司

目錄

大哲學家100

策劃編輯　陸詠笑
責任編輯　羅芳

One Hundred Philosophers
by Peter J. King
Original English Edition Copyright
© 2004 Quarto Publishing plc
Chinese Translation Copyright
© 2005 Joint Publishing (Hong Kong) Company Limited

著　　者　Peter J. King
譯　　者　戴聯斌、王了因
出　　版　三聯書店（香港）有限公司
　　　　　香港鰂魚涌英皇道1065號1304室
發　　行　香港聯合書刊物流有限公司
　　　　　香港新界大埔汀麗路36號3字樓
版　　次　2005年9月香港第一版第一次印刷
規　　格　16開（165×222mm）192面
國際書號　ISBN 962.04.2472.7
© 2005 Joint Publishing (H.K.) Co., Ltd.
Published in Hong Kong

導言

"phylosophy"（哲學）一詞源於希臘語，意思是"愛智慧"。但是，從詞源學上作個解釋，通常並不能讓我們很透徹地弄懂這個問題。撇開"智慧"是什麼意思這個令人難以捉摸的問題不談，僅僅愛它，似乎沒有什麼大的用處，和哲學家們實際做的事情也不搭界。也許我們可以認為它包含更多的意思：就像為獲取知識和判斷力而作出的努力。但是，哲學如何才能與具有同樣目的的人類的其他活動區別開來呢？

這個問題很複雜，因為數百年來，哲學的研究範圍一直在變化。在相當長的一段時間內，它涵括了幾乎所有的知識活動，包括神學、物理學、心理學和邏輯學，不一而足。這種狀況一直持續到中世紀末期格局開始分化時為止。第一個分離，乃是神學和哲學之間的分離；**笛卡兒**標誌着這個新時代的開端，儘管很多前賢奠定了這次分離的基礎。他借用了上帝的觀念，甚至兩番論證上帝的存在，但他這樣做，只是試圖藉以為人類的知識提供堅實的基礎。第二個分離是經驗主義和非經驗主義之間的分離：我們現在所謂的自然科學逐漸形成了它們自己的特點，出現了物理學、化學和生物學。心理學和社會學之類的學科則從哲學中分離得較晚，常常是從容不迫地轉入經驗科學的領域。

因此，如何界定哲學，部分困難在於它涵蓋了其他學科不予關注的所有的事物——這樣，不能明確地限定它包括什麼、不包括什麼，便不足為奇了。解決這個問題最好的方法，是看看幾個例子，以弄清楚哲學討論的是什麼。我們先不妨問問，比如說吧，宗教哲學與宗教心理學、宗教社會學的區別在哪裡。宗教心理學一般關注宗教以及宗教活動和宗教信仰對個人心理的影響，也探討心理現象對宗教的性質和發展產生的影響。同樣，宗教社會學通常關注的是社會中的宗教和宗教活動，也把宗教作為社會結構進行研究。它們都不在乎宗教教義是否真理，也不關心宗教信仰和活動是否合情合理；這些是哲學關心的問題。

這一區別反映了哲學的性質，但我們還需要瞭解得更詳細些。讓我們講個關於宗教哲學的問題作為例子。就說道德與神（或者諸神）之間有什麼聯繫吧。在其對話錄《歐蒂弗羅篇》（Euthyphro）中，**柏拉圖**向那些信教的人提出了一個迄今仍讓哲學家和神學家爭論不休的問題——這個問題被稱作"歐蒂弗羅二難推理"：神聖的事物之所以神聖，是因為神青眼有加嗎，抑或神鍾愛它們只是因為它們神聖？同樣的二難推理也能適用於道德，按一神論的說法就是：符合道德的行為之所以為善，是因為上帝欽定它們為善，抑或上帝欽定這些行為為善，就是因為它們為善？

這一二難推理的兩個論點，對宗教信徒來說都沒有吸引力。如果說是神的指示創造了道德（是謂神律論<Divine

亞歷山大里亞通常被認為是第一個世界文化中心。其圖書館典藏有古代世界所有偉大思想家的著作。就是在這個圖書館，歐幾里德（Euclid）發現了幾何學的原理，托勒密（Ptolemy）寫出了《大綜合論》（Almagest），埃拉托色尼（Eratosthenes）測出了地球的直徑，阿基米德（Archimedes）發明了至今仍在使用的螺旋形水泵。後來一場大火將圖書館夷為平地，柏拉圖、蘇格拉底以及其他許多人的著作也隨之灰飛煙滅。

從古到今，哲學一直在試圖評**估**並解釋一些基本的概念，比**如**道德和神，並試圖分析兩者**之**間的關係。

命令論（Command Theory>），那麼他有可能作出截然不同的指示——比如，規定殺人為善而仁愛為惡——這樣我們的道德價值觀就完全倒了個兒；另一方面，如果因為殺人為惡而神指定這種行為為惡，那麼道德就是獨立於神的意志了，因此他並沒有創造萬物（也像我們這些人一樣屈從於道德）。對這一二難推理的反應便是：接受其中一個論點；或者試圖將與其中一個論點相關的問題淡化；或者採取折衷的方法，認為有些道德價值觀是神創的，有些則不是；或者乾脆拒絕相信道德與神之間存在聯繫。

不同的宗教對何為道德、何為悖德有哪些說教，我們在此不予討論，也不會關注這些宗教就神的指示以及他與道德的關係說了些什麼。我們要在一個更高級的抽象層面展開陳述，檢視關於道德與神的基本觀念，分析並評價二者之間的關係。藉助哲學，我們可以縝密、客觀、公正地施行這一檢視。就像科學意在克服研究世界中訴諸經驗的方面時存在的、人的主觀性一樣，哲學試圖在研究非經驗的方面時有相同的作為。其討論的主題包括人們的觀念、方法以及假設，因此，哲學不僅僅研究它自己獨特的問題，比如精神和意識的本質、道德、邏輯等等，也討論其他的學科，例如科學、歷史、數學等等。

哲學的主要領域

長期以來，哲學一直被劃分為很少的幾個核心領域；數百年來，這種劃分並沒有根本的改變，儘管問題和方法常常改變。每一個哲學傳統，都包含這四個基本領域，儘管不同的傳統在不同的時代會重點研究其中一些領域而忽略另一些領域。

形而上學（metaphysics）是最難解釋的一個範疇，這部分是因為這一術語的起源。根據傳統的**亞里士多德**著作編次，《形而上學》是繼《物理學》（Physics）之後的一本書（"Metaphysics" 的意思是 "物理學之後"）；因此，形而上學關注的是《形而上學》這本書中討論的話題——主要是存在的本質、實體、因果律和神的存在。亞里士多德本人把這樣的根本問題稱作 "第一哲學"（First Philosophy）。形而上學的主要範疇是本體論；這一範疇關注的問題是實體有多少種根本不同的形式（物質實體、精神、數，諸如此類）。其他的形而上學問題還包括因果律的本質、偶然和必然，以及空間和時間的本質。

20世紀有很多思想運動，比如邏輯實證主義，是與形而上學針鋒相對的，儘管它們並沒有研究一些形而上學假設（比如所有存在的事物都是可觀察的）。不過，一些哲學家，如**斯特勞森、克里普克和劉易斯**，已經將形而上學重新納入哲學的主流領域。

有些人錯誤地用 "形而上學" 一詞來指稱靈魂、巫術之類的事物；這實在是不通。"物質實體" 就像 "非物質實體" 一樣，都是形而上學的概念；"所有存在的事情都是物質的" 這一論斷和 "不存在精神之類的非物質的事物" 這一論斷一樣，均為形而上學論斷。實際上，關於世界的觀念本身也是一個形而上學的觀念，而不是一個科學觀念。

認識論（epistemology）討論的是關於認識和信仰的觀念。其主要的問題是認識的本質（比如，認識如何與純粹的信仰區分開來？）、總體認識的可能性、具

克里斯蒂安·惠更斯（Christiaan Huygens）和薩洛蒙·考斯特（Salomon Coster）在欣賞他們的第一架擺鐘。科學根植於哲學；實際上，有很多哲學家在尋求解釋世界時，既致力於哲學研究，也從事科學探索。正是梅森（Mersenne）向惠更斯建議使用擺鐘作為計時裝置。

Boole>和奧古斯都·德·摩根<Augustus de Morgan>的研究之上）。

哲學邏輯學起初是研究邏輯學的概念、術語和方法，但在20世紀其研究範圍擴大，這在某種程度上是形式邏輯發展的結果，但在某種程度上也是為了彌補因（短暫地）遺棄形而上學而留下的間際。一個典型的例子便是存在問題：形而上學可能會問"存在是否一種真正的特性"，而哲學邏輯學則會問"存在是不是一個謂詞"。

體認識的可能性（比如關於過去的認識、靠感覺獲得的知識、經由歸納推理獲得的知識）。

長期以來，主要的哲學分歧之一便是唯理論者（Rationalists）與經驗主義者（Empiricists）之間的分歧。這是兩種極端的立場，前者認為，真正的知識（與真正的信仰相對）只能通過使用理性才能獲得，而不是藉助知覺（例如柏拉圖的對話錄《美諾篇》<Meno>和《國家篇》<Republic>就持這種立場）；而後者認為，真正的知識只有使用知覺才能獲得（邏輯實證主義者，比如早年的**卡納普**和早年的**艾爾**，就與此最為接近）。事實上，大多數哲學家處於這兩個極端之間。

邏輯（logic）是關於有效推理和論證的科學；它關注的是命題與概念或者信仰之間的聯繫。第一個偉大的邏輯學家是亞里士多德。在一個有效的**演繹**論證中，前提和結論是互相關聯的，肯定前者又否定後者，就是自相矛盾。一個有效的**歸納**論證（即從一系列單個的前提中得出一個帶普遍性的結論）則並非如此，這樣的論證效果如何，正是科學哲學、認識論和哲學邏輯學關注的一個重要問題。任何一種形式的合理論證都是有效論證，其前提為真。在**數理邏輯**（或曰**符號邏輯**）中，邏輯結構採用符號形式來表達，邏輯學的範圍也隨之擴大。數理邏輯第一個偉大的開創者是**弗雷格**（其成就是建立在數學家喬治·布爾<George

道德哲學（moral philosophy），對很多不從事哲學研究的人來說，是哲學關注的中心問題——實際上，在所有的哲學傳統中，研究道德的本質以及如何生活一直是哲學家關注的重要問題。然而，它一直被認為不屬於哲學的核心問題，因為它有賴於更加根本的形而上學和認識論理論。道德哲學的兩個主要分支（第181頁的概述有更詳細的描述）是元倫理學和規範倫理學。

元倫理學研究關於道德的最基本的問題，比如道德價值是不是客觀的，道德陳述是正還是誤，以及道德與自由意志觀念之間的關係。規範倫理學一般討論更實際的問題，比方說流產、自殺和安樂死是否在本質上就是錯誤的，抑或在特定情況下才是錯誤的，抑或從來就不是錯誤的。20世紀，隨着道德思考應用於人類活動的諸多專門領域，專門領域的倫理學紛紛成長——例如醫學倫理學、商業倫理學和環境倫理學。

關於本書

現在應該清楚了：哲學（就像科學一樣）是一種方法，而不是結果——是思考和論證特定論題的途徑，而不是一套信仰。事實上，嚴格地講，沒有哲學信仰之類的東西，因為重要的不是你要到哪兒，而是你怎麼到達；關鍵在於為你的信仰尋求好的理由，採用論證的形式說明你的立場並駁斥對你的批判。有人可能忍為，除了物質及其變體外，世間只有"無"。這也許是她思考的結果，她研究了各種正面的論證和反面的論證，抨擊論爭的一方（儘管並不抱有偏見）。她贊成某種信仰，也許是因為別人就是這樣告訴她的，或許是因為她的朋友都是這樣認為的，或許是因為她在餐廳裡聽到，覺得這種觀點很有思想、很大膽。但只有第一種情形算是哲學。

這給隨後行文帶來很多限制。最重要的是，從古到今，有很多人都創立了重要的信仰體系。很多人常常被當作哲學家，但是他們並沒有告訴我們他們得出結論的推理過程——比如，佛祖和耶穌或多或少都可以納入此類。本書一般只收錄不僅傳下了結論，而且傳下了推理過程的那些思想家。偶爾有例外的是，有些思想家的論證過程已經失傳，但他們對哲學傳統有至關重要的影響，有些雖沒有說明他們自己的推理過程，但其後學受到鼓勵，提出了相關的論證和反論證，這些思想家都予收錄。例如，本書收錄**米利都的泰勒斯和老子**，就是如此。

本書所錄哲學家，均按生年順序編排。然而，哲學不是冷僻孤立的研究——儘管大眾的印象是這樣；藉由對話、藉由思想交流，特別是藉由回應批判，哲學才得以發展。在試圖應對並駁倒其他哲學家的詰難的過程中，它才能獲得很多重要的發展。因此，本書也羅列了每個哲學家受何人影響以及影響何人。

有很多的哲學家——尤其是現代哲學家——應當入選這裡的百名之列，如果這本書篇幅能更長些，或者由另一位哲學家執筆，或者在另一個時代動筆，下列哲學家的全部或者部分都是能夠入選的：阿布德拉的普羅塔哥拉（Protagoras of Abdera）、蘭普薩庫的斯特拉托（Strato of Lampsacus）、斐洛（Philo）、亞伯拉罕·本·戴維·哈里維·伊本·道（Abraham ben David Hallevi ibn Daud）、摩陀婆（Madhva）、列維·本·革舜（Levi ben Gershom）、朱利安·沃弗洛伊·德·拉美特利（Julien Offroy de la Mettrie）、威廉·漢密爾頓爵士（Sir William Hamiton）、奧古斯特·孔德（Auguste Comte）、赫伯特·斯賓塞（Herbert Spencer）、亨利·西奇微克（Henry Sidgwick）、恩斯特·馬赫（Ernst Mach）、阿歷克修·范·邁農（Alexius von Meinong）、亨利·伯格森（Henri Bergson）、皮埃兒·迪昂（Pierre Duhem）、阿爾弗來德·諾思·懷特海（Alfred North Whitehead）、約翰·麥克塔戈特（John McTaggart）、西田幾多郎（Nishida Kitaro）、莫利茲·施利克（Moritz Schlick）、沃特·諾伊拉特（Otto Neurath）、L·蘇珊·斯泰炳（L. Susan Stebbing）、C·D·布羅德（C. D. Broad）、吉爾伯特·賴爾（Gilbert Ryle）、J·L·奧斯丁（J. L. Austin）、J·L·麥凱（J. L. Mackie）、菲利普·富特（Philippa Foot）、J·J·C·斯馬特（J. J. C. Smart）、戴維·阿姆斯特朗（David Armstrong）、伯納德·威廉斯（Bernard Williams）、羅納德·德沃金（Ronald Dworkin）、克瓦姆·傑基（Kwame Gyekye）、阿爾溫·普蘭丁格（Alvin Plantinga）、約翰·塞爾（John Searle）、羅伯特·諾齊克（Robert Nozick）、約翰·麥克道威爾（John McDowell）和克瓦姆·安東尼·阿皮亞（Kwame Anthony Appiah）。

哲學是思考的方法，關注的是為你的信仰尋找好的理由，而不是信仰本身。

哲學的起源很難確定；其形成是漸進的，就像人們想像的那樣，是一個緩慢的變化過程。由於界定哲學有不同的方式，將它與非哲學學科區分開來也方法不一，事情因此便複雜了起來。我們也許會鉤稽關於某種論證方式的記載，對那些很顯然是以此方式進行思考的思想家，我們本來是應該略而不論的，他們除了記下自己的結論外，沒有留下任何東西。還有一些著作家，他們的著作已經成了世世代代的哲學家討論的主題，我們本來也應該略過不表。

公元前 **625**

公元前 **551**

公元前 **510**

公元前 **570**

比如說，米利都的泰勒斯沒有著述傳世，但是，因為他思考的方式，因為他自認為言之成理的解釋方式，他便成了一個重要的人物。另一方面，孔夫子為我們留下了《論語》，但是我們不瞭解他的思想體系，也不清楚他是如何論證以獲得結論並為自己的觀點辯護的。他之所以重要，乃是因為其觀點本身，以及後來世世代代的思想家從哲學的角度闡釋他的話所採取的方式。

元前
700 — 公元 400

古代篇

東方和西方

東西方傳統之不同也有其他表現方式。說中國人對科學不感興趣但取得了巨大的技術進步，這是一個很充分的概括，因此我們可以說，他們大半對於西方理解的抽象哲學思想並不關心，而偏好實際的政治學和倫理學問題。使得泰勒斯區別於巴比倫人和埃及人的重要情形之一，便是他鑽研天文學和數學只是為了其本身，而不是出於改革曆法或修建金字塔等非常實在的目的。西方哲學的界定性特徵就是在這個時期形成的，即藉由提問和論證來尋求真

公元前 **371**　　　公元前 **33**

理。東方思想的界定性特徵也同時形成追求如何才能（在個人層面和社會層面生活得最好。因此，我們在談到這些不同傳統中的"哲學"時，使用的是對該詞截然不同的定義——或者說，強調的至少是哲學這一概念非常不同的某些方面。

為了說明這兩種哲學傳統的相似之處（或者把它們進一步區別開來），描述一下它們的特徵當然是可行的。比方說，我們會指出，前蘇格拉底時期的希臘人對宇宙論的

興趣，與中國人對倫理學的興趣，並無截然的不同（希臘語中的"kosmos"<宇宙>一同也被用來表示"乾綱不紊"，具有倫理學的內涵），而希臘人除了對抽象推理有興趣外，也致力於解決科學、倫理學、政治學等等方面的實際問題。另外，我們也會發現，不同傳統中的哲學家提出的思想，以及他們對人、社會、世界和哲學的作用所持的態度，都有很多相似之處——譬如，"道"和

公元前 341　　　公元前 280　　　公元 150　　　公元 354

"邏各斯"的觀念，還有敏銳地對普遍的、常識性的觀念提出質疑。但是，表面相似可能會讓人作出錯誤的判斷，而兩個概念或者兩種學說都很模糊晦澀時，也有可能被看作是相同的。

蘇格拉底

蘇格拉底是古代哲學的轉折點，生活在他之前的哲學家統稱為"前蘇格拉底哲學家"。他們分為很多流派，其中最重要的是米利都學派（Milesian）、畢達哥拉斯學派（Pythagorean）、愛利亞學派（Eleatic）和原子論派（Atomist）。但是，是柏拉圖和亞里士多德構造了古代哲學的核心和主要關注點；這並不只是因為我們掌握的他們兩人現存的大量著作，遠勝早於他們的往賢留下的殘篇斷簡，而是因為，作為傑出的哲學家，他們設置了兩千年來的哲學議題，無論是就方法論而言還是就研究的論題而言，均是如此。

米利都的泰勒斯 Thalēs of Miletos

生：約前625年，米利都	卒：約前545年
術業：自然科學、宇宙論	
師承：埃及的幾何學、美索不達米亞的天文學	
嗣響：畢達哥拉斯；自然科學和哲學	

土、氣、火、水這四種元素並非我們通常用這些詞指稱的東西；其實，它們代表的是實體的類型。另外，這四個詞代表的實體類型，在現代讀者看來常常有點出乎意料——比如，"水"就包括金屬（大概是因為金屬能夠熔化）。

泰勒斯是米利都人，這個地方位於小亞細亞西海岸，是希臘的殖民地。人們普遍認為，泰勒斯是第一位名副其實的科學家，因為他開創性地對世界進行了理性的、而不是迷信式的解釋。關於他的生平，人們確知的很少；我們所知的惟一明確的紀年是公元前585年，據說他準確地預測了這一年的5月28日會發生日食。

人們認為，泰勒斯曾經行商，足跡遍天下，見識了許多不同的文化和觀念，並把它們帶回希臘。尤其值得一提的是，據說他把幾何學引進到希臘，並首次證明直徑將圓分成二等分。其宇宙觀可能是受埃及和巴比倫創世神話的影響，認為地球是一個圓柱體或圓平面，上下都是水——地球漂浮在水上，水又經由降雨傾在地球上。另外，水還是宇宙的基本原則或基本成分。

對於他的其他思想，我們確知的也很少；他沒有著述傳世，因此我們所知的都是各種各樣的傳說，還有亞里士多德在《形而上學》中的描述，而這本書也是在泰勒斯死後約兩百年才寫成的。他可能也主張某種形式的泛心論（panpsychism）。

泰勒斯在重要的米利都學派思想家行列中排第一位。這些思想家還包括阿那克西曼

思想簡括：

**不求助於杳渺的神，
也能解釋世界。**

德（Anaximander，約公元前611-547年），人們認為他提出了一種重要的宇宙觀，即地球位於宇宙的中心，太陽、月亮和星星都圍繞地球呈環狀排列，在哥白尼革命出現之前，這一宇宙觀延續了兩千年之久。他還提出了一種進化學說，認為生物都是由受太陽作用的元素水形成的，高級動物是由低級動物變來的（人是從魚演化來的）。他認為世界一定是起源於構成四大元素的某種實體（無定）。

阿那克西美尼（Anaximenes，約公元前550-475年）則不同，他認為氣（或者霧）才是基本元素。在每個思想家的思想中，重要的不是理論本身（儘管它們並非如看上去那樣粗糙），而是帶有普遍性的方法。埃及人和巴比倫人雖然認為水是基本元素，但他們是乞靈於神的行為來解釋世界的形成和本質；而米利都學派則作出了自然主義的闡釋。例如，泰勒斯解釋地震，並沒有訴諸某位海神的行為，而是認為，這是地球藉以漂浮的水發生了震動。

薩摩斯的**畢達哥拉斯** Pythagoras of Samos

生：約前570年，薩摩斯島	**卒**：約前500年，梅塔龐登

術業：數學、自然科學

師承：泰勒斯、阿那克西曼德、阿那克西美尼

嗣響：赫拉克利特、巴門尼德、蘇格拉底、柏拉圖、亞里士多德

…大體是圓形的，…是扁平的，這一…，從畢達哥拉斯…代起就為人所…，世世代代的哲學…科學家對此也很…。在哥倫布…lumbus）證明地…圓形之前，人們…為它是扁平的…今天普遍相信這…歷史事實，而這一…似乎源自19世紀…一部關於哥倫布…小說（當時是暢銷…，現在已經被遺忘…）。

畢達哥拉斯生於薩摩斯島，但為躲避僭主鮑里克雷特（Polycrates）的統治，他逃離了該島，在位於意大利南部的希臘殖民地克羅頓安頓下來。在克羅頓，他組建了一個宗教團體，遵從嚴格的飲食戒規（素食，還有其他的禁忌，包括不能吃豆類）以及其他的自律要求。我們瞭解他的學說，只能經由他的弟子，其中很多人是婦女，包括他的妻子（克羅頓的西阿諾 <Theano of Crotona>）和女兒。他似乎向他們宣揚輪迴說，並且聲稱，通過修習和正確的生活方式，一個人才能到達一種境界，其靈魂逃離輪迴，與萬物之靈相接。

在數學方面，畢達哥拉斯證明了以其名字命名的定理（定理反映的事實已經為人經數百年來的實踐經驗所認識）；在天文學方面，人們歷來認為，是他發現了昏星（Hesperus）和晨星（Phosphorus）是同一顆星（現在稱之為金星）；在聲學方面，他確定了與音階音程相關聯的數學比率。

最後一項發現可能是最重要的，因為它引導畢達哥拉斯提出了宇宙在整體上能從數學的角度進行解釋這一觀點。這是擺脫米利都學派的影響，向前邁進的重要一步；畢達哥拉斯沒有去尋找一些假設的基本物質——火、水或者無定什麼的——而是專注於從數學的角度解釋世界。這在總體上確立了自然科學的發展方向，影響了後世一連串的自然科學家和哲學家，其中最顯著的是**柏拉圖**和伽利略（Galileo）。

必須承認，畢達哥拉斯學派常常穿鑿附會地解釋數的聯繫，其基礎是神秘的預設，而不是觀察，也不是邏輯。畢達哥拉斯後來的一些追隨者甚至走得更遠，用一些實實在在的數來建構宇宙。值得讚揚的是，他們首次提出了一種宇宙觀，認為地球是圓的，與月球和其他天體一樣，它們都繞着一個看不見的中樞赫斯提（Hestia）運行（不幸的是，他們也讓太陽繞着赫斯提運行）。但是，即便在這一點上，他們的數字神秘主義也摻雜其中；由於"十"是一個完美的數字，因此必須有十個天體繞着赫斯提運行，於是他們創造了一個"逆地球"以湊足"十"數。就這樣，畢達哥拉斯學派留下了一個令人尷尬的雜燴，其中有的思想有篳路襤褸之功，為近代自然科學奠定了基礎，有的則只是咿咿啞啞的胡言亂語，為延續數百年之久的數術之學以及其他偽科學開了先河。

思想簡括：

世界的構成應該經由數來認識。

孔夫子 Confucius

生：前551年，魯國曲阜	**卒**：前479年，魯國

術業：倫理學、政治學

師承：不詳

嗣響：後世的每一個人

著作舉要：
《論語》

子貢問曰："有一言而可以終身行之者乎？"子曰："其恕乎？已所不欲勿施於人。"
《論語》"靈公第十五"（23）

慎終追遠，民德歸厚矣。
《論語》"學而第一"（9）

孔子生於小國魯國（今山東省），是一位私生子。三歲喪父，家境遂淪於困窘。然而，他從官學和私學受到了很好的教育，但很早就不得不謀生以奉養母親。公元前527年，其母親去世，孔子遂在家中設帳收徒，講授《春秋》、《詩》、《禮》。講學所得甚是微薄，他不得不多方謀食，以補束修之不足。

孔子首次遊歷鄰近諸國，便發現自己並不受歡迎，可能是因為他愛提問題且說話直率。在周都洛邑短暫研習後，他返回魯國，繼續講學，同時為眾多的國君獻策建言。孔子本人並沒有做過大官，但他的一些弟子則獲得過高官厚祿。有很多杜撰的故事，說他遊歷諸國時，多走蓁莽野徑，備嘗艱辛。但可以肯定的是，他的弟子為數甚眾，陪着他周遊列國。

當孔子之世，中國正經歷社會衰退和道德淪喪，他主張需要遵從三代的"道"，強調古代最基本的美德，聲稱古老的社會等級制度反映了世界的道德秩序，但也強調社會的每個層面都需要堅持德與仁。他的政治理論帶有家長式政治的特徵，強調社會的所有成員都需要認清自己的地位，並盡力服從他們在社會（以及家庭）等級中的位置。然而，他並非簡單地主張保持社會現狀；如果為政者不公，或者不行仁

按：

"子"為尊稱，堪為"師"者稱"子"，"奇偉崇閎"及"德高望重"者稱"夫"。

政，黎民有權利伐之。

孔子的自然主義道德學說和政治學說，藉《論語》一書流傳了下來，該書由他的兩位弟子整理，收錄了他和別人的對話、警句以及一些歷史事件。他的學說對後世的中國思想有巨大的影響。他的思想或盛或衰，但從來沒有被忽視過（儘管有時候受到嚴厲的批判，如在中國，20世紀60年代曾得到熱情的衛護，70年代則遭到批判）。其最低潮時可能是在公元前4世紀，當時他的學說極其衰落。但後來他本人被當作神受到頂禮膜拜，儒教還曾被宣佈為中國的國教。

既述
中國哲學

中國哲學史通常分為三個時期：古典時期，從公元前6世紀到公元前2世紀（周王朝的最後400年）；中世紀時期，從公元前2世紀一直到公元11世紀（涵蓋秦、漢、六朝、隋、唐、五代、宋初）；近代時期，從11世紀至今（涵蓋宋、元、明、清、民國和共和國）。

古典時期，天下紛爭，周王朝漫長、緩慢地式微，戰亂連年；這一時期，出現了**孔子、墨子、孟子、韓非子**，還有**老子**——如果真有其人的話。中國思想的四大體系就是在這個時期創立的。孔子提出了道德和政治思想體系，即儒家，而大約兩百年後，孟子進一步發展了該體系，終身都在試圖確立儒家思想在中國政治領域的核心地位。約略同時，比較玄妙（但本質上還是具有自然主義特徵）的道家思想體系也形成了，這一體系被認為是有些神秘的哲學家老子創立的；然而，以其名字命名的書事實上直到公元前300年才寫成。這個體系非常精巧，而莊子又為之建立了更堅實的基礎，此人的同名著作既載論證也記奇聞軼事，都是為了辯護道家的立場，主張"自然"、"無為"（根據莊子的敘述，孔子好像也曾崇奉過道家）。墨子則提出了"兼相愛、交相利"以拯救社會的觀點；他在墨家學派的基礎上建立了一個團體，經濟上自給，軍事上則準備充當正義之師。

最後一個思想體系，是在公元前4世紀初興起的，它反對當時對人性普遍持有的樂觀態度，這些態度在當時以不同的方式奠定了各個學派的基礎；這一思想流派便是法家，其最有力的倡導者是韓非子。法家認為人性本惡，只有藉助嚴刑峻法才能遏制。結果該學派就提出了一個近似極權主義的政治理論，對中國的政治產生了持續的影響。

德與法

簡而言之，儒家和墨家主張以德（仁、義）治國，法家主張以嚴刑峻法治國，而道家在很大程度上則不關心經綸之術，有時甚至主張從社會隱退。

儘管上述文字清楚地表明，中國哲學大多以社會、道德和政治問題為中心，但也有很多思想家摸索其他的一些問題，包括邏輯（尤其是墨家將邏輯學發展到了一個很高的水平，但其著述大多不為其他諸子所重視），以及形而上學（儘管關於這個問題的討論摻雜了很多神秘的和半宗教的假設，就像古希臘的畢達哥拉斯學派一樣）。

還有兩個學派，儘管小些，但很有趣，也很重要，在此也應該提及。陰陽家基於五行理論，創立了一種宇宙論和歷史哲學，以水、火、木、金、土五行配上《易經》所載的陰陽學說，來闡釋宇宙和歷史。名家則主要關注語言問題，但該學派沒有著述傳世，其他諸子對它也都不大重視。

在中國，古典時期以後的哲學史，幾乎整個就是諸大學派（特別是儒家）以及外來思想體系鞏固和發展的歷史，而鮮有新的、本土原創的思想出現。但這並不是說，古典時期以後就沒有了大量有趣的、重要的哲學研究——比如，中世紀哲學家**王充**和近代哲學家**朱熹、王夫之**，詳細情況，可參見本書中的有關條目。

老子 Lao-tzu

生：約前570-490年？	**卒**：不詳

術業：倫理學、政治學、形而上學

師承：不詳

嗣響：後世的每一個人

著作舉要：

《老子》(《道德經》)

道家起先是一種哲學體系，但到公元440年成了一種宗教；老子也被看成了神，道教與佛、儒在朝中彼此競爭，爭相邀寵。

和古希臘的遊吟詩人荷馬（Homer）一樣，我們對老子是什麼樣的人並不清楚，甚至不知道是否真有其人。"老子"只是一個稱號，意思是"年老的大師"，可以用來指任何一個哲學家，也可以僅指"寫了《老子》一書的人"。他生活的時代也無法確定，有各種各樣的說法，從公元前13世紀到公元前4世紀不一。下面的說法，是可能性最大的一種。

老子約在公元前570年生於河南的一戶農家。曾任周王室的史官，管理王室所藏的國家檔案。其時政治動盪，社會紛亂，老子遂決意歸隱。他出發尋大山隱居，卻在邊關被攔住了。守關小吏允許他過關，但條件是他得記下他的學說，留在邊關；老子便寫了一本篇幅很小的書，然後跨上青牛，離開中原，一去不返了。這本書被稱為《老子》，也叫《道德經》，是道家的基本經典（實際上，它似乎作於公元前3世紀）。

該書分為兩部分：前一部分是"德經"，後面是"道經"。1973年發現的馬王堆帛書包括現存最早的《老子》文本，就是這樣排序。第一部分討論社會、政治和道德問題，第二部分關注形而上學問題。道家的核心是崇奉天人合一。天人合一，則人之生也簡樸而和諧；如果這種合一被打

語錄：

人法地，地法天，天法道，道法自然。

《道德經》，第二十五[章]

破，結果就會產生慾望、自私和爭鬥。[只]求天人合一，只講求道德和政治，會使事情變得更糟。道家的宗旨，在於通過摒棄社會習俗以及為人所接受的道德和世俗的慾望，返璞歸真，天人合一。只要天人未能合一，政府治理就會出現。政府應該使得百姓有可能過天人合一的生活，而不是將行為法令強加在他們身上。在道家的想像中，哲人或者聖人都是多有道之德的人，人們會認同他們，呼應他們，推其君臨天下。

道家所謂的"道"，並不是儒家的"道"；它是永恆的、不變的，既是超驗的，又內在的，化生萬物，但又沒有創造力，只是一個"無"。這種對立的統一是道家的基本特徵。不足為怪，這使得道家帶有神秘主義色彩，後來它與煉丹術結合起來，尋求長生不老。

愛菲斯的**赫拉克利特** Heraclitus of Ephesos

生：約前535年，愛菲斯城	卒：前480年以後
術業：形而上學、宇宙論	
師承：米利都學派、畢達哥拉斯	
嗣響：巴門尼德、蘇格拉底、柏拉圖、亞里士多德、季蒂昂的芝諾	

作舉要：

有殘篇傳世

門之中存在着生與
、醒與眠、少與
這些都是單一
統一的事物，因
前者變化後會成為
者，而後者變化後
成為前者。

轉引自《偽普魯塔克》
（pseudo-Plutarch），
"阿波羅的慰藉"
Consolation to Apollo）

赫拉克利特生於古希臘城市愛菲斯，這個地方現在屬於土耳其。他曾被古希臘人視為最重要的哲學家之一，但現在則成了毫不起眼的人物。關於他的生平，人們所知甚少（古代的傳記總是極盡憑空臆想之能事），只知道他寫了至少一本書《論自然》（On Nature），但其著述現在僅傳下一些殘篇，保存在別人的著作裡。根據這些殘篇，多多少少可以有條理地重建他提出過的思想，儘管對於大多數細節眾說紛紜。時人的記述，均稱他的文風晦澀難懂——甚至有人說他是特意這樣的，意在將讀者限定在受過教育的精英之內。這樣一來，由於僅剩下一些隻言片語，他的文字難懂，便沒有什麼可奇怪的了。

赫拉克利特似乎不願意為平民花費時間。曾有人請他幫忙為愛菲斯制訂一部成文憲法，但他一口拒絕，理由是這個城邦太墮落了。平民缺乏理解力，他對這些人沒有興趣。對於其他哲學家，尤其是對那些來自米利都的同行，他的態度也是如此，他根本不贊同他們的研究。他的政治觀點似乎有些專制主義的色彩，強調法律。

但是，赫拉克利特最重要的思想，乃是其對世界本質的解釋。其思想體系的核心是"流變"；世界上的萬物，或者包括整個世界本身（這一點在其現存的文字中表述

得並不清楚），都處於變動不居的狀態，這構成了萬物的本質。因此，他將"火"視為最基本的實體，這一觀點倒是與畢達哥拉斯學派近似，認為有德之人的靈魂之火會與宇宙之火匯同。

協調世界變動不居的本質的，乃是邏各斯。邏各斯的概念與道家"道"的概念相似（有時甚至相等，容易引起混淆），非常複雜，很難理解。一般翻譯為"詞語"、"言語"、"思想"或者"理性"，視上下文而定，但是，在赫拉克利特看來，它更多地是指普遍的宇宙法則或規律。邏各斯還能調和或統一對立面，創造並維持秩序。儘管它無所不在，平民還是理解不了。赫拉克利特的思想中，有**柏拉圖**"理念"學說以及**柏羅丁**"太一"概念的端倪。

按：

在後世思想史中，邏各斯這一概念經由斯多阿學派（Stoics）傳與基督教，用來指代上帝。

愛利亞的**巴門尼德** Parmenides of Elea

生：約前510年	**卒**：不詳
術業：形而上學、認識論	
師承：米利都學派、畢達哥拉斯、赫拉克利特、色諾芬尼	
嗣響：後世的所有人	

著作舉要：

《論自然》

《巴門尼德篇》是柏拉圖最重要的對話錄之一，探討認識論，其基礎便是巴門尼德、他的弟子芝諾與蘇格拉底的一次會談，在這篇對話錄中，柏拉圖非同尋常地謹慎，沒有讓巴門尼德成為蘇格拉底智慧的陪襯。

巴門尼德的生平有點模糊不清。其生年是根據**柏拉圖**的對話錄推算出的，而其卒年則不得而知。他來自意大利南部的希臘殖民地──愛利亞城邦，愛利亞學派即以該城邦命名，而巴門尼德就是該學派的首要人物。他曾參與起草愛利亞的法律，該城邦的居民每年都要宣誓維護他草擬的法律。他傳下來的著述要比其他前蘇格拉底哲學家的多，其哲理詩《論自然》尚存一百多行，另外還有一些零篇斷簡。

在《論自然》中，巴門尼德描述了承自**畢達哥拉斯**和**赫拉克利特**的理論。然而，和其前輩的相比，他自己的研究帶有更顯著的哲學色彩：論證更清晰，推理更嚴密，表達也更抽象。他的很多思想，持續影響了後世的哲學思想，直到近代。

巴門尼德區別了世界本身和它的表象，前者是必然、不變、非時間性的，後者則是偶然、永變、暫時的。但與**康德**的本體和現象世界不一樣，巴門尼德認為世界本身，即存在，不可以被感知但可以被認識（通過真理之路），而世界的表象則可以被感知但不能被認識（意見之路）。他的一些觀點開了**笛卡兒**思想的先河，如：我們不能懷疑思維是存在的，但思維一定有一個存在着的對象──因此我們可以斷定有些事物是存在的。另外，非存在不能成為

思想簡括：

感覺會欺騙我們，
但理性揭示真理。

有條理的思維的對象，任何推理關注不存在的東西，它就一定欠缺條理。任何存在的事物都可以被理解，因此任何不能被理解的事物都不可能存在。對我們來說最特別的似乎是，能被理解的任何事物也一定存在，因為沒有任何事物不存在。

他得出的一個結論，便是世界在本質上的不變性；生與滅都被排除在世界之外。我們就世界所作的經驗推理，可能令人信服並被設想得很好，甚至在我們的日常生活中派得上用場，但它們無法被證實，因此也就不能構成真正的知識。感覺經驗在本質上與變、生、滅相關聯，然而變是不可能的──因此感覺經驗本質上會誤導人。只有理性才能引導我們找到真理。

在大約一個世紀裡，巴門尼德影響了整個哲學。一些人，如**愛利亞的芝諾**認可他的觀點，而另一些人，如阿克拉格的恩培多克勒（Empedocles of Acragus），就反對他的觀點，但是沒有人能對他的哲學視而不見。

愛利亞的芝諾 Zeno of Elea

生：約前490年，愛利亞	卒：約前425年，愛利亞
術業：邏輯學、形而上學、認識論	
師承：巴門尼德	
嗣響：柏拉圖、亞里士多德、柏羅丁	

作舉要：

有殘篇傳世

……歸謬法揭示的悖……讓哲學家們忙活……幾百年。

對芝諾的早年生活，我們所知無幾，只知道他是他的同鄉**巴門尼德**最寵愛的弟子，兩人大約在公元前450年一同遊歷過雅典。芝諾似乎在雅典待了一段時間，在返回愛利亞前以教書為生（其中兩個學生是伯里克利和卡里亞<Callias>）。在愛利亞，他參加了抵制僭主尼爾科（Nearchos）的活動；然而，對他的這一段經歷，說法不一，細節不盡相同，有的說在嚴刑拷打之下他倖存了下來，有的則說他死了，但他的勇氣倒是一直為人稱道。

他寫過至少一篇論文，但現在只傳下一些殘篇；我們瞭解他的著述，主要是藉由**柏拉圖和亞里士多德**在他們著作中對其觀點的引用。芝諾的哲學觀點，本質上是巴門尼德的；他認可存在是單一的和不變的，認為感覺經驗會誤導人。他賴以成名的是其詰難性論證，駁斥畢達哥拉斯等輩強調感覺在知識獲取中的作用的觀點，也駁難那些把世界描述為多元、運動、變化以及空間結構的人。而他的著名，更是因為他提出的悖論，還有他推理的方式。

其著名的論證，有兩個駁斥運動的可能性，還有一個悖論揭示"多"的自相矛盾。每個論證都使用**歸謬法**。

飛矢不動：假設時間是由一系列連續的瞬間組成的，就像一條直線由許多點組成一樣。現在，假設有一枝箭劈空飛過，在每一個瞬間我們會怎麼看待它呢？它是運動的還是靜止的？在每一個瞬間，它不可能是運動的，因為瞬間沒有持續；因此它一定是靜止的。話說回來，箭就根本沒有處在運動中。

阿喀琉斯與龜：阿喀琉斯與龜兩者賽跑，阿喀琉斯讓龜領先十碼。當阿喀琉斯跑完十碼，抵達龜出發的地方時，龜已經往前爬行了一段距離。等阿喀琉斯跑完這段距離，龜已經又往前爬行了一段（更短的）距離。阿喀琉斯跑完這段更短的距離，龜已經又往前爬行了一段（更更短的）距離……如此以至無窮。因此阿喀琉斯永遠趕不上龜。

"多"：一粒小麥不能稱"多"，加一粒小麥也不能使"少"變成"多"。假設起初有一粒麥子，加上一粒，不能得到"多"；再加上一粒，還是沒有得到"多"；再再加上一粒，仍然沒有得到"多"……如此以至無窮。因此，通過增加麥粒，是不可能得到"多"的。

思想簡括：

變化、運動、空間、時間都是意識的產物。

墨子 Mo-tzu

生：前468年，魯國	卒：前376年

術業：倫理學、政治學、認識論

師承：孔子、老子

嗣響：後期墨家

著作舉要：

《墨子》

墨家連同法家以外的其他諸子，在公元前3世紀受到秦始皇的鎮壓。由於地位並不穩固，也不像其他主要學派那樣受歡迎，墨家學派消亡殆盡，直到近代學者們才開始研究，而其他主要學派則經過焚書坑儒留傳了下來。

墨子（又名墨翟）生於魯國，但一生都遊歷在外。他起初似乎習儒術，一定和**孔子**一樣孜孜於學問和歷史；但是，他後來轉而反對儒家厚葬侈用的觀點，並開創了他自己獨特的理論。

儒家大力強調家庭紐帶和社會等級，而墨子則擴大"愛"的範圍，認為兼愛是個人生活和政治生活的基礎。"別相愛"則"交相賊" —— 大夫各愛其室，則易相篡；諸侯各愛其國，則易野戰。愛人如愛己，則不會賊人之身。墨子終其一生，都遊走諸國，試圖影響諸侯，但相對說來並沒有多大的成功，因為兼愛對為政者無吸引力可言，他們更喜歡容易把握的感情。

孔子認為"天"不具備人格特徵，墨子則賦予它人格，稱"天志"創立了某種道德尺度，以衡量人的行為。他花費大量篇幅論證鬼神的存在，聲稱人之所為，鬼神看得一清二楚，不管人如何企圖秘密行事。他又主張"非命"，認為宿命論是有害的，削弱了對天和鬼神的信仰，又使得天下大亂。

儘管墨子思想中有這樣的一面，其研究方法還是要比孔子和**老子**的更具有理性主義色彩。他反對簡單地遵從三代舊制，但對他的這一觀點進行了邏輯論證。公元前3世紀，後期墨家發展了非形式邏輯，使之

想一想：

竊一犬一彘，則謂之不仁；竊一國一都，則以為義。

達到中國哲學的最高峰；他們關注的問題都是實際問題，與墨子的宗旨是一致的 —— 以確定什麼是正確的，什麼是符合道德的，什麼是對國民最好的。說墨家學派開啟了**穆勒**的功利主義，也許並不算太牽強。

墨子最重要的方法論工具是"三表" —— 即判斷一種學說之真理性的三個標準："有本之者，有原之者，有用之者。"第一個標準指研究歷史經驗，第二個標準指審視百姓的經驗，第三個標準則是指將這種學說應用於法律或政治，看看它是否符合國家百姓的最大利益。

蘇格拉底 Socrates

生：約前470年，雅典	卒：前399年，雅典

術業： 倫理學、認識論

師承： 米利都學派、畢達哥拉斯、赫拉克利特、巴門尼德

嗣響： 後世的每一個人

當時住着很多很□智者——他們收□學，傳授各種各□知識和技能，但□是修辭學和辯論□其中有些是對哲□題很敏感的思想□但很多只是兜售□的政治技巧，教□牙俐齒，使奸用□雅典人經常把蘇□底和這些智者混□一談；他反對這樣□一這是可以理解□。

蘇格拉底的父親是一位雕塑家，母親是一名助產士，其生時正當雅典的黃金時期——伯利克里、埃斯庫羅斯（Aeschylus）、索福克勒斯（Sophocles）、歐里庇德斯（Euripides）和阿里斯托芬（Aristophanes）的時代。我們對他的早年生活和教育情況不大清楚；他最初是當雕塑家和石匠，據說曾參與建造雅典衛城。娶妻桑蒂比（Xanthippe），其尖酸和好爭吵的脾氣無人不知；兩人育有七個孩子，另有兩個孩子為第二任妻子麥耳妥（Myrto）所生。

蘇格拉底積極參與雅典事務，曾在伯羅奔尼撒戰爭中參加重甲步兵抗擊斯巴達人，頗有殊勳；他還參與管理雅典城邦，曾一度主持雅典公民大會（由雅典全體公民的多數選舉出來的一個委員會）。然而，他關心的主要是不斷提出問題，試圖刺激雅典人進行思考。他直截了當地反對（斯巴達人擊敗雅典人後扶植起來的）三十僭主，但還是在他們的統治下僥倖活了下來。公元前403年雅典暴動，重新建立了民主政體，四年後，蘇格拉底被控腐蝕雅典青年、藐視諸神、引進新神（這最後一項指控是莫須有，但可能是指"德性"，即神聖的內在聲音，蘇格拉底有時會呼籲"德性"）。他被判有罪，被處以傳統的死刑——飲鴆。儘管他可以輕易逃離雅典，他還是選擇了服從判決，喝下了芹葉鉤吻毒汁，痛苦而緩慢地死去。

蘇格拉底沒有任何著述，我們瞭解他本人、他的方法和思想，都是藉助時人的著作——主要是柏拉圖，但也包括歷史學家和軍事家色諾芬（Xenophon）以及戲劇家阿里斯托芬。在劇作《雲》（Clouds）中，阿里斯托芬把蘇格拉底寫成一個能言善辯的小丑；而色諾芬在其著作中則把他描繪為一位可敬的"智睿老人"，樂於為人提供參考意見，鼓吹簡單不過的道德。在柏拉圖的對話錄中，我們看到的是一名才智之士，敏銳、嚴格、理性，喜歡提出異議，愛譏諷人並表現得過於謙虛，不斷地質疑平民的基本信仰。就是這個蘇格拉底，改變了哲學的性質，一直以來都是最富革新精神和影響力的思想家之一。

其主要的武器之一，便是反駁論證，或稱反詰，也叫作蘇格拉底方法；意指藉助提問帶出別人觀點中潛藏的混亂和荒謬。根據柏拉圖的記述，蘇格拉底並沒有開壇授徒，而是把他自己視為和他母親一樣的助產士，幫助他人自己努力以誕生真理。

語錄：

沒有被審視的生活是不值得一過的。

柏拉圖的《申辯》（Apology），38A

柏拉圖 Plato

生：約前428年	卒：約前348年

術業：認識論、形而上學、倫理學、政治學

師承：畢達哥拉斯、巴門尼德、蘇格拉底

嗣響：後世的每一個人

著作舉要：

《對話錄》
（The dialogues）

亞里士多德是柏拉圖的學生。他承認柏拉圖是個天才，但不贊同其關於理念世界的觀點。柏拉圖指向的是更高級的領域，而亞里士多德則暗示應該腳踏實地，建構哲學要基於通過觀察真正暸解的東西，而不是藉助純粹理性獲得的東西。

柏拉圖生於殷實顯赫的名門望族，其時雅典的黃金時期將要結束；他的真名據說是亞里士多克勒（Aristocles），"Plato"是其外號（意為"寬厚的人"）。我們對其早年的生活所知甚少；他小的時候，父親便可能去世了，由母親和繼父撫養成人。亞里士多德稱，柏拉圖曾師從克拉底魯（Cratylus），而克拉底魯則是**赫拉克利特**的門人。後來他又成了**蘇格拉底**的弟子，兩人保持師友關係，一直到蘇格拉底被處死（當時柏拉圖大約30歲）。他開始寫作對話錄是在蘇格拉底被處死之前抑或之後，我們並不清楚；事實上，對他對話錄的總體編年及其排列次序仍是有爭議的。

在蘇格拉底被審判並被處死後，柏拉圖憤憤不平地離開了雅典，但到底去了什麼地方，現在誰也不清楚（傳說他在埃及呆過一段時間）；公元前387年，他抵達西西里島上的麥加拉，拜見了畢達哥拉斯學派的最後一位傳人，並在敘拉古建立了很重要的聯繫。他從麥加拉返回雅典，一段時間後（與數學家泰

思想簡括：

哲學是獲取真正知識——關於理念的知識——的惟一途徑，因此應由哲學家來治理國家。

阿泰德<Theætetus>合作）在雅典郊外建立了一所學院。這所學校設在他繼承下來的一處花園裡，位於一個叫作"Academia"的地方，並因此以"Academy"（學園）而知名。學校裡傳授各種各樣的知識，從數學到生物學，從哲學到天文學，無所不有，說它是歐洲的第一所大學一點也不過分。柏拉圖探求將哲學思想和認識應用於政治領域，曾兩次重遊西西里，任新僭主小狄奧尼西（Dionysius the Younger）的太師，但他的努力以大敗告終。剩下的歲月，他便致力於寫作和課徒。

柏拉圖的著述幾乎都是對話體，另有十三封信以及《申辯》（即蘇格拉底審判時所作的辯護詞），其中十三封信的真實性尚不能確定。他的大多數作品，都以蘇格拉底為中心人物，寫他與各色人物進行討論和爭辯，其中很多的人物——即便不是大多數——都是歷史上的真實人物（比如，泰阿泰德、愛利亞學派哲學家巴門尼德和芝諾，還有柏拉圖的兄弟格勞孔<Glaucon>和阿德曼圖<Adeimantus>）。這

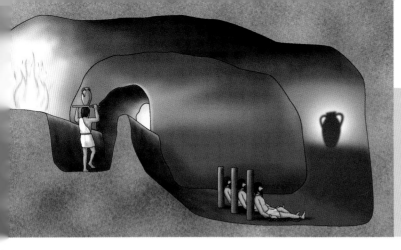

在《國家篇》中，"洞穴比喻"是用來說明柏拉圖關於人類境況的觀點的一個類比。我們都是帶着鎖鏈的囚徒，被集體監禁，只能看見洞壁上變形的影子。我們感受的不是真實，而是我們意識中的東西。真實的世界，是完美的不變的理念世界，只存在於洞穴之外。只有藉助理性，我們才能感受到理念世界。

些作品長短不一，繁簡各異，但可讀性和哲學趣旨卻幾乎是一以貫之的。

學者們將他的對話錄劃分為三個時期：早期、中期和晚期。其中大部分作品很容易確認，但某些對話錄的歸屬則存在着爭議。然而，柏拉圖思想的發展脈絡仍然歷歷可見（即從公正準確地陳述蘇格拉底的思想，但借其之口表達他自己的觀點）。

認識論

討論柏拉圖的思想，最好從他對知識和意見的解釋着手。他認為，知識只能是永恆的、不變的真理；對於日常的、暫時的事物，我們可能會產生正確的意見（它們可能非常有用），但這不是知識。真正的知識不是習得的，而是收集來的；我們的靈魂輪迴不滅，但出生令人痛苦而難忘，使得我們忘記了我們知道的所有東西，教師的任務便是幫助我們重新獲得知識（其方式就是蘇格拉底所謂的助產士方式）。

形而上學

認識的對象，在世界上是不可見的，儘管我們可以感知，因為它在本質上是不斷變化的、相對的、暫時的。實際上，為了認識我們藉助感官感受到的東西，我們必須對永恆和不變的東西有一些認識。例如，對於什麼是美，人言人殊，同一個人在不同的時間也會有不同的觀點；如果沒有什麼事物我們可以證明它是美的，並且贊成它是美的，那我們怎樣獲得並使用"美"的概念呢？為了彌補這中間的差距，柏拉圖訴諸"理念"；這是一些完美的、不變的觀念，世間萬物都是這些觀念模糊的、變形的影子。我們看見美的事物，事實上是看見它"分有"了"美的理念"。理念的世界是可以被感知的，但只能藉助理性——並且只能由哲學家來進行。最高級的理念為善的理念，因為善的理念，其他的理念得以存在，也因為善的理念，我們才得以認識其他的理念。

政治學

這一思路直接導出了柏拉圖的政治學說：如果只有哲學家能感知真實的存在，那麼也就只有哲學家才配佔據統治地位。柏拉圖關於理想國的觀點，見諸其對話錄《國家篇》，首創了"哲學家－統治者"的概念，不論男女（柏拉圖反對性別不同、能力有別的觀點），他們一生下來就應受到哲學訓練以堪任這樣的職位。同樣地，社會上的其他職能，也應由受過相關學科訓練的人士來承擔。

柏拉圖的著述，在整個哲學領域都一直算是最豐富和最有吸引力的；沒有他，我們會生活在一個完全不同的世界裡。

除非哲學家成為我們這些國家的國王，或者我們目前稱之為國王和統治者的那些人物，能嚴肅認真地追求智慧，否則的話，對國家、對全人類都將禍害無窮，永無寧日。我們前面描述的那種理想社會，都只能是海客談瀛，永遠只能是空中樓閣而已。

《國家篇》，473c10

亞里士多德 Aristotle

生：前384年，馬其頓　　**卒**：前322年，迦基士，優卑亞島

術業：形而上學、倫理學、政治學、自然科學、宇宙論

師承：畢達哥拉斯、赫拉克利特、巴門尼德、蘇格拉底、柏拉圖

嗣響：後世的每一個人

著作舉要：
《工具論》（Organon）、
《物理學》、《形而上
學》、《尼各馬科倫理
學》（Nicomachean
Ethics）、《論靈魂》
（De Anima）

亞里士多德是繼蘇格拉底、
柏拉圖之後的第三位大哲，
曾任亞歷山大大帝的太師，
亞歷山大大帝後來征服天
下，建立了一個龐大的帝
國，設立了眾多的希臘化行
政中心。

亞里士多德的父親是馬其頓國王阿明塔（Amyntas）的宮廷御醫。他小的時候，父親便去世，由監護人養育成人。他17歲的時候，監護人又送他到當時的思想和藝術生活中心雅典。他進入**柏拉圖**學園，先是就學，後來任教，一共待了約20年。

柏拉圖死後到底發生了什麼事，現在已無從得知。反正是亞里士多德離開了雅典，具體原因則說不上來。或許是因為他未能掌管柏拉圖學園，或因為他與新任園長斯彪西波（Speusippus）哲學觀點有分歧，抑或因為他的馬其頓背景。在當時，馬其頓王國並不受歡迎，其新登基的國王腓力二世正迅速擴張他的版圖，這讓雅典人感覺受到威脅。亞里士多德是腓力幼時的朋友，並與國王一家一直有往來。

不管是什麼原因，亞里士多德還是乘船到了小亞細亞的阿索斯城，在那裡住了三年，開始研究解剖學和生物學，並着手撰寫《政治學》一書。公元前345年，波斯人攻佔了阿索斯，殺

其王，亞里士多德和周圍的哲學家一起逃離該地，在萊斯博斯島上的米蒂利尼寄居一年，然後遷往馬其頓，任腓力之子亞歷山大的太師。

萊森學院

腓力二世薨，亞歷山大繼立，亞里士多德便返回雅典。其時柏拉圖學園在色諾克拉提（Xenocrates）的掌管下正值極盛，亞里士多德便在雅典城外一處叫萊森的地方建立了自己的學院。他在這裡執教13年，既作公開演講，也私下授徒。萊森學院開設的課程比柏拉圖學園廣泛，更強調自然哲學。公元前323年，亞歷山大大帝崩，雅典政局隨之一變，反馬其頓情緒也洶湧而起。亞里士多德離開雅典，避居位於迦基士的一處祖屋，次年在那裡去世。

亞里士多德著述弘富，卷秩浩繁，包括對話錄、通俗文章以及嚴正的學術論文；其中大多數已佚，同樣散佚的還有他親手收集以及通過通信積累的大量的科學觀測記錄和歷史史料。流傳下來的著述，主要有兩種（沒有明顯的區別）：在他死後整理出版的講課記錄，及其學派傳人的著作。正是出於這個原因，我們對於亞里士多德著作的認識，大多有悖時人推崇的黃金散文。然而，其著述的內容，卻是對這種文

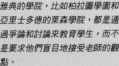

雅典的學院，比如柏拉圖學園和亞里士多德的萊森學院，都是通過爭論和討論來教育學生，而不是要求他們盲目地接受老師的觀點。

風的一種補償。

現存的亞里士多德著作，主要分為五類，編排方法，通常仍沿襲其信徒羅得島的安德羅尼科（Andronicus of Rhodes）（全盛期在公元前1世紀）首次編輯其作品時制定的舊例：六部論邏輯學的作品，合成一集，曰《工具論》；三部關於自然科學的作品（包括《物理學》一書）；專門討論"第一哲學"的著作，現稱《形而上學》（本意為"《物理學》之後"），這是最基本和最抽象的研究；另有六部著作討論政治學、倫理學和美學，包括最重要的《尼各馬科倫理學》（以其子尼各馬科之名名之）；還有大量討論心理學和自然史的著作，包括《論靈魂》。

認識論

亞里士多德首次對主體進行劃分，並首次對主體進行系統和理性的研究，其方法將近2,500年後仍然為我們所用。他和柏拉圖之間的主要差別體現在認識論方面。兩個人都重視並強調理性的作用，但柏拉圖認為，最重要的真理只有藉助理性才能獲得，而亞里士多德則認為觀察是決定性的；他認為世界和人類意識是如此的有條理，這使得認識成為可能。他的自然科學著作，對於我們之關於世界的認識的發展，也具有極大的重要性。他對自然現象——特別是生物界——所作的系統研究，標誌着經驗科學的誕生。

亞里士多德之孜孜於經驗觀察，並非僅局限於生物學、天文學之類的自然科學，而是擴展至歷史學、心理學、語言學、倫理學和政治學。但是，有諷刺意味的是，他對中世紀哲學產生了極其巨大的影響，以至在某種程度上扼殺了經驗調查（儘管不是全部）。可以說，在亞里士多德死後，人們在他的世界中生活了1,900年。不僅阿拉伯哲學家受他影響至深（在很大程度上，正是因為阿拉伯哲學家的努力，他的著作才得以在羅馬帝國滅亡後保存下來），而且從12世紀末起，基督教神學，尤其是**托瑪斯·阿奎納**及其後繼者著作中的神學，都花費了大量的時間試圖調整基督教學說以與亞里士多德學派的理論相適應。

柏拉圖和亞里士多德都對中世紀的神學有極其重要的影響，被稱為"基督之前的基督徒"，在圖畫中他們有時被加上光輪。

可信的不可能性比不可信的可能性更為可取……

《詩學》（Poetics），1460a

思想簡括：

經驗是知識的來源，邏輯是其結構。

概述
人性論

也許有人認為，人性是經驗科學關注的問題，不關哲學什麼事。然而，除了走到戶外好好看一看人外，我們還有什麼辦法確定人在本質上是什麼樣的？解答這個問題，困難在於不可能找到一個純粹自然的人以滿足研究的要求，因為我們審視的每一個人，都生活在特定的社會中，是特定社會的產物，文字記載的所有人物也是如此。

哲學家關注這個問題，也許只是因為這個問題本身，但實際上，他們通常是出於一個深遠的動機，即：大多數（也許所有）的政治學和倫理學理論都有賴對善惡治亂之起源作出特定的解釋，這意味着這些理論不得不確認人在本質上到底是善的還是惡的，以及人在本質上到底是社會性的還是喜歡離群索居，諸如此類。哲學史表明，對於這個問題，有很多不同的態度。

中國哲學傳統便是一個例子，**孔子**的傳人——荀子和**孟子**——就持不同的觀點；前者認為人性本惡，好謀私利，需要教化和社會約束使之向善，而後者則恰好相反，認為人性本善，只是因教化不當、社會敗壞而變得惡。同樣地，在西方政治學傳統中，霍布斯認為，在社會形成之前的自然狀態，人們彼此征戰不休，因此人與人之間需要社會契約，以彼此互相保護；另一方面，洛克則否認人性本惡的觀點，認為社會契約之所以需要，只是為了消除自然狀態下的“不便”。因此，在霍布斯看來，醜醜野蠻的自然狀態總是隱在角落裡，俟社會崩析時冷不防地躥將出來，而在洛克看來，自然狀態只存在於冥杳的過去。

盧梭指出了雙方觀點的錯誤，或許還有荀子和孟子的錯誤：正如我在前面說過的，我們只能感受社會化的、非自然的人而據以作出判斷。霍布斯和洛克向我們展示的並不是純粹自然的人，而是近代化的政治人，哲學家卻把這些人放置在事務的自然狀態中進行審視。（事實上，盧梭認為，就道德方面而言，人在本質上其實是善的。）

即便近代生物學的出現——不論是進化論還是遺傳學理論——也沒有為解答這個問題提供什麼幫助，它（最多）只是當一當事後諸葛亮，解釋我們人類如何從彼到此地演化而來——而全部的問題在於，我們並不知道“彼”在何處（其實，我們也不知道“此”的準確位置）。再者，儘管生物學在盡力解釋物質方面的偶然事實，但我們同時也關注精神方面的理性事實。也就是說，人性的道德層面主要與**理性**，而不是與我們的行為**動機**密切相關。

人性本善，抑或人性本惡？這個問題是眾多的哲學家關心的核心問題，古往今來的很多哲學論爭都因此而起。

孟子 Mencius

生：約前371年	**卒**：約前289年
術業：倫理學、政治學	
師承：孔子、墨子	
嗣響：朱熹	

著作舉要：

《孟子》

《孟子》被朱熹選定為儒家四書之一，四書是科舉考試規定必讀的內容。

儘管孟子被列為僅次於孔子的"亞聖"，但其生平鮮見記載。他生於鄒或者魯，受業於孔子的孫子子思的弟子，習儒術。生當天下紛亂、諸侯割據之時，孟子在形成自己的思想後，便周遊列國，試圖影響諸侯；他很受禮遇，但所為並沒有產生什麼實際的效果。於是退居講學，與弟子一道，整理遊歷所得及自己的學說，成《孟子》一書。

孟子認為，人性本善，人天生就會合乎道德地行為。人皆有"不忍人之心"，有能力分辨善惡，因此惡是外在影響的結果。所有的教化，其目的是重新獲得人的"良知"，而這良知就在人的內心。但是這樣並不容易，重要的是用"智"——真正的"智"關注的是何以自處待人。並非所有的人都能與孔子相齊，但只要勉力從事，並得到正確的教化，人都能成為聖人。重要的是不要試圖成為聖人，這樣肯定會失敗。我們應該舉止合符禮，修養心性，"浩然之氣"就一定會在我們心中養成。

孟子反對暴政，但支持君主統治。他的觀點與歐洲的"君權神授"觀念類似；"天"是君主合法性的來源，如果君主暴虐百姓，天就會作出反應。如果君主棄百姓如敝履，百姓對他的忠誠就會減弱，極端情況下甚至有權利起事。在至關重要的等級制度中，"民為重"，"君為輕"，君主的權力被正當化，只是為了確保百姓生活安適。這種物質享受所以重要，不僅因為物質享受本身，而且因為沒有物質基礎，人就成不了聖人。

孟子的學說與墨子的主張十分接近，但是孟子反對墨子"兼愛"的主張。在他看來，愛是應該有差等的，其差等取決於親疏程度和社會秩序。人應該愛物，但不能像愛人那樣愛它；人應該愛人，但不應該像愛家人那樣去愛別人。

語錄：

天下之言性也，則故而已矣；
故者，以利為本。

《孟子》，"離婁下"，第二十六章

季蒂昂的芝諾 Zeno of Kition

生：約前334年，季蒂昂，塞浦路斯	卒：前262年，雅典
術業：倫理學、政治學、邏輯學、形而上學	
師承：赫拉克利特、安提西尼、柏拉圖、亞里士多德、第歐根尼	
嗣響：克呂西普、柏羅丁、西塞羅、馬可·奧勒留、愛比克泰德	

著作舉要：

《共和國》（*Republic*）
（已佚）

芝諾和克呂西波創立的斯多阿學派，被稱作"早期斯多阿學派"，公元前2世紀出現的叫"中期斯多阿學派"，後來在羅馬帝國時期又有所發展，被稱作"晚期斯多阿學派"。

不同的人根據各自的偏好闡釋斯多阿學派的觀點，有視之為一種原始基督教的，有視之為泛神論的，各種闡釋可能都有一定的正確性。

芝諾出生於塞浦路斯南部的季蒂昂（今拉納卡附近），但是人們稱他為"腓尼基人"，因此他可能有一些腓尼基血統。起初他承襲父業，在外行商。在雅典時，他發現了哲學，遂受業於犬儒主義者忒拜的克拉特（Crates of Thebes）。他也到柏拉圖學園聽色諾克拉提講課。

在形成自己的哲學思想後，芝諾也開始收徒。其講授的地點位於一處公共柱廊，雕樑畫棟，被稱作"畫廊"（Stoa Poikilē），其學說滋養起來的學派也就因此被稱為"斯多阿學派"。他在雅典授徒約40年，人們對他既不屑又景仰，不屑的是他憤世嫉俗，景仰的是他品行端方、生活儉樸。他掌管着城門的鑰匙，死後被葬在一個用公帑修建的堂皇墳墓裡，但從來沒有取得過雅典公民的資格（可能是因為他拒絕繁縟的社會規範和社會約束）。

芝諾的著述沒有留存，但根據他人的記述，其主要的著作是對**柏拉圖**"理想國"之說進行辯駁，也稱作《共和國》。它描述了斯多阿學派設想的由理性民眾組成的理想社會——在這個社會裡，兩性平等，人人自由，沒有法律和習俗的約束，但道德上正直端方。斯多阿學派崇信融入社會中生活和工作，而不是從社會隱退；其目的是藉助教育和榜樣的力量實現其理想。

思想簡括：

邏輯的結構便是自然的結構；我們的目標應該是順乎自然地生活。

斯多阿學派的倫理和社會學說乃是基於他們對世界的解釋，他們認為世界在本質上是物質的，卻又借用了**赫拉克利特**的"邏各斯"的概念——一個很複雜的概念，涉及理性、自然和宿命，它們一齊推動世界，並將人類的靈魂與宇宙的靈魂聯繫起來。我們人的本性就是尋求秩序和認識，就是依照斯多阿的方式生活在一起。這種形而上學理論與一種形而下的主張相關聯，主張全人類應該遵照犬儒主義生活，應該經常毫不留情地淨化自己的精神。

斯多阿學派思想中，最重要的部分也許是他們對邏輯學的發展，是很久很久以後**弗雷格**等人的研究的先聲，是該學派複雜思想體系中的基本組成部分。這在很大程度上得力於克呂西普（約公元前280-207年），他還利用自由意志的相容論觀點，調和了芝諾的宿命論。很多羅馬作家都承襲了斯多阿主義，並進一步發展了該學派，提出了重要的"自然法則"概念，強調順從天命才能獲得靈魂的安適。

薩摩斯的**伊壁鳩魯** Epicurus of Samos

生：前341年，薩摩斯	卒：前270年

術業：倫理學、邏輯學、形而上學

師承：柏拉圖、亞里士多德、德謨克利特

嗣響：盧克萊修、伽桑狄、邊沁、J·S·穆勒

著作舉要：
《論自然》（*On Nature*）
（已佚）

古代雅典，本邦與殖民地之間的差別在，前者的居民具有雅典公民身份，不用籍新建立的城邦。

伊壁鳩魯的父母都是貧窮的雅典公民，在雅典的海外領地分配得了一些土地。他的父親是一名學校教師，他起初在家裡跟父親讀書；後來師從信奉柏拉圖主義的哲學家安菲勒（Amphilus）。他在雅典根據法律服兵役期間，全家被迫遷往內陸城邦克羅芬，他到那裡與他們團聚。

伊壁鳩魯在克羅芬城邦生活、學習了好幾年。他第一次當教師是在萊斯博斯島上的米蒂利尼，但因為他的觀點有悖傳統，沒多久就不得不離開此地，前往內陸城邦蘭普薩庫，在那裡建立了自己的學校。後來，在公元前306年，他到了雅典，建立了第二所學校，就在自家的花園裡開壇授徒（學校也以此名曰"花園"）。

這個學校——準確地說是團體——聲譽漸著，頗受人青睞（但是也為流言蜚語所中傷，因為它既接收男弟子，也接納女學生，甚至奴隸也能忝列門牆）。伊壁鳩魯把這學校整治得像一個競選活動中心，向整個文明世界發出信件，將伊壁鳩魯哲學逐步擴展成為一種世俗運動；伊壁鳩魯的主要關注點之一，便是將百姓從迷信和宗教的暴政下解放出來。該運動是以一種非強迫、非正式的方式展開的，與伊壁鳩魯的原則一致。他死後，他建立的學校仍然很興盛，在希臘語世界創立了一些新的活動中心，後來又擴展到拉丁語世界。

伊壁鳩魯是古代最多產的哲學家之一，出版了至少40部著作，其中一些是大部頭的（像他的經典之作《論自然》，便達37冊之巨）。或許是因為後來的基督教敵視伊壁鳩魯哲學（這導致抹黑宣傳，嚴重歪曲了伊壁鳩魯的學說），只有少數殘篇流傳下來，而且還是保存在他人的著作裡。

和斯多阿學派一樣，伊壁鳩魯學派也是將哲學分為三部分——倫理學、邏輯學和物理學。他們也主張倫理學是最重要的。伊壁鳩魯認為，天文學之類的知識之所以重要，只在於它們為我們解釋了關於天體現象的疑惑並證實了宗教教條的虛妄。重要的是幸福，也就是好好地生活，而不是為了尋求膚淺的愉悅而生活。人應該培養正當的慾望，尋求正當的幸福，包括健康、友誼、智慧，以及免於對死亡的恐懼。

語錄：

我們說快樂是目的，並不是指淫靡的快樂，也不是指享樂過程中得到的快樂……而是指免除肉體痛苦和精神憂慮的自由。

《致孟納修》（**Letter to Menœceus**）

韓非子 Han Fei-zi

生：前280年	卒：前233年

術業：倫理學、政治學

師承：孔子、荀子、商鞅、申不害、慎到

嗣響：李斯

著作舉要：

《韓非子》

聖人不期修古，不法常可，論世之事，因為之備。

《韓非子》，"五蠹"，
第四十九

在秦始皇統治時期，李斯位高權重，下令焚書坑儒。

韓非子為韓國貴族，就學於稷下學宮，受業於儒者荀子。但不久就放棄了儒家學說中的一些重要觀點，上書韓王，他的建議和觀點最後卻沒有被採納。其著述為秦王，也就是後來的秦始皇，所關注，以禮致之。然而，韓非子以前的同門李斯時任秦相，在秦王面前讒害之。韓非子遂被囚繫，不得面見秦王。但他還是向秦王上達了自己的觀點，包括關於如何行政和開疆拓土的建議。李斯反對這些主張，私自將鴆毒送進獄中，令韓非子在絕望中飲鴆自盡。

韓非子開創了中國思想的一個新流派，叫作法家。他繼承了他的老師荀子的儒家學說，而荀子的觀點又是與**孟子**的觀點相對立的，認為人性本惡，需要教化和治理使之向善。韓非子受商鞅的啟發，另外強調"法"，以及"術"與"勢"。結果便形成了他的政治理論，忽視哲學思考，偏好經驗觀察，反對儒家崇古，主張掃蕩古法舊俗，以創新法、立新俗。

韓非子的觀點並非全是唯物主義和實證主義的。他贊同道家的形而上學主張，並予以發展，以支持自己對"法"和"馭下之術"的偏重。其政治理論與前人的觀點也有密切的聯繫，比如：他主張君王也應該遵守法律，實施嚴刑峻法最終應該是為民

思想簡括：

不效古法，但論今世，以求至備。

謀利。後期法家（包括李斯）摒棄了韓非子思想中的這些方面，唆使君王罔顧一切，專意於一人之權勢和一人之安危。一場全民起義後，秦王朝迅速滅亡，結果法家學說頗為人詬病，儘管繼起的漢王朝在很大程度上還是採取了同樣的統治方式。

人們常常將韓非子與**馬基雅弗利**相提並論，認為韓非子的觀點不夠光明正大，甚至有些不道德。這樣的描述倒是更適合他的同門李斯，人們不應該忘記，法家的特徵是尋求穩定和秩序，這種強烈的慾望，在某種程度上其實是戰國時期長期戰亂不休的結果，而韓非子正好生活在戰國末期。

王充 Wang Chong

生：27年，會稽	卒：97年，會稽

術業：倫理學、政治學、形而上學、認識論

師承：孔子、老子

嗣響：新道家

作舉要：

衡》

鬼者死人之精
則人見之宜徒見
之形，無為見衣
服也。何則？衣
精神，人死與形
朽，何以得貫穿
？

衡》，卷第二十，"論
死篇"

死不為鬼，人死
獨能為鬼？"

物象形，精氣同
天地開闢以來，
以億萬數。"計
之數不若死者
如人死輒為鬼，
道路之上，一步一
……滿堂盈
填塞巷路。"

王充在京都洛陽就學時，貧無所依，遂遊於書肆，閱所售之書。他無門無派，也不剿襲任何傳統，這一點極為罕見。然而他還是學得了廣博的文學知識，並做到了州從事轉治中的職位，但他性好辯，不苟從，率直坦誠，是以丟了官。他的著作受到漢章帝的關注，令徵召入宮，但王充以病不得成行。

王充藉以成名者，為《論衡》一書。公元前136年，漢武獨尊儒術，儒家學說成了國教，迅速墮落成一種徹頭徹尾的迷信（此前道家也經歷了相同的命運）。孔子與老子一道被崇敬為神，傳言鬼神漫地遊走，人們好觀異兆以定行止，並開始根據風水來安排生活。王充反對所有的這些觀念，毫不掩飾自己的輕蔑，對自然世界和人在其中的地位作了理性的、自然主義的、機械論式的解釋。

王充的中心觀點是天道自生；也就是說，天沒有故生人，也就沒有順人違人之說。那些認為天給衣食的人，其實是在說天耕織以給人，這顯然是荒謬的："人在天地之間，猶蚤虱之在衣裳之內"，因此，怎麼可以認為人能變動天地之間呢？又怎麼可以認為天地驅令自己迎合人的利益呢？

王充的認識論也同樣直接：觀念缺少效驗，正如行為沒有結果一樣。腦中冒出什麼卑瑣無稽的念頭，口無遮攔地說出來，實在容易不過，並且會讓某些人相信，尤其當這些話披着某種適當的迷信外衣時。而人們缺少的正是理性和感受。

王充的論證是理性的，但由於中國缺乏真正的自然科學傳統，他也未能盡善盡美，也就是說，他試圖對世界作出自然主義的解釋，常常讓我們覺得他的觀點並不比他批駁的觀念獨特。然而，他的觀點非常著名，尤其在他死後更是如此，並對道家的新發展，或曰"新道家"，產生了影響，新道家後來發展出了一種更理性、更具自然主義色彩的形而上學，摒棄了大多數長期以來侵蝕道家思想的神秘主義成分和迷信成分。

思想簡括：

人們認識世界，應該注重感受，並"以心原物"，而不是利用愚蠢的迷信。

概述
懷疑論

"skeptic"（懷疑論者）一詞，源於希臘語 "skeptikos"，本意是 "好打探的人"。人們認為，古代第一個懷疑論者是埃利斯的皮浪（Pyrrhon of Elis，約公元前360-230年），他試圖使自己不要信從關於存在本質的任何主張，而對獨立於我們的感覺之外的事物本身真正是什麼樣子 "懸擱判斷"，不置可否，旨在獲得靜觀，或曰心靈的平靜。但作為一種哲學學說，懷疑論最先是由柏拉圖學園的後輩傳人於大約公元前3世紀時提出來的，他們反對柏拉圖的形而上學學說，而認可了蘇格拉底的名言 "自知我無知"。

16世紀初，懷疑論被用來抨擊經院哲學中的宇宙學說。天文學上的新發現和新學說表明，經院哲學關於宇宙本質的主張很多是錯誤的。結果，對人們所謂的認識，很多思想家開始懷疑其確定性。到了17世紀初，**皮埃爾·伽桑狄**提出了最有影響力的懷疑論學說，向亞里士多德哲學宇宙觀的所有方面提出了挑戰。

質疑觀念

哲學意義上的懷疑論，並不關注日常生活（懷疑論者也生活在現實生活中）。它關注的是我們有什麼證據來支持我們的觀念，以及這些證據是否足以將我們的觀念轉化為知識。它試圖尋求充分、一致地解釋對於世界的認識，並認為，由於事物對於不同的人在不同的時間和不同的文化中呈現不同的表象，這些互相矛盾的表象完全不能等同於單一的客觀世界的真相——也就是說，並不能等同於事物本身的真相。懷疑論者一直在尋求關於真理的一個標準或一套標準，憑藉這一標準，世人就可以判定互相矛盾的觀點中哪一個是應該接受的，但懷疑論者得出的結論卻是，世上並不存在在知識層面上讓人滿意的標準。極端的懷疑論甚至導致了判斷完全懸擱、根本不置可否的狀況。認定人

們根本無法認識周圍的世界，是為關於外部世界的疑論。而懷疑論的論證模式（尤其在近代）甚至擴到對於他人的精神也持懷疑論的程度（即，我知道有精神，但我不能肯定其他人是不是也有精神），懷疑人們對過去的認識，也懷疑人們對自然科學理假定的理論存在的認識。

皮浪的遺產

然而，人出於好奇的本性，一直在追求對存在的終本質進行認識，而懷疑論者則挑戰關於這類認識的有主張。但是，要是沒有懷疑論，我們就不能將傳、偏見、教條和迷信，與任何形式的有意義的觀區分開來。**大衛·休謨**的一位朋友說過："任何時的智者都會對皮浪的學說和休謨所作的補充進行結，其結論必然是：教條主義者都是傻瓜。"

有人認為，**笛卡兒**對懷疑論問題進行了徹底、全面系統闡述，這是哲學上的一個創新，絕對是空前未的。利用笛卡兒的方法得出的結論，以及變得非常楚的一個觀點，便是人們只能懷疑有足夠的理由懷疑的東西。比方說，笛卡兒沒有足夠的理由懷疑他自從事邏輯推理和思考的能力。這不是因為他不想懷疑自己的能力，而是因為這樣做在邏輯上是不可能的，沒有其他的工具可供其使用以質疑自己的推理能力而不是質疑推理本身。關於存在的本質的問題，對笛卡兒來說，是在他思考確定性和真理的本質時出現的。因此，他之系統地闡釋確定性和真理的本質問題，不是從認識論的角度，也不是基於支持認識理論的證據和證明，而是從形而上學的角度。也就是說，在笛卡兒看來，這個問題就是認識的本質問題，它是由一個問句來表達的，即，"認識是可能的嗎？如果可能，如何才能認識呢？" 除非先回答了 "什麼是認識？"，否則這個問題無法回答。皮浪主義的懷疑論意在消除發現確定性的慾望，而笛卡兒則不同，他利用懷疑論正是為了發現確定性。笛卡兒與懷疑論者的區別在於，笛卡兒利用懷疑論作為探索確定性和真理的途徑，並用以證明認識是可能的，而懷疑論者則用以探求非確定性。

塞克斯都・恩披里柯 Sextus Empiricus

生：2世紀	卒：不詳

術業：倫理學、認識論

師承：柏拉圖、埃利斯的皮浪

嗣響：蒙田、笛卡兒、休謨

塞克斯都提倡順應自
己的社會規則而生活
——並不是因為這樣
的規則能被證實是正
確的或者合理的，而
是因為這樣順應，會
讓我們可能過上沒有
煩憂的生活。

塞克斯都是一名醫生，曾在亞歷山大里亞和雅典生活，可能在羅馬也住過一陣子。他受業於尼可梅底亞的美諾多托（Menodotus of Nicomedia），曾領導過一個哲學流派，後來薩土爾尼努（Saturninus）接替了他的位置。除此之外，我們對他所知甚少。根據他的語言使用情況判斷，他可能是希臘人，"Empiricus"（有經驗的）可能是他的外號，指的是他對於醫學的觀點（儘管不太準確）。

當時醫學流派林立，其中最重要的三個是獨斷論派、經驗論派和方法醫學派。獨斷論派主張，為了治癒疾病，必須找出深藏的病根；要達成這個目的，只能藉助經驗和推理。經驗論派則主張，瞭解不可見的東西是不可能的；醫生的工作就是治癒病人，醫生應該把自己局限於檢查和處理每一個具體病例的症狀。方法醫學派對其他兩派都不認同，認為發現深藏的病根並不是醫生的工作，該派醫生辯稱，認定不可能發現深藏的病根，和認定可能發現深藏的病根一樣，都屬於獨斷論。儘管外號叫"經驗"，塞克斯都的觀點其實應歸入方法醫學派，而不是經驗論派。

塞克斯都並沒有寫出什麼很有原創性的著作，其行文風格除了平實明瞭外，也乏善可陳。他之所以重要，乃是因為通過他，我們得以基本瞭解希臘懷疑論，尤其是埃利斯的皮浪藉口授傳下來的學說，儘管塞克斯都本人就各種各樣的哲學觀點所作的應對和論證有時候也很有趣。

皮浪主義懷疑論的主要興趣，並沒有太多的認識論色彩，而是出於倫理和實踐的目的；一方面，它關注尋求幸福，即免於精神紛擾的自由（也就是靜觀），另一方面，它汲汲於避免精神麻痺。簡單地說，對於本質上不可認識的事物，根本沒有理由念茲在茲，因此要懸擱判斷，進而獲得靜觀。很顯然，這只適用於那些真的不可認識的事物，適用於那些超出我們的經驗的東西。對於我們耳聞目睹的事物，以及我們可以由經驗推知的東西，我們不應該放任自己陷入懷疑論。因此，作為醫生，塞克斯都會拒絕推斷引發疾病的深層機理，但是會基於病人的症狀作出診斷，並以此為基礎開方治療（儘管他這樣做會猶豫再三）。

語錄：

……藉助懷疑論……我們首先會"懸擱判斷"，其次會免於心神紛擾……

《皮浪學說綱要》

龍樹 Nāgārjuna

生：約150年，安得拉邦	卒：約230年

術業：形而上學、認識論、倫理學

師承：大乘佛教

嗣響：中觀派

著作舉要：

《中論》
（*Madhyamakakàrikàs*）

諸法從緣生，諸法從緣滅，如因果相聯，矛盾相生。

龍樹的生平幾乎完全沒有記載（有一些詳盡的描述，都是在他涅槃後很久才出現的，在很大程度上被神話化了）；上列生卒年只是粗略估算。他出身印度教家庭，也許屬婆羅門種姓（即祭司階層）。

後來，龍樹轉而皈依佛教，並到比哈邦古老的那爛陀寺研習佛理。公元前5世紀，佛教作為一種宗教開始脫離印度教，幾乎完全是關注倫理學，但在最初的兩個世紀裡，佛教開始擴展其哲學關注的範圍。公元1世紀或2世紀間，出現了一個新的流派，叫作大乘佛教。大乘佛教把當時其他的佛教流派統稱為小乘佛教，以便把它們和本派區分開來，小乘佛教中現存最主要的一派是上座部佛教。

大乘佛教尋求擺脫以前佛教諸派的教義，認為這些教義都是僵化的教條，並試圖通過引進一些新的教義，比如菩薩之說，以減輕為求徹悟而作的自我修行，菩薩會作出一個道德選擇，遲滯自己的涅槃而普渡眾生。在佛教著述越來越具有學術化的哲學思辯色彩時，大乘佛教聲稱要回歸佛教修行的本根。龍樹的成就在於使得大乘諸宗的思想具有了精密和分析的色彩。當其時，哲學氛圍普遍濃厚，佛教諸宗和印度教諸派均是如此，都對邏輯學、形而上學和認識論爭論表現出新的興趣，龍樹就是

思想簡括：

諸法不可得，空亦空非空。

受了這種氛圍的影響。他創立了大乘三大宗之一的中觀派，該派並不傳授任何思想體系，只是駁斥其他思想體系的所是所非；其主要的方法是歸謬法，批駁佛教其他宗派和印度教思想。

龍樹強調"諸法從緣生"和"自性空"。所有的事物都是和其他事物互相聯繫的，並與之互為條件，如此產生了生、位、異、滅的輪迴，因為恆常不變的"本性"是不存在的；經驗世界變動不居，因此"本性"不變之說很荒謬。雖然在經驗層面，萬物都是真實的，但在更深的層面，萬物皆空；事物在一個層面是真實的，在另一個層面又是假的。萬物既存在有不存在——是謂中道。

柏羅丁 Plotinus

| 生：約205年，埃及 | 卒：270年 |

術業：形而上學，倫理學

師承：柏拉圖、亞里士多德、愛利亞的芝諾、季蒂昂的芝諾、阿蒙尼阿·薩卡

嗣響：波菲利、奧古斯丁、希帕蒂亞、康韋

作舉要：

章集》（Enneads）

羅丁的文字很晦
　討論的問題也不
明，甚至其手迹也
難辨認。至少前兩
問題，他本人是充
意識到了，辯稱他
在試圖表達真的很
表達的東西。

柏羅丁可能出生於上埃及（南埃及）的萊克波利斯（即現在的阿西亞），是希臘裔或者希臘化的埃及人。關於他的生平，我們確切所知的、最重要的是公元232年他在亞歷山大里亞研習哲學，該城當時是埃及的首都，也是世界的思想文化中心。正是在這裡，他結交了阿蒙尼阿·薩卡，這個人信奉柏拉圖哲學，是基督教哲學家奧利金（Origen）的業師。

柏羅丁師從阿蒙尼阿十一年，後來扈從羅馬皇帝高第盎（Gordian）遠征波斯和印度。因高第盎在美索不達比亞被刺，遠征中途夭折。柏羅丁遂逃往安提阿，接着又到了羅馬，並在羅馬建立了一所學校，教授哲學。波菲利（約232-305年）就是其中最知名的弟子，在他的幫助下，柏羅丁寫成了《九章集》：凡六卷，每卷九篇論文，為其著述以及講授記錄的彙編。

臨終前，柏羅丁根據**柏拉圖**《共和國》的描述，希望建立一個哲學化的城市，但因為羅馬皇帝的一幫資政反對，該計劃以失敗告終。柏羅丁也因長期的病痛而去世。

柏羅丁在骨子裡是信奉柏拉圖哲學的，儘管他的觀點是受了其他哲學家的影響，比如亞里士多德、畢達哥拉斯學派和斯多阿學派。他並非僅是轉述他人的觀點和論證；事實上，他提出了他自己的特別具有原創性的哲學體系，被稱作新柏拉圖主義，對早期基督教神學家以及17世紀的劍橋柏拉圖主義者有着巨大的影響。

柏羅丁思想體系的中心是柏拉圖的"善的理念"這一概念，柏羅丁稱之為"太一"，又稱之為"善"。這是第一本源，是萬物的源頭，最高級的實體（即本質、無形的本體或實在），次之則為努斯，為精神和靈魂，為萬物。太一超越一切，並且是不可描述的；使用語言，我們只能是冀圖向它（柏羅丁稱之為"他"）揮手示意。和柏拉圖的思想體系一樣，太一在本質上為萬物所分有，我們都能感受到他——但柏羅丁則認為，這實際上只在很少的情況下才可能。努斯是概念和觀念範疇；精神和靈魂是無形的本體，在死生生死的輪迴中得到體現；而萬物（其實是靈魂範疇比較低級的部分）則屬於物質範疇。我們的任務就是脫離生死輪迴，首先與努斯相齊，最終與太一合一。惡只能是淵源於最低級的實體，也就是物質。

語錄：

我們保持努斯（Noũs）的純粹時，也就與至上的神同在了。

《九章集》，卷五，3.14

希波的**奧古斯丁** Augustine of Hippo

生：354年，塔加斯特、努米底亞	卒：430年，希波，努米底亞
術業：形而上學、語言、倫理學	
師承：柏拉圖、柏羅丁、西塞羅	
嗣響：波伊提烏、聖安塞姆、阿奎納、梅森、阿諾德·維特根斯坦	

著作舉要：

《懺悔錄》(Confessions)、《上帝之城》(The City of God)、《獨語錄》(Retractions)

摩尼教是祆教、佛教、基督教和諾斯替教雜糅產生的一種奇特宗教，其中心是固守善惡二元論。人類的出現，乃是黑暗王國兜神入侵光明王國的結果；作為這一行為的產物，人類半善（精神）半惡（肉體），其自身便體現了善惡之間的激烈爭鬥。

奧雷里烏·奧古斯丁努出生於今阿爾及利亞的蘇克阿－赫拉斯，母親是一位基督徒，父親是一名異教徒（後來皈依基督教）；他曾在北非的城市塔加斯特、馬都拉和迦太基學習修辭學，其鑽研哲學，乃是受了西塞羅的一部著作《霍爾登修》(Hortensius)（已佚）的啟發。年輕時，他藉口基督教教義粗略，經卷行文質陋，拒絕信仰；轉而信奉摩尼教，這是摩尼（約216-276年）創立的一種宗教。奧古斯丁作了九年的摩尼教教徒，在此期間，他返回塔加斯特，在那裡創辦了一所學校，後來又回到迦太基教授修辭學。

公元383年，奧古斯丁摒棄摩尼教，轉而信奉晚期柏拉圖學園提出的懷疑論。同年來到羅馬，通過熟人在米蘭謀得了一個教授修辭學的職位，並在那裡接受了新柏拉圖主義。在米蘭期間，他結識了聖安布羅斯（Ambrose）主教，這位主教利用柏拉圖哲學探討基督教，對奧古斯丁很有吸引力；公元387年，奧古斯丁受洗，成了基督徒。

公元391年，他重返北非，來到希波，被任命為神父，四年後升遷主教。其時天下紛亂，俗界、僧界均不安寧，公元410年，哥特人阿拉里克大掠羅馬，野蠻人部落侵佔了羅馬帝國全境，而基督教教會則

思想簡括：

信仰先行，理性使信仰清晰並支持信仰。

內耗不斷，外患不息，內有宗派紛爭，外有其他一些宗教擴張威脅，如奧古斯丁以前信奉的摩尼教。

在此後的34年裡，奧古斯丁一直在和各種各樣新出的觀點進行論戰，並為此寫下了大量的哲學和神學著作，改變了基督教和哲學世界的面貌。其最重要的著作是包括《懺悔錄》，這是他的自傳，寫於公元400年；《上帝之城》，這是一部哲學神學和教會史巨著，作於公元413年和426年之間；《獨語錄》，重新審視他早年的著作，作於公元428年。公元430年，旺達爾人圍攻希波，奧古斯丁去世。

神學

奧古斯丁的大部分著作儘管在哲學上很複雜，但內容純粹是神學，其晚期的著作在本質上則最具論戰色彩。他鑽研哲學意在尋求真理，而基督教就是真理。任何非基督教哲學很顯然都是誤入歧途，因此都是辯駁的靶子。他儘管是以柏拉圖哲學和新柏拉圖主義來闡釋基督教思想，但還是和

在奧古斯丁看來，人類並非本質上就是惡的，因為人類終究是上帝創造的。上帝給了人類以自由意志，惡便作為其中的一部分而出現了。

所作的應對，質疑者提出的問題是：如果上帝一直就存在，那他為什麼偏偏選擇在創世時這個時間來創世呢？在應對中，奧古斯丁論證說，上帝創造了時間，上帝本身就是永恆的。因此，時間是人類精神的產物，而不是世間實物作用的結果。

語言

奧古斯丁對於語言的觀點，在當時很有權威性，他認為人類語言有兩個功能：表達觀念和思想，傳達思想結構，就像有一些"內在詞語"，它們本身在語言中並不存在，藉助人們的語言表達而為人所知。他區分了兩種標誌：自然標誌就像是徵兆（例如，煙是火的標誌）；知識標誌則是象徵，意在標識（例如，在天氣預報中，小朵的雲用來標識降雨）。語言當然是由後一種標誌構成，整體來講，它在本質上是約定俗成的。然而，在奧古斯丁的思想發展過程中，其具體的觀點不斷變化，根本不容易確定。

在早期的基督教思想發展中，奧古斯丁佔有極其重要的位置，他標誌着古代和中世紀嬗變之際的一個重要階段，是異教徒思想向基督教哲學思想轉變的一個重要階段。

阿奎納不一樣，在阿奎納看來，闡釋《聖經》是為了使之與科學和哲學的路線相契合；而奧古斯丁則認為，哲學家與《聖經》發生分歧時，應該以《聖經》為準。

對於物質和肉體本惡這一觀點，奧古斯丁表示反對。在他看來，人的肉體是上帝的安排的核心部分；至善、全能、全知的造物主上帝創造了世界，其間之存在惡，只能根據人類的自由意志來解釋，自由意志這一說，既解釋了大多數惡的直接起源，也證明了上帝用惡來懲罰人類（這一觀點後來漸漸發生了變化，他後來認為，首先，沒有上帝的幫助，人類不可能遵從天誡；其次，這樣的幫助，如果上帝提供的話，人類不能拒絕）。

因為**維特根斯坦**的《哲學研究》，我們得以知道，（除了神學和古典文學外）奧古斯丁還有關於時間哲學和語言哲學的著述。前者見諸他對質疑基督教創世說的人

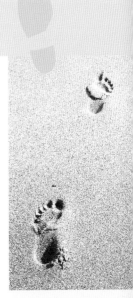

沙上的腳印是自然標誌，表明有人曾經走過這條路。腳印的圖像是一個知識標誌，標示這是一條眾人都可以走的路。

什麼是時間？你不問我，我還明白；你一問，我一想答，我就糊塗了。

《懺悔錄》，11, 14, xvii

概述
哲學中的女性

揭示婦女在哲學中的歷史作用，可不容易。這事兒複雜，乃是因為兩點：文化之間的差異和歷史記載的過程，前者相對來講好懂一些，後者則不。

就文化而言，我們在此僅僅考慮西方傳統。雖然中國唐代（618-907年）就出現了女性作家為婦女教育編寫的文字，但這些怎麼也不能算是哲學書籍。而古代印度哲學甚至不能容忍這類文字。要討論近代以前婦女參與哲學研究的情況，還得從希臘開始。

古代希臘

想概括地說明古希臘婦女的地位，是不可能的，因為不同的城邦和殖民地有迥然不同的風俗和觀念。我們能說的只是：婦女的地位不可否認地比男子的地位低，即便在態度比較開明的希臘社會也是如此。近代女性主義文學頻頻提及一些女性人物——母親、女祭司、侍女、妻子等等，聲稱正是從她們身上，大多數男性哲學家獲得了自己的思想。這樣的描述，語焉不詳，有的顯然是憑空臆造，撇開這些不論，我們也發現，泰勒斯之流的哲學家就是把女性描述為哲學之源，即便他們是受了其他哲學家之思想的深刻影響。

然而，詳情是勿庸贅述了，極具天份的女哲人，可追溯到哲學的起源時期，一一開列出來，還是很令人欽敬的。例如，畢達哥拉斯的學校就一定是收了女弟子的，包括他自己的女眷，她們的著述還有一些殘篇斷簡留存至今。據普魯塔克（Plutarch）稱，蘇格拉底和他的弟子曾經拜見過阿斯帕齊婭（Aspasia）（伯里克利之妻）。帕莉提奧妮（Perictione）可能是柏拉圖的母親，她寫了至少兩篇哲學論文，而伊壁鳩魯的花園學校則既收男學生也收女弟子。在希臘化時期以前，**希帕蒂亞**是少數女哲人中最突出的一位，另外還有雅典的阿詩克勒匹金尼雅（Asclepigenia of Athens）（希帕蒂亞可能師從過她），以及該撒利亞·瑪札卡的瑪克麗娜（Macrina of Caesarea Mazaca），她是聖巴西勒（Basil the Great）的妹妹。

但這份名單並不應該掩飾婦女面臨着一些重要的障礙這個事實，這些障礙，首先是她們所受的教育，其次是她們在思想界能否成功。然而，與其後的一千年相比，古代婦女比較容易突破這些障礙。在古代，她們的觀點是社會習俗和文化準則的產物，但在中世紀，它們往往被視為關乎宗教教義。同樣地，儘管古代之後出現的女哲人遠較古代為多（在她們的時代，她們所受的評價比現在要高），但其數量和男性哲學家相比還是微不足道，其成就之取得，也要經歷艱難的社會、宗教和學術障礙。

儘管社會地位不同，思想自由的程度不一，古希臘的婦女還是比中世紀的婦女享有更多的思想自由。

希帕蒂亞 Hypatia

生：約370年，亞歷山大里亞		**卒**：415年，亞歷山大里亞	

術業：數學、邏輯學、自然科學

師承：柏拉圖、柏羅丁、揚布利可、塞翁

嗣響：昔勒尼的塞內西烏斯

歷山大里亞有一個
大的圖書館，是托
密一世（Ptolemy
於公元前4世紀末
立的。據說是古代
界藏書最豐富的圖
館（有人估計超過
萬卷），也是一個
寫中心，複製的圖
被散發到世界各
。曾經多次遭受火
，多有損毀，公元
3年最終被哈里發
馬爾一世（Omar I）
底毀掉。

希帕蒂亞於公元4世紀生於亞歷山大里亞（關於她的享年有爭議，因此不同的學者定其生年為約370或約355年）。她的父親塞翁（Theon）是一位數學家，也是一位哲學家，在亞歷山大里亞大學執教，似乎也負責女兒的教育，但她可能受業於雅典的小普魯塔克。她幫助父親著述，涉及數學、天文學和哲學，後來在父親的學校得到了一個教席，最後接手掌管這所學校。

作為教師，希帕蒂亞聲名顯赫，倍受尊崇（據說，凡信件之收信人作"哲學家"者都被送到她手裡）。其傳道解惑，都是基於新柏拉圖主義的立場——顯然是受了柏羅丁和敘利亞哲學家查爾西斯的揚布利可（Iamblichus of Chalcis，約250-約327年）的影響，但她主要用於數學和自然哲學。她沒有著作傳世；我們只知道書名，根據書名，她的著述似乎都是對前賢的著作進行注評。我們現在對其著作和生平的瞭解，大多來自她的學生昔勒尼的塞內西烏斯保存的一些書信，以及後人對她的生平所作的或浪漫化或政治化的各種描述。

希帕蒂亞時代，亞歷山大里亞局面混亂。基督教漸漸獲得優勢地位，到4世紀90年代，宗教騷亂開始蔓延。412年，亞歷山大里亞的濟利祿（Cyril of Alexandria）當了主教，事情更糟糕了。他對非基督徒和基督教其他宗派的信徒實施瘋狂殘暴的迫害；基督教異端教派的教堂被關閉和劫掠一空，猶太人在街上和自家宅內受到攻擊，並被驅逐出亞歷山大里亞。希帕蒂亞受過教育，自然也成了攻擊的目標（當時的基督教徒往往把知識視為妖術，看不出自然科學和魔法之間有什麼不同）；另外，她是奧萊斯特斯（Orestes）的朋友，奧萊斯特斯當時任亞歷山大里亞的總督，與濟利祿嫌隙頗深。415年，希帕蒂亞受到一位基督教暴徒（也可能是尼特里亞的一群修士）的攻擊，暴徒剝光了她的衣服，殘忍地殺害了她。濟利祿後來卻被進封為聖徒，被稱為早期基督教神學家。

希帕蒂亞之所以重要，有很多原因。作為一名教師，她很受歡迎，很有魅力，她保存了一些古代思想，此外，在迷信和無知充斥、常常暗無天日的社會裡，她還是知識之光的象徵，她還表明，即便在最沒有希望的地方和歷史上最令人厭惡的時期，婦女也一樣有能力克服社會和文化的壁壘，取得思想上的成功。

思想簡括：

世界並非"至真"之完美的複製品，作為哲學家，我們必須奮力認識和理解"至真"。

就哲學議題而言，"中世紀"一詞意義很含混，在本書中，這一時期一直延伸至16世紀末，包括文藝復興以及笛卡兒給哲學帶來的巨大變化。在整個中世紀，"哲學"一詞適用於各種各樣的學科——包括天文學和動物學。本篇介紹的思想家，根據"哲學"在近代的狹義，基本或者至少大多數都算是哲學家。

西方中世紀哲學有四個主要來源，分別是古典哲學和當時三個主要的宗教，即基督教、猶太教和伊斯蘭教。儘管新柏拉圖主

480　801

義很有影響，對早期的伊斯蘭哲學家而言尤其如此，但**柏拉圖**的重要性遠遠不及**亞里士多德**。另外，儘管在中世紀開始以前，亞里士多德的著作在歐洲已經散佚，但其中有很多在12世紀時失而復得，這得歸功於阿拉伯人，他們在征服外族的過程中逐漸接觸希臘哲學，並研究之，進而保存之。

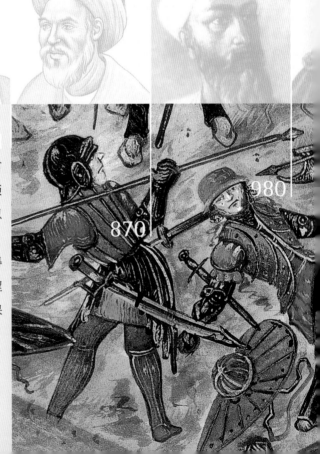

870　980

中世紀篇
500-1599

哲學與宗教信仰

中世紀早期的一個重要特徵，便是哲學觀點和宗教信仰之間的關係。兩者之間有衝突，至少潛藏着衝突，這一點是難以否定的，而不同的哲學家（以及哲學家群體處理這一問題的方式產生了巨大的影響——不僅對他們本人，而且對哲學本身的發展方向乃至其存在都有影響。當時的猶太哲學家（他們主要生活在伊斯蘭國家，並用阿拉伯語寫作）——包括**摩西・本・邁蒙**、摩西・納姆安迪斯（Moses Nahmanides）、耶忽達・哈雷維（Yehuda

1130　　　1135

Hallevi）、所羅門・伊本・耶忽達（Solomon ben Yehuda），伊斯蘭哲學家，比如**鏗迭、伊本・路西德、伊本・西拿、法拉比**，他們的哲學著作，都招致了神學的強烈反對，因為這兩種宗教信仰特別和新的形而上學思考之間存在着衝突；因此，到中世紀結束時，只有基督教傳統留存了下來。這在某種程度上是因為基督教哲學家不如他們的猶太教和伊斯蘭教同行敢作敢為，不敢明目張膽地激起理性和宗教之間的衝突（偶爾也有例外，比如**愛留根納**）。後期的猶太教和伊斯蘭教哲學家（如**斯賓諾莎和伊克巴爾**）遵從的哲學傳統，主要孕育於基督教哲學家開創的中世紀傳統。

中世紀哲學的中心並不是建立一個龐大的體系，也不是提出世界觀（就此而言，它至少與20世紀的哲學相似）。中世紀哲學已經具備了世界觀，即三種宗教的世界觀。實際上，當時哲學的主旋律可以說是：三種宗教養育的思想家試圖與古典哲學思想相調和。在調和的過程中，13世紀出現了一種明確、獨特的哲學傳統，這得益於大

著的例子是**阿奎納**）。他們不太強調思想的原創性，但緩慢地邁向更具有思辨色彩的思考。他們提出的一些問題很重要，不僅在當時有意義，而且對後來的哲學也有意義，這些問題包括：唯實論與唯名論之爭，信仰與理性之間的關係，哲學－技術詞彙的創立，其中哲學－技術詞彙關涉形而上學和邏輯學思考。

中世紀哲學的緩慢發展，最終在15和16世紀被突破，因為首先是政治學，隨後是自然科學都取得了飛速的發展——這一發展通常被稱為文藝復興，其在哲學領域的代

學的創建和發展，比如波倫亞、巴黎和牛津地區的大學。特別是在基督教背景下，這種哲學傳統被稱為經院哲學——即經院和經院神學家倡導的哲學。

亞里士多德和神學

這一時期的大多數哲學著作，都以亞里士多德研究的面目出現，或者產生於亞里士多德研究，很多人多方試圖將他的思想運用於啟示宗教，並將兩者進行調和（最顯

表，便是**庫薩的尼古拉斯、馬基雅弗利和蘇阿雷斯**的著作。同時，這一時期的哲學與亞里士多德哲學漸行漸遠，而向新柏拉圖主義靠近，這在很大程度上是受君士坦丁堡之陷落的影響：大批的人被迫流亡，隨身帶來了當時尚不為西部歐洲所知的古典著作。然而，公正地講，文藝復興時期的哲學總體上只有很小的發展，即便誇大一些，這個時期的哲學成就也不會超過中世紀向近代嬗變的時期。

阿尼西斯·曼利斯·塞弗萊努斯·波伊提烏

Anicius Manlius Severinus Boethius

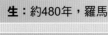

生：約480年，羅馬	卒：524年，帕維亞

術業：邏輯學、倫理學、形而上學

師承：柏拉圖、亞里士多德、波菲利、奧古斯丁

嗣響：愛留根納、聖安塞姆、阿伯拉爾、阿奎納、尼古拉斯·克萊夫茨

著作舉要：

《哲學的慰藉》(The Consolation of Philosophy)

阿里烏派教徒是否認耶穌為上帝的基督教徒。公元325年阿里烏派被宣佈為異端，到381年，該派最終為羅馬帝國排斥殆盡（該派一度在羅馬帝國佔優勢）。

波伊提烏是最後一位古典哲學家，也是第一位中世紀哲學家。他出生於一個信奉基督教的閥閱之族。他的父親是一名執政官，在他大約七歲的時候就去世了，前執政官西馬庫斯（Symmachus）將他撫養成人，讓他接受教育，並把女兒許配給他。波伊提烏遊學的情況並不清楚，但他學識淵博，一定是在一個重要的哲學中心修習而得，要麼是雅典，要麼是亞歷山大里亞。

當其時，羅馬由東哥特國王狄奧多里克（Theodoric）統治。公元510年，波伊提烏當上了執政官，多次奉命出使外邦。然而，狄奧多里克疑心這位重臣與拜占庭皇帝查士丁尼一世（Justin I）勾結叛國，監管這些懷疑並沒有真憑實據，波伊提烏還是在帕維亞被監禁。他被羈押了一段時間，經常受到嚴刑拷打，最後在524年被處死。

波伊提烏所以重要，在於他把古典哲學家如亞里士多德和波菲利的著作翻譯成了拉丁文，並進行箋注；他是諳熟這些古希臘文原著的最後一位哲學家，在相當長的時間裡，他的譯文是瞭解亞里士多德的不二法門。他還寫了很多論文，討論數學、音樂、天文學和邏輯學，而其討論柏拉圖、亞里士多德和波菲利的文字，則是17世紀

語錄：

無知蒙昧中能有什麼樣的快樂？

《哲學的慰藉》, ii,

規模盛大的宇宙大辯論的發端。

哲學行內行外對他倍加推崇，乃是因為他的著作《哲學的慰藉》，這部書是他在獄中橫遭拷打的間歇寫成的。其緣起乃是因為他的遭遇考驗了他的基督教信仰：至善的上帝怎麼能讓善者受盡艱難困苦，而讓惡人享盡榮華富貴呢？儘管如此，他並沒有寫成一部基督教神學著作，而是寫成了一部哲學著作，專門討論自由意志和惡的問題。雖然上帝的本質和作用是他討論的中心問題，但是這個上帝更像新柏拉圖主義者的"太一"，而不像基督教人格化的上帝，他提出的"慰藉"乃是根植於新柏拉圖主義和斯多阿主義。

該書由波伊提烏（以散文）和哲學的化身（以韻文）之間的對話組成。其最具影響的哲學段落乃是論述上帝的時間狀態。波伊提烏認為，上帝是永生的（也就是說，超越時間而存在），而世界在形式上是永恆的（也就是說，沒有始，也沒有終，但是在時間之內存在）。

商羯羅 Adi Śaṁkara

生：約788年，伽拉迪，喀拉拉邦	**卒**：約820年，基達那特，喜瑪拉雅山

術業：形而上學、認識論

師承：跋達羅衍那、喬荼波陀

嗣響：羅摩奴闍、拉達克里希南、辨喜

關於商羯羅的出生和幼年天縱的異質，照例有一些文化英雄式的神話傳說，但我們對他的早年生活仍然不甚了了。他出生於一個婆羅門家庭，早年喪父。受業於喬荼波陀的弟子喬頻陀（Govindapāda），而喬荼波陀是一位思想家，他根據佛教思想研究印度教的吠檀多派，創立了不二論，後來商羯羅又把這一觀點確立為印度的一個主要哲學流派。商羯羅年壽既短，但著述盛豐，且足迹遍及全印度，與印度教、佛教思想家及眾教宗論法講道，並建立了一些印度教修道院。如其出生一樣，商羯羅卒於何處及何以辭世，也不清楚，對這個問題有很多互相矛盾的描述；他似乎死於喜瑪拉雅山麓的一個村莊。

商羯羅思想體系的核心，便是反對印度的兩個傳統學派，勝論派（Vaiśeṣika）和數論派（Sāṁkhya），勝論派是由迦那陀（Kanada）於公元前2世紀創立的，而數論派則從公元前7世紀以來一直傳承不絕。前者主張七句義說（即七個存在的範疇），有些是有形的，有些是無形的，每個句義又可進一步劃分為組成世界的基本成分，例如極微（原子）。而後者主張二元論，區分出兩種存在：神我（puruṣa，即"知者"，或曰本質上有意識）和自性（prakṛti，即沒有意識的"本生狀態"或"事物"）。商羯羅承認世界表現為二元，但是又認為，這只是表象，因為萬物皆由"梵"而生。"梵"是一個很難解釋的概念，相當於赫拉克利特的"邏各斯"、老子的"道"，柏羅丁的"太一"，以及斯賓諾莎的"實體"；它是不變的、極微的、永恆的實體，我們在時間和空間、多與變中感受到它。經驗（以及由經驗產生的推斷）並不能讓我們認識到"梵"，但我們能直接覺察到它，因為我們每個人都能直接覺察到自己的意識，而意識與"梵"則是同一的。欲獲得認識，我們應求諸"奧義書"（Upaniṣad），它載有哲學沉思（而不是宗教入定）的成果，並訓誡我們也做同樣的沉思。對梵的真知，乃是繫於我們的一種認識，即我們實際上只是梵的一部分，而不是什麼真正的個體。

商羯羅常常被視為印度人的**康德**。如果類似的比較有益於認識，把他比作**巴門尼德**更合適一些，巴門尼德認為我們能認識沒有被感知的真實世界，而商羯羅也強調我們能認識"梵"。然而，康德卻主張本體世界一定是不可知的。

按：

商羯羅的吠檀多不二論印度教是最具影響力的印度哲學流派。

阿布－玉素甫·雅曲布·伊本·伊舒·鏗迭

Abū-Yūsuf Ya'qūb ibn Ishūq al-Kindī

生：約801年，庫法，伊拉克	卒：約873年，巴格達

| 術業：認識論、形而上學 | |

| 師承：柏拉圖、亞里士多德、柏羅丁、約翰·菲洛波努 | |

| 嗣響：羅傑·培根 | |

著作舉要：

《論第一哲學》On First Philosophy (Fī'l-Falsafa al-Ūlā)

不僅這個時期的伊斯蘭哲學家從新柏拉圖主義的觀點認識亞里士多德，更讓人莫名其妙的是，當時有一本書叫作《亞里士多德的神學》，非常流行，實際上是從柏羅丁著作節錄部分彙編而成。

鏗迭出生於庫法望族；根據一些記載，他的父親是當地的總督。他曾在庫法和巴什拉遊學，最終在巴格達完成學業。其學識聲譽遠播，哈里發瑪門（al-Ma'mun）便任命他在新建立的"智慧之家"任職，這"智慧之家"位於巴格達，是一個翻譯希臘哲學和科學著作的重要機構。

瑪門死後，其兄弟穆塔西姆（al-Mu'tasim）繼任哈里發，鏗迭續任於"智慧之家"，並任穆塔西姆之子的太師。然而，在瓦特希克（al-Wathiq）在位期間，尤其是穆達萬其爾（al-Mutawakkil）在位時，鏗迭光彩不再。有人認為是智慧之家有學者與之為敵，暗中作梗；還有人認為是穆達萬其爾時常殘暴地迫害非穆斯林以及穆斯林內部的異端。有一段時間，鏗迭心灰意冷，其藏書也被沒收，儘管這些藏書後來又還給了他。

在其生時，以及此後大約一百年的時間裡，鏗迭一直被推崇為最偉大的伊斯蘭哲學家，迨**法拉比**和**伊本·西拿**等輩思想家出，他最終才稍顯遜色（然而，他是惟一一位重要的阿拉伯裔哲學家，因此後來仍是以"阿拉伯哲學家"而著名）。他著述頗豐，但大多散佚；少數被翻譯成拉丁文，其他著述的阿拉伯文手稿也有發現（最重要的一批發現於12世紀中葉，包括

語錄：

我們不相信哲學家能給一個答案，簡潔、明瞭、直接、切中肯綮，堪可滿足神聖先知的要求，而超出他的給予。

《鏗迭論第一哲學》（Rasā'il al-Kindi al-Falsafiyya），I, 373

他的24部作品）。在化學、音樂、醫學、幾何學、天文學和邏輯學領域，他也有開創性的研究。

鏗迭哲學研究的主要興趣，乃是證明哲學和自然神學兼容於天啟和思辨神學（即凱拉姆<Kalām>）。然而，他認為，天啟是認識的至高來源，它保證了某些沒有受到理性玷污的特定信仰（儘管他排斥思辨神學）。他藉以論證的觀點立場，融合了亞里士多德哲學和新柏拉圖主義，尤其是新柏拉圖主義，他幾乎沒有增加任何開創性的內容。他所以重要，主要在於他為向伊斯蘭思想界引進和普及希臘哲學發揮了重要的作用。他還創立了很多阿拉伯哲學術語，後來都成了標準術語。沒有鏗迭，也許就沒有法拉比、伊本·西拿和**加札利**的研究。

約翰·司各特·愛留根納 John Scotus Eriguena

生：約810年，愛爾蘭	**卒**：約877年，不詳
術業：形而上學	
師承：偽狄奧尼西、尼斯的聖格列高利、奧古斯丁、波伊提烏	
嗣響：賓尼的阿摩利、阿奎納、尼古拉斯·克萊夫茨	

作舉要：

*預定》（On Pre-
stination）、《論自
的區分》（On the
ision of Nature）*

奧尼西是6世紀
來自敘利亞的一
名的基督教哲學
信奉新柏圖主
他的著作在15世
一直被認為是雅
高法院法官狄奧
的作品，狄奧尼
雅典人，經聖保
依了基督教。

羅馬帝國從800
一直延續到1806
起初稱"西羅馬
國"，後稱"羅馬
國"，"神聖"一
是13世紀加上去
伏爾泰寫過一篇
常有名的文章，聲
神聖羅馬帝國既不
聖，也不羅馬，更
帝國。

"Scotus"和"Eriguena"都表明這位哲學家出生於愛爾蘭，但他的父母可能是蘇格蘭人。當時，愛爾蘭是歐洲最後一個古典學術研究中心；愛留根納的希臘語知識可能是他在一座愛爾蘭修道院就學期間習得的。約840年，他到了法國，在國王查理一世（後來的查理二世皇帝）設於宮廷的巴拉丁學校任職到850年。其餘生似乎是在法國度過的，858年左右，拜占廷皇帝委託他將一些希臘文文獻翻譯成拉丁文，就此機會他翻譯了偽狄奧尼西的著作，譯文影響巨大。他的著述非常異端，多次遭致宗教攻擊，他都幸運地逃過劫難，據說與他的庇護人查理皇帝都死於877年。

在其所有著述中，愛留根納都把《聖經》和（新柏拉圖主義）哲學作為權威加以引用。他堅持認為，這兩者都是不能反對的，並試圖沿着理性研究的思路，通過闡釋神啟宗教，將兩者調和起來，就這樣，他為以後中世紀的大部分時期設定了議題。在此過程中，他着手解決基督教教義中內在的前後矛盾，以及基督教與理性之間明顯的矛盾。毫不奇怪，他的研究結果被很多正統的基督教思想家視為對基督教信仰的懷疑，其中最常見的批評就是認為愛留根納是一個泛神論者。

愛留根納初涉哲學研究的行動之一就是撰寫《論預定》，是他應參加爭論的一位哲學家之請寫的。爭論的雙方都不喜歡他的這本書，有被宣斷為異端邪說的危險（事實上，該書最終在855年受到斥責）。於是他識時務地轉而研究其他的問題。

愛留根納的經典之作是對話體的《論自然的區分》，他在書中提出了中世紀第一個原創性的哲學體系。他認為"自然"即存在的萬物，並將自然分為四個範疇：並非被創造出來但創造的自然；被創造出來又創造的自然；被創造出來但不創造的自然；並非被創造出來也不創造的自然。上帝是並非被創造出來但創造的自然，他創造了邏各斯，即聖言，以及蘊涵其中的永恆的神聖理念，即被創造出來又創造的自然；這些理念與柏拉圖所說的理念很相似，柏拉圖的理念是構成我們感知的世界的有限物體的範型——也就是被創造出來但不創造的自然。第四個範疇，並非被創造出來也不創造的自然，是最後的階段，萬物復歸於上帝，上帝即萬物。

語錄：

"自然"是……萬物的總稱，不管物質是還是不是自然……

《論自然的區分》，I

阿布·奈撒爾·穆罕默德·伊本·法拉克·法拉比

Abū Nasr Muhammad ibn al-Farakh al-Fārābi

生：約870年，瓦希，法拉布附近	**卒**：950年，大馬士革，敘利亞
術業：認識論、形而上學	
師承：柏拉圖、亞里士多德	
嗣響：伊本·西拿、加札利、伊本·路西德、邁蒙尼德、阿奎納	

著作舉要：

《理想城》（The Ideal City）、《論理智》（Letter concerning the Intellect）

所謂偽哲學家，是指他獲得了理論知識，但未臻化境，尚不足以能夠在他人能力許可的範圍內向他們介紹他自己認識到的東西。

《論獲得幸福》（The Attainment of Happiness），iv:61

法拉比（又名阿爾法拉比<Alfarabius>，阿布奈撒爾<Abunaser>）是波斯人後裔，生於土耳其斯坦。一生遊歷四方，但大部分時間是在巴格達度過的，在該地主要師從阿布·比什爾·馬塔·伊本·優努斯（Abū Bishr Mattā ibn Yūnus）——來自敘利亞的一位基督教徒，信奉亞里士多德哲學；也正是在巴格達，法拉比學習了阿拉伯語。據說，有一段時間，他當過穆斯林仲裁法官，也幹過照料園林的活兒；但其一生中大部分時間確實是在課徒和寫作。他寫過哲學導論之類的著作，其關於邏輯學、音樂、醫學和自然科學的著作也有開創性，他還箋注過**亞里士多德**的著作，但他主要是受《亞里士多德的神學》的影響，該書其實並非亞里士多德的作品（見**鏗迭**），而他也是從新柏拉圖主義的觀點認識亞里士多德。他本人的行文風格並不很明晰。

在訪問敘利亞的阿勒頗時，法拉比得到了當地統治者賽義夫·道萊（Sayf al-Dawla）的資助，正是在此地居留期間，其聲名傳遍了穆斯林世界，被譽為"第二導師"，而"第一導師"是亞里士多德。法拉比去世的具體情形，比在世時的活動更無從稽考，眾說紛紜，有的說他在大馬士革壽終正寢，也有的說他是被土匪殺死的。

思想簡括：

只有藉助哲學，才能獲得知識，此，那些能進行哲學思考的人從哲學思考，乃是其嚴格的職守。

法拉比的哲學觀點與鏗迭的非常不一樣（在穆斯林哲學家中更具有代表性），他認為：哲學是人類精神至高無上的產物，是通向真知的不二法門。對不從事哲學研究的人來說，可能有其他的一些途徑認識真理，但只能是藉助扭曲本來面目的象徵——不同的社會有不同的象徵。因此，哲學是具有普遍性的，但是關於真理的其他闡釋——最重要的是宗教闡釋——在文化上是相對的。他承認《古蘭經》作為神啟真理的地位，但這一地位只限於《古蘭經》自己的文化環境；伊斯蘭教不能輸出到其他文化，其他文化都有它們自己的象徵表達方式表達真理。

哲學家的永生

哲學不僅可能是最高級的人類活動，而且有能力進行哲學思考的人也是受神的感召進行思考。另外，法拉比儘管大體上採用亞里士多德的觀點反對靈魂永生之說（《古蘭經》談論天堂，便是象徵性表達真理的一個例子，意在讓那些不從事哲學思

阿勒頗古城位於幼發拉底河和海岸之間，自北而來的香客和商賈去大馬士革，都要經過這裡。傳說先知亞伯拉罕前往迦南，曾在阿勒頗歇腳，在建有城堡的小山上給他的奶牛擠奶。阿勒頗城的阿拉伯語名稱為 "Halab"，源於阿拉伯語 "halib" 牛奶一詞。

夕的人也能理解），但他似乎還是容許了一個例外，聲稱少數人設法使自己超越人頪理智（僅指潛在的理智）的最低層次，更能獲得永生。

事物的本質

在形而上學方面，法拉比將神（安拉）與新柏拉圖主義者的 "太一" 等同起來，神在理智等級中佔據最高級的地位，由神（藉助自省的過程）按順序流溢出萬物，直到獨立存在的理智的最低層次，即 "能動" 或 "中介" 理智，這種理智調節人類精神和理智領域的關係。人類精神本身被分析成多個層次的理智，法拉比詳細地解釋了不同層次理智之間的關係，以及從一個層次到達另一個層次的方式。他與其他大多數伊斯蘭哲學家的區別在於，他認為儘管真主是造物主，但被真主創造的世界是永恆的。

理想國

法拉比對於政治哲學有着濃厚的興趣，遠甚於其他大多數伊斯蘭哲學家；**柏拉圖**的《共和國》對他有很大的影響，他還寫了自己的《共和國》，即《論理想國的居民觀》（Fī Ārā' Ahl al-Madīnah al-Fāḍilah）。該書是柏拉圖觀點的伊斯蘭化，推崇哲人先知而不是柏拉圖的哲人王（他對先知特徵

的論述本身非常重要，也很有影響）。法拉比認為，哲人和先知的這種結合儘管是不可能的，但是，也正因為如此，在立國之初，哲學家和政治家應該合作，以確保國政運行無誤。理想國的核心，便是其公民都能身心愉悅。法拉比還分析了四種無德的國家，即不理想的國家。

法拉比相信宗教對於真理的解釋，在文化上是相對的。《古蘭經》於伊斯蘭教是神啟的真理，但其他宗教也有它們自己的表達真理的方式。

阿布・阿里・侯賽因・伊本・阿布達拉・**伊本・西拿**

abū alī al-Hussain ibn Abdallah ibn Sinā

生：980年，阿富仙納，布哈拉城	**卒**：1037年，哈馬丹

術業：形而上學

師承：柏拉圖、亞里士多德、柏羅丁、法拉比

嗣響：伊本・路西德、羅傑・培根、阿奎納、鄧斯・司各特、斯賓諾莎

著作舉要：
《治療論》(Al-Shifā)
(Sufficientiæ)、《詠
靈魂》(Book of
Healing of the Soul)

……肉體存在，適合
靈魂利用，靈魂也就
存在了。這樣形成的
肉體，是靈魂統治的
王國，也是靈魂使用
的器具。

《拯救論》，xii

思想簡括：

真主是必然的，是太一，存在於時間之外；萬物從真主流溢出，因此必然是以自己的方式存在。

伊本・西拿（即阿維森納<Avicenna>）在布哈拉城（今烏茲別克斯坦）長大，並在該地接受初步的教育，他可以說是一位神童，在邏輯學方面很快就超過了他的老師，並自學了很多領域的知識，包括詩學、神學、各種自然科學、數學和哲學。他自修醫學，精於此技，不僅親手醫治病人，而且指導醫生行醫；其著作《醫典》（al-Qanun）被當作教科書使用了數百年，在中東和歐洲地區都是如此。傳說他在17歲時治好了布哈拉王的病，他自己選擇的獎賞便是到藏書豐富的王家圖書館讀書。

然而，他努力研究的卻是形而上學，聲稱他自己起初並沒有讀懂**亞里士多德**的《形而上學》，直到偶然讀了**法拉比**的一本書，一切才豁然開朗。他實際上是受了法拉比的影響，後來又取代法拉比，成了最卓越的伊斯蘭哲學家——這一地位，他保持了數百年之久，後來只有**伊本・路西德**才得以與之齊肩。

伊本・西拿一生都不輕鬆；先是父親去世後，他需要獨立謀生，又逢當時政治動盪，被迫四處流徙，事於眾多王者權貴之門，或任維齊爾（vizier，即首輔），或任宮廷御醫。固如是，他還是多方寫了一百多本書，其中有很多都流傳了下來。其著述的大部分都是用平實的阿拉伯語寫成，

富有哲學意味，但其中至少有兩本是用他的母語波斯語寫成。他勝過法拉比的一個重要方面，便是他的行文清晰明瞭。

伊本・西拿的哲學觀點，不可避免地是基於柏拉圖、亞里士多德和新柏拉圖主義，正如我們前面說過，他自己從法拉比那裡也借鑒了很多東西。事實上，在其研究的眾多領域，比如自然哲學以及他對精神的闡釋，他都是舉足輕重的人物，這只是因為他對亞里士多德的思想作了清晰的闡發，而不是因為他本人的思想或者論證有什麼獨到之處。他與法拉比嚴格的唯理論的區別，在於他重新拾起了新柏拉圖主義者對神秘主義的偏好。比方說，法拉比反對柏羅丁關於最終與太一（即伊斯蘭哲學家所說的真主）合一的觀念，伊本・西拿重新回歸到這一觀念，儘管他認為這樣的合一只有少數靈魂才能做到。另一方面，他又主張所有人的靈魂都是不滅的，反對法拉比提出的只有哲學家才能永生的觀點。

伊本·西拿在藥店。在轉向研究形而上學問題之前，他是一位獨步杏林的名醫。

宇宙論觀點

關於真主之存在，伊本·西拿的主要觀點，與中世紀許多伊斯蘭哲學家的宇宙論觀點是一致的，這些觀點後來都統稱為凱拉姆宇宙論。其基礎是**可能**存在與**必然**存在之間的區分，肇始於法拉比而完善於伊本·西拿。我們在世界上感受到的事物，至少有一些是可能存在——它們存在，但是也許還沒有成形；它們的本質與存在是相互區別的。但是，如果一個事物可能存在，或者可能不存在，則其存在一定有某種動因。這動因本身也許就有一個動因，但是動因不能無止境地後推。因此最終一定會找到一個沒有動因的動因，這是一個必然的存在，也就是人們所稱的真主。

創世與時間

對於這兩者的界線，伊本·西拿沿襲了奧古斯丁的觀點，認為真主是不變的，超越時間而存在，因此是世界的**形而上**動因（與**形而下**動因不一樣，真正的形而上動因不是先於其結果而存在，而是與結果同

時存在）。他還認為真主其實是一個人，然而他的這兩個觀點之間存在着對立，他似乎沒有注意到（說真主本質上是一個人就要涉及時間和變化）。對伊斯蘭哲學的發展來說更重要的是，認為真主不受時間影響，以及世界因為真主本質的必然性而得以由真主流溢產生，這樣的觀點與《古蘭經》對於真主和創世的闡釋並不太一致。

事實上，他討論真主存在而得出的結論也不為《古蘭經》所贊同，他認為：宇宙應該完全從決定論來看待（萬物都有一個動因），最終都決定於沒有動因的動因，即真主——真主本身是必然的，其本質與存在密不可分。這就是說，在伊本·西拿的宇宙裡，不存在自由的空間，甚至不存在偶然性的空間。任何哲學家試圖調和形而上與宗教的倫理主張，都會面對這樣的一個問題（最顯著的例子是**斯賓諾莎和萊布尼茲**）。和斯賓諾莎一樣，伊本·西拿也被貼上了"泛神論"的標籤，他的大部分著作都暗含泛神論的觀點，人們認為他曾在一本書中明確地為泛神論辯護，但這本書已經散佚，也許根本就不是他的手筆（有人認為，現在託名伊本·西拿的書，大約只有一半是其真作）。

伊本·西拿使用的"原因"的概念，乃是亞里士多德的概念，這一概念一直延續使用到18世紀。原因一共有四種，稱為"四因"，以赫耳墨斯的青銅雕像為例：

1. 動力因：使雕像成其為雕像——這就是現在"原因"一詞通常表達的意思；

2. 形式因：雕像的形式——即各部分之間的聯繫；

3. 質料因：用來作雕像的質料——青銅；

4. 目的因：製作雕像的原因，製作的目的。

坎特伯雷的**安塞姆** Anselm of Canterbury

生：1033年，奧斯塔	**卒**：1109年，坎特伯雷

術業：形而上學、認識論

師承：亞里士多德、奧古斯丁、波伊提烏

嗣響：阿奎納、笛卡兒、尼古拉斯·克萊夫茨、安斯康姆

著作舉要：

《獨白篇》
（Monologion）、《論
道篇》（Proslogion）

*我不尋求理解，這樣
我就能信仰，但是正
因為我信仰，所以我
能理解……*

《論道篇》

安塞姆生於奧斯塔，當時屬勃艮第的皮德蒙特地區（今屬意大利）。年甫弱冠便想出家，為父親所阻。20歲出頭時，他已能離家，便出門遠遊，最終到了諾曼底，在位於貝克的本篤會隱修院落腳，隨副院長蘭弗郎（Lanfranc）研修，數年後正式加入本篤會；1063年，蘭弗郎前往開恩就任新建立的聖斯蒂芬修道院院長（1070年升遷坎特伯雷大主教），安塞姆接替了他的職位，1078年任貝克修道院院長。

正是在貝克，安塞姆在眾僧的敦促下把他的學說記錄下來，形成了兩本書：《獨白篇》（1077年）和經典之作《論道篇》（1078年），另外還有許多著作討論語言、真理和自由等問題。1093年他被任命為坎特伯雷大主教，接替老師蘭弗郎。他極大勉強地接受了這個職位，離開安靜的貝克，來到紛亂的英格蘭，開始捲入長期的紛爭，先是與威廉二世，接着是與亨利一世。

在此期間，他多次往返英格蘭和羅馬，事實上是被英格蘭國王驅逐，因為他反對王權凌駕於教會獨立之上，也反對國王使用教會的資金。雖然大體說來，他和亨利的關係還算友好，亨利很尊敬他，但安塞姆還是面臨着很多的矛盾衝突。1107年，兩人最終達成妥協，安塞姆平靜地在坎特伯雷生活，直到76歲時去世。

思想簡括：

理性帶來認識，因此宗教認識必須基於確鑿的論證。

安塞姆的哲學立場是唯理論（與中世紀的唯名論相對），也是沿例把**亞里士多德**和新柏拉圖主義糅合起來，用以論證基督教信仰。他也借鑒了**奧古斯丁**的一些思想，對奧古斯丁的著作沒有任何懷疑，因此獲得了"奧古斯丁第二"的稱號（但是不可避免的是，作為一個有創造性的思想家，他還是偏離了奧古斯丁的一些思想）。他反對信仰應該在某種程度上超越邏輯的觀點，強調理性的重要性，論證了基督教的一些主要信條，包括道成肉身和三位一體。然而，其最著名的論證，乃是論證了上帝的存在，尤其是他在《論道篇》中提出的論證，**康德**名之為"**本體論論證**"，現在很有名。這一論證受到他的同時代人的批評，最有影響的是**阿奎納**，但近代早期的很多哲學家使之重生，最著名的當數**笛卡兒**。

本體論論證

這一論證試圖證明，上帝之存在乃是邏輯地源自"上帝"的觀念；即它在反駁對上

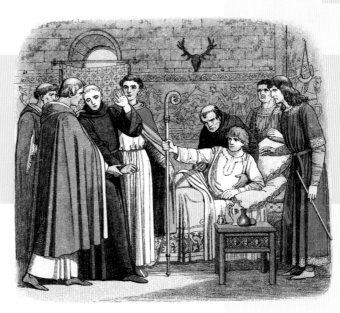

089年蘭弗郎死後，坎特伯雷大主教一職空缺四年之
．威廉二世拒絕承認新任大主教，以阻止任何人對英
蘭及其國王施行道德控制。然而，1093年，安塞姆
留英格蘭其間，威廉二世病倒了，念叨着自己死時要
沒有坎特伯雷大主教在場，死後就會墮入地獄，便和
己的主教一道強迫安塞姆接任大主教一職。病癒後，
廉二世出爾反爾，拒絕履行悔罪，此後政教關係轉
，一直持續到威廉二世晏駕。

存在之否認。安塞姆的論證大致如下：

. 我們可以體驗到一種存在，沒有其他可
以體驗到的存在比這種存在更偉大了（我
們稱之為 "上帝"）。

. 上帝既存在於我們的心中，又存在於世
界（他既是想像的，又是真實的）。

. 但是，說他是真實的，要比說他是想像
的，來得更確實。

. 如果上帝只存在於我們的心中，我們就
能體驗到一個更偉大的存在——存在於真
實世界裡的存在。

5. 但這個存在要比前面說的那個存在，也
就是沒有其他可以體驗到的存在可超過的
存在，來得更偉大，這就出現了矛盾。

6. **因此**，上帝確實是存在的。

換言之，一旦理解了 "上帝" 的觀念，否
認上帝就是胡言亂語了。

高尼羅（Gaunilo）的反駁

這個論證看起來非常簡單，大多數人立馬
就覺得它不能成立——但經過很多的思
考，人們還是發覺很難講明白它**為什麼**不
成立。修士高尼羅與安塞姆同時，兩人還
是本篤會的同道，他對安塞姆的論證作了
一個反駁，叫作 "**充盈反駁**"。他沒有揭
示安塞姆的論證如何不成立，而徑直認定
它一定是錯誤的，原因是：如果它有效，
那麼許許多多相同形式的其他論證也會有

效了，這樣一來天地之間就充盈了我們對
其存在有充分理由予以質疑的事物。他舉
了一個例子，說有一個觀念中的島，任何
可以想像出來的島都無法與之媲美，他認
為，利用安塞姆的論證方式，可以證明這
樣一座島是存在的——諸如此類，你可以
隨意用任何事物替代這裡的 "島"。

麻煩的是，高尼羅的論證也不成立，因為世
界上根本不存在無可比擬的理想中的島這樣
的事物。我們每個人都對美奐美輪的島持有
不同的觀念（有人也許希望它蔬果滿野，氣
候宜人；有人則希望島上豔陽高照，魚蝦豐
沃）。高尼羅可能會辯稱，他的意思並不是
說這樣的島對每個人都至善至美，而只是說
這 "天下無雙" 的島只是一個島；那麼我們
就會應對道，在這個意義上，所有的島都是
至善至美的，因為它們實實在在地都是島
（有些事物是島，有些則不是）。"上帝" 這
一觀念是獨一無二的，因為它是關於至崇至
高的一種觀念——不是因為我，也不是因為
你，不是因為這樣那樣的事物，也不是因為
這樣那樣的目的，而是因為它就是至崇至高
的，僅此而已。

（尤其在受到阿奎納
攻擊後）很長的一段
時期裡，本體論論證
一直被忽視，儘管如
此，它還是關於上帝
存在的主要論證之
一，對哲學家來說尤
其是這樣。這一論證
事實上仍然無效，但
這是另一個問題。

概述
印度哲學

古希臘哲學主要產生於科學關懷和形而上學關懷，後來漸漸擴展到討論倫理學、政治學、認識論和邏輯學問題，而古代印度哲學則大體發源於宗教和神學著作，並由此擴展到其他領域。然而，這一概括有可能引發誤解：最早記載印度哲學思想，並衍生了後代之哲學的著作，乃是"吠陀"（Veda，意為"知識"），最初指三部古代作品集（稱作"本頌" <samhita>），包括：《梨俱吠陀》（Rig-veda）（集讚歌1028首）、《娑摩吠陀》（Sama-veda）（重新編排了《梨俱吠陀》的部分內容）和《夜柔吠陀》（Yajur-veda）（收入供祭祀使用的材料）。後來又增加了《阿闥婆吠陀》（Atharva-veda），收錄一些時行的材料，如咒語、巫術等等。吠陀中最古老的部分可以回溯到公元前14世紀，但現在所見的（成文的）吠陀，大約出現於公元前3世紀末。

吠陀當然是宗教典籍，這是肯定無疑的，但它與猶太教－基督教的聖經有着顯著的區別；後者有很鮮明的歷史性質：有一個閃米特部落，其起源具有神話色彩，該書在追溯其歷史時，描述了這個部落經歷的種種劫難，而吠陀——尤其是《梨俱吠陀》和《娑摩吠陀》——則帶有明顯的形而上學色彩。這並不是說吠陀只描述了世界的本質；它還提出了一些問題，蘊涵着一種哲學探索和追問的傳統，這種傳統很發達，可

能主要是藉助口傳心授而延續。然而，吠陀的宗教地位，使之有很多種方式產生影響，其中最主要的是經由傳統的九大思想流派，它們又分為勢力懸殊的兩部分：六個流派崇奉正統，另三個流派則屬於異宗，參見下圖。

這些流派，有很多（尤其是吠檀多派和順世派）實際上是一些相關緒和宗派的總稱，而次生的門派也彼此相差甚遠。最顯著的例子便是吠檀多派。

吠檀多派

吠檀多派興自對較晚的吠陀典籍，尤其是"奧義書"的研習。這些典籍出自不同作者之手，寫於不同（綿延很長）的時代（一共有200多種"奧義書"，其中不到20種被視為古代作品，其餘都是後世仿作）。人們對大部分印度哲學知之甚少，對這些"奧義書"的作者也同樣幾乎一無所知；這也是本書極少介紹印度哲學家的原因——作為個人存在的思想家在印度並不突出，不及中國和西方的哲學傳統。最早也是最主要的吠檀多派典籍是《梵經》（Brahma-sūtra），這些經文晦澀難懂，需要作箋釋——於是產生了不同的吠檀多派，其中最重要的是**商羯羅**的不二論吠檀多派。

而另一方面，統稱為"順世派"的諸多門派，則是歷史分化的結果；順世派哲學通常受到更具宗教色彩——尤其是崇奉正統——的宗派的極力反對，因而行世的時間往往不長。然而，他們對印度思想的其他許多方面有着巨大的影響。

九大吠陀思想流派

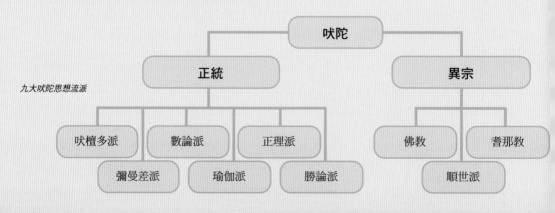

羅摩奴闍 Rāmānuja

生：1017年，斯里婆蘭布達爾	**卒**：1137年，室利賴加姆

術業：形而上學、認識論

師承：商羯羅

嗣響：拉達克里希南

著作舉要：
《吠陀義綱要》
(Vedānta sara)、《薄伽梵歌注》(Vedānta saṃgraha)、《吉祥注》(Vedānta dīpa)

世的人卻俗棄世，為了尋求解脫——就是脫離生死輪，獲得自由。因，遁世的人在本質是奉行苦修的遊方人。

羅摩奴闍生於印度南部的馬德拉斯附近，本名伊拉雅·婆盧瑪爾（Ilaya Perumal），出身婆羅門家庭。年輕時喪父，隨吠檀多派學者耶達伐波羅迦婆（Yadava Prakasha）在康吉普蘭附近學習吠陀諸經。羅摩奴闍早慧，很快與老師起了爭執，就如何正確闡釋經文各執一詞，最終不歡而散（有一種說法稱耶達伐試圖謀殺這名弟子）。

羅摩奴闍年輕時結過婚，但婚姻生活干擾了他的研究，遂拋妻捨家過了遁世隱修的生活。最後他在室利賴加姆當了寺廟的住持，在此課徒著述，度過了大半生。他也在南印度廣泛遊歷，宣道收徒。後來在室利賴加姆圓寂，據說活到了120歲。

羅摩奴闍屬於一個虔誠的教派，毗濕奴教派（Sri vaisnavas），視梵為一個人格化的神，即毗濕奴（Visnu）——而在商羯羅的不二論中，梵是不具有人格的。羅摩奴闍儘管接受了商羯羅的大部分觀點，以反駁二元論和多元論諸派，但他認為不二論的觀點過於極端，過於學術化，過於陳舊，不對他的口味。他的解決之道是將現實世界分為三部分：人格化的梵（即毗濕奴）；物質性的萬物；以及個體靈魂。沒有第一者，後兩者就不能存在——但是，沒有後兩者，第一者也不能存在。

羅摩奴闍儘管承認只有一個現實世界，但還是認為，梵受到個體的影響——也就是限制，因此他的哲學被稱為差別不二論，通常又稱為"有限不二論"（或"局限一元論"）。羅摩奴闍並不是說他的不二論是有限的，而是說梵是有限的，明白這一點很重要。梵有一些限定性的質（比如悲憫和慈愛），這些質是由它與個體之間的關係來界定（也許是組成）的。

商羯羅認為，梵是不可知的，除非我們丟失了個體特性，羅摩奴闍則反對這一觀點。認識梵以及獲得解脫，只能藉助宗教虔敬（也就是崇拜或者愛）才能成功，而宗教虔敬也就是我們作為個人修行而得。我們對於世界的信仰不能是空幻的（這些信仰會是誰的幻象？不會是梵的，因為梵不會有錯，也不會是人的，因為他們本身就是幻象的一部分）。

雖然商羯羅的不二論吠檀多哲學是吠檀多諸門派中影響最著的學說，但羅摩奴闍提出並鞏固的差別不二論吠檀多派吸納了更多的有神論特徵。

思想簡括：

世界是彼此依存的一個整體，由梵、物質和靈魂組成。

阿布·赫邁德·穆罕默德·伊本·穆罕默德·吐司·加札利

abū Hamid Muhammed ibn Muhammed at-Tūsi al-Ghazālī

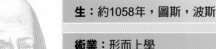

生：約1058年，圖斯，波斯	卒：1111年，圖斯，波斯

術業：形而上學

師承：法拉比、伊本·西拿

嗣響：伊本·路西德、索拉瓦爾迪、奧特勒閣特的尼古拉斯

著作舉要：

《哲學家的觀點》（The Opinion of the Philosophers）、《哲學家的矛盾》（The Incoherence of the Philosophers）、《聖學的復蘇》（The Revival of the Religious Sciences）

蘇非派是一個神秘的伊斯蘭教派，興起於10世紀早期，11和12世紀漸趨流行。其神秘主義，與早期基督教的神秘教派和新柏拉圖主義有一些相似之處。

加札利儘管無意拒斥哲學推理，但其著作窒息了此後穆斯林世界的哲學，達100多年之久。

加札利生於今伊朗的呼羅珊省，早孤，但受到了全面的教育——遊學於圖斯、儒真和內沙布爾，師從當時的神學翹楚儒偉尼（al-Juwaynī）。在此期間，他寫了一些法律和神學論文，頗受推崇。1085年他的老師去世後，加札利應宰相尼札姆·穆爾克（Niẓām al-Mulk）的邀請來到巴格達。他在這裡獨自從事研究，寫了兩部最重要的書，《哲學家的觀點》和《哲學家的矛盾》，在前一本書中，他一一羅列了信仰基督教和伊斯蘭教、崇奉新柏拉圖主義的亞里士多德主義哲學家們的觀點，而在後一本書中，他則提出自己的主張，對前人的觀點予以反駁（**伊本·路西德**又寫了《矛盾的矛盾》<The Incoherence of the Incoherence>作為應答）。1091年，宰相任命他到尼札米雅學院任教，他便在這裡教了四年書，很受歡迎和推崇。

1095年，加札利出現了一些神經衰弱的症狀；再加上一些政治原因，迫使他放棄教職和厚祿，當了一名蘇非派教士，遊食四方。在其自傳《擺脫罪過》（Deliverance from Error，後人常常將該書與**奧古斯丁**的《懺悔錄》相提並論）中，加札利聲稱，他放棄以前的生活，部分是出於宗教方面的原因，在此後大約十年的時間裡，他一直堅持朝聖和靜修。後來，尼札姆·穆爾克的兒子說服他重返講壇，他便回到了巴格達。其最後幾年是在故鄉圖斯度過的，他在該地建立了一所隱修院，傳授蘇非派教義。

思想簡括：

宗教信仰是必不可少的，但應該由理性來支撐，並且能夠由理性來支撐。

加札利接受了亞里士多德研究自然科學的方法及其邏輯學，提倡利用後者研究哲學和神學，但他擯斥猶太教、基督教和伊斯蘭教思想家提出的大部分形而上學觀點，認為這些觀點與伊斯蘭教的教義並不一致。在《哲學家的矛盾》中，他強調有三種形而上學觀點是不可接受的：否認肉身重生；神對宇宙和道德真理的認識有限；以及流溢創造世界說（連同相關的認為世界永恆的主張）。他聲稱任何人持有這樣的一些觀點就是離經叛道，他對這些觀點一一作了駁斥。儘管其主要的動機是護教護道，他還是利用亞里士多德的邏輯學反駁每一個觀點。在此過程中，他還饒有興味地處理了一些次要的問題，其中便包括因果律。他提出，世界上並不存在真正的因，而將所有的因果力都歸於真主（與馬勒布朗舍的偶因論形成對照）。

概述
哲學與宗教

在所有主要的思想傳統中，宗教思想——尤其是神學——與哲學之間的關係通常是很密切的。印度哲學肇原於聖典吠陀；中國哲學傳統儘管不是起源於宗教，且往往被轉變成宗教，其諸始祖都受到頂禮膜拜；西方哲學的開端，乃是試圖擺脫宗教傳說而對世界予以正確的解釋，但是在後來的發展中，尤其是中世紀，這兩種思維方式重新糾結在一起。

儘管在大多數領域裡，哲學和宗教之間的區別是很明顯的，但在宗教哲學中，兩者的界線似乎變得越來越模糊。這一領域，如何與神學，以及宗教社會學、宗教心理學和宗教史學區分開來呢？它與後三個領域的區分其實很容易確定：宗教哲學與所有這些學科的區分在於，宗教哲學關注的是宗教的**真理性**。神學問題則稍微有點複雜，部分是因為"神學"一詞有多種使用方式，其中三種最為重要。

神學的本質

天啟神學關注的是由天啟（親歷或者藉助聖經），而不是單單藉助理性獲得的宗教信仰和宗教教義。自然神學討論的則是利用理性獲得的宗教信仰和宗教教義。思辨神學受哲學和形而上學影響最著，可以界定為信徒從事的宗教哲學。

這最後的一個界定為所有的神學門類提供了一個解釋，即：神學是宗教信徒從事的宗教研究。哲學家時刻準備着（也應該準備着）就每一件事物提出質疑，而宗教信徒則是從一套核心的信仰出發，不能對這些信仰提出質疑。這並不是說，神學忽視或者逃避由其信仰產生的問題；它會質疑並解決很多的問題，而普通信徒對這些問題習以為常，不會有疑問（比如神迹的發生，禱告的效驗，乃至神的本質）。事實上，在所有的宗教中，神學家的宗教信仰往往與普通信眾的信仰極其懸殊。

哲學思想對宗教的影響之一，乃是將宗教推向了非理性主義，在西方尤其如此。由於信仰的主要理性基礎（比如關於上帝存在的觀點）並不堅實，易受攻擊，又由於宗教信仰在很多方面出現了越來越多的難題（比如惡的問題），信仰上帝這一觀念，作為一種沒有理性基礎的信仰（甚至作為一種對於不可理解的事物的信仰），遂漸趨重要，最終這一觀念本身也被宣稱為一種美德。

由於宗教信仰的理性根基崩潰，信仰上帝越來越重要，西方的宗教哲學家遂轉而關注一些道德概念，比如善與惡。舉個例子，奧古斯丁的新柏拉圖主義著作《上帝之城》（De Civitate Dei），就是為了捍衛"天上之城"（"上帝之城"，代表"善"）免受"地下之城"（"魔鬼之城"，代表"惡"）的攻擊。

皮埃爾・阿伯拉爾 Pierre Abelard

生：1079年，勒帕樂	**卒**：1142年，索恩河畔的沙隆

術業：邏輯學、語言學、形而上學

師承：亞里士多德、波菲利、波伊提烏

嗣響：索爾茲伯里的約翰

著作舉要：

《是與否》（Sic et Non）

同一個人可能會在不同的時間做出相同的行為。然而，根據其意圖的差異，這樣的行為可能在某個時間是善的，而在另一個時間則是壞的。

《阿伯拉爾倫理學》
（Abailard's Ethics），
第46頁

皮埃爾・勒帕樂生於布列塔尼半島，是一個小貴族的長子，照例本應投身行伍。但他拒絕這樣的安排，便離家到外面遊學，先是在洛什地區（在都蘭，師從唯名論哲學家讓・洛色林<Jean Roscelin>），後來又到了巴黎的主教學校（師從唯實論者尚波的威廉<William of Champeaux>）。他在巴黎期間把自己的姓改為 "Abelard"。1105年左右，他已開始在塞納－馬恩省的默倫建立自己的學校，後來又沿塞納河遷到科爾貝，最後在1108年回到巴黎。有一段時間，可能是在從科爾貝到巴黎的時候，他曾暫時放棄哲學，師從拉昂的安塞姆（Anselm of Laon）研究神學，這部分是因為健康問題。這段從學經歷的結果很糟糕；他似乎和他的每一位老師都爭吵過，也和其他很多人爭論過，但這並不妨礙他作為思想家和教師的聲名傳遍整個法蘭西，甚至遠及外邦。1113年，他受任在主教學校掌一個教席，教授修辭學和辯證邏輯。他英俊瀟灑，風度翩翩，是一名很受歡迎的教師，又以其才智學識而聲譽卓著，但其特才傲物也是眾人皆知的。他有很多朋友和崇拜者，也有不少的冤家對頭。

阿伯拉爾和愛洛伊絲（Héloïse）

1117年，巴黎聖母院的一名教士聘阿伯拉爾為西賓，讓他教自己的姪女愛洛伊絲讀書。其時16歲的愛洛伊絲已因才學贏得了一些聲名；她會講拉丁語、希臘語和希伯萊語，諳熟古典文藝作品，以及哲學和神學。兩人很快就成了情人，愛洛伊絲隨即也珠胎暗結。兩人秘密結婚；阿伯拉爾不在神職，因此不用獨身，但這種關係還是會有損及他的事業前途，尤其因為他使得自己的女弟子未婚先孕。後來出現了一系列說不清道不明、紛紛亂亂的誤會，愛洛伊絲的叔叔也捲入其中，結果阿伯拉爾被慘痛毆打，橫遭閹割。在阿伯拉爾的堅持下，愛洛伊絲遁入空門做了修女，阿伯拉爾入本篤會當了一名修士，他們的兒子則被送走，由阿伯拉爾的妹妹撫養。

此後便出現了哲學史上最有戲劇性的情節，阿伯拉爾仍然橫禍不斷。他不得不逃離他歸隱的聖丹尼斯修道院，因為他對這裡的主保聖人的傳記提出了質疑，接着他的第一本書出版，曰《論神的統一性與三位一體》（Treatise on the Divine Unity and Trinity，約1120年），使之1121年在索艾森會議上受到審判（可能是他的一些宿敵從中作梗的結果），儘管該書在會議上並沒有受到直露的指責，他還是被迫將它焚毀。由於這個原因，也由於聖丹尼斯修道院的眾僧對他敵意未消，他逃到位於香檳省的特魯瓦附近的鄉村，希望能在這裡找到安寧並隱退下來。

浪漫的愛情

阿伯拉爾和愛洛伊絲被迫勞燕分飛後，兩人仍魚書往來，這些信件流傳至今，數百年來一直是他們浪漫愛情的象徵——但是，實際上更突出的，乃是顯示了兩人才智之機敏（以及阿伯拉爾的自私）。

阿伯拉爾總是被宿敵環伺，便謀了個西賓的位置，教高才巧思、正當妙齡的愛洛伊絲讀書。兩人彼此鍾情，他們的愛情可能是最著名的淒豔姻緣之一。

然而，他還是被一些弟子找到了，遂在此掌帳篷、搭茅舍，建了一個營地設壇授走，就這樣過了一段時間，後來又建了一所小禮拜堂，叫作帕拉克里特。與此同時，他也撰寫了一些邏輯學和神學著作，以及他的最著名的著作《是與否》。大約在1126年，他被任命為布列塔尼半島上聖吉爾達·德·汝伊斯修道院的住持，愛洛伊絲則當了帕拉克里特堂的住持，因其學識及管理才能而聲名大噪。阿伯拉爾寫了一部自傳，叫作《我的難史》（Historia calamitatum mearum，1132年），詳細講述了到此時為止他的生活經歷。因行事嚴厲，他也為聖吉爾達眾僧所嫉恨，1132年，眾僧曾試圖置之死地。他返回巴黎，教書為生，但又樹了一個新敵——明谷的聖貝爾納（Bernard of Clairvaux），此人很有權勢。鬥爭的結果是阿伯拉爾受到桑斯會議和教皇的譴責。阿伯拉爾的上訴也告失敗，此後他在克呂尼的修道院度過了一段相對平靜的時光，接着又到了索恩河畔的沙隆的一處女子修道院，他在此仍筆耕不輟，1142年在該院去世。1164年，愛洛伊絲去世，葬在阿伯拉爾之旁。1817年，兩人的骨殖被遷往巴黎合葬。

字詞與事物

在哲學上，阿伯拉爾是一位傑出的唯名論者；他認為，世上只有存在個體，"帽子"或者"動物"之類的共相不過是字詞而已。然而，他又很謹慎地聲明，共相並非形諸耳目的字詞（即言辭：書於紙或發諸聲），而是作為有意義的邏輯－語言物的字詞（也就是"名"或"言"）。其正命題並不清晰，但有時候他似乎認為，共相之稱說所以能獲得意義，乃是因為人們有在個體之間確定其相似性的能力，因此，人們就形成了一個模糊的、似是而非的概念以代表所有的個體（與**貝克萊**之"抽象的觀念"相應）。早先指控他是異端邪說時，這一觀點就是諸多被引用來抨擊他的由頭之一，因為這一觀點似乎是說，基督教三位一體中的三個人（作為個體）是確確實實存在的，但惟一的上帝卻不存在，只是一個模糊的觀念。

除了就邏輯和語言問題寫了一些有影響的著作外，阿伯拉爾還就一些重要的神學問題，比如原罪和聖經詮釋，作了一些論述，對自由意志以及神的預見等問題也發表了意見。可以說，他是第一個重要的經院哲學家；當其生時，歐洲一些著名的大學紛紛開始創立（事實上，他也被認作是對巴黎大學的創建有着重要影響的一個人物）。

思想簡括：

一般概念並非個別事物，但討論一般概念並非只是討論個別的字詞。

伊本‧路西德‧阿布‧華里德‧穆罕默德‧伊本‧路西德

ibn Rushd Abū al-Walīd Muhammad ibn Rushd

生：1126年，科爾多瓦，西班牙	**卒**：1198年，馬拉喀什，摩洛哥

術業：認識論、政治學、形而上學

師承：柏拉圖、亞里士多德、波菲利、法拉比、伊本‧西拿、加札利

嗣響：本‧邁蒙、羅傑‧培根、勃拉邦的席格爾、阿奎納

著作舉要：
《矛盾的矛盾》（The Incoherence of the Incoherence）、《亞里士多德箋注》

既然伊斯蘭教就是真理……我們這些穆斯林確定無疑地知道，哲學導出的結論，不會與《古蘭經》告訴我們的相抵觸；因為真理不會反對真理，而是彼此一致，彼此映證。

《宗教與哲學的合諧》（Faṣl al-Maqāl）第二卷

伊本‧路西德（即阿威羅伊<Averröes>）的祖父和父親都是科爾多瓦的穆斯林法官，兩人都是安達盧西亞政界的重要人物，而他本人則學習過法學（他父親時加指點），以及醫學、哲學、神學和數學。當其生時，科爾多瓦的哈里發——阿布‧雅曲布‧玉素甫（Abū Ya'qub Yusūf，1163-1184年）及其子阿布‧雅曲布‧曼蘇爾（Abū Ya'qūb al-Mansūr，1184-1199年）——施政開明，各種各樣的思想活動擁有極大的自由——遠勝伊斯蘭教的其他地區和基督教世界。

伊本‧路西德就是在這樣的環境下達到其巔峰，在思想上和仕途上均是如此。1169年，他被任命為塞維勒的法官，1171年轉任科爾多瓦的法官，1182年任阿布‧雅曲布‧玉素甫的御醫。這位哈里發對哲學很有興趣，在他的蔭護下，伊本‧路西德開始箋注**亞里士多德**的著作（他這一方面的研究——他也箋注柏拉圖和波菲利，但主要是箋注亞里士多德——為他贏得了"亞里士多德注家"的稱號）。

玉素甫哈里發崩，其子繼立。起初，幾乎沒有什麼變動；伊本‧路西德仍任御醫和首輔，並且寫了更多的著作。然而，儘管思想界仍然百家爭鳴，白丁大眾卻受了更加信奉原教旨主義的神職人員的影響，轉

思想簡括：

哲學、神學和修辭學是獲取真理的三種途徑，每一種途徑適合不同層次的社會群體。

而反對學問，尤其是哲學。一時民情洶洶，對伊本‧路西德捍衛理性，試圖證明哲學發現和伊斯蘭教教義可以協調一致，尤為不滿，伊本‧路西德本人甚至遭到毆打。此外，新繼位的哈里發也遇到了一些政治難題，亟需神職人員的支持。因此，1195年，伊本‧路西德被指控為異端，被奪了所有職位，並被逐出馬拉喀什的宮廷；其所有的著作，除了純自然科學著作外，一律被焚毀。

1198年，哈里發的政治和軍事困境得到緩解，伊本‧路西德獲得赦免，被帶回馬拉喀什，但當年晚些時候就謝世了。他對西方基督教地區哲學的影響是巨大的（這一影響貫穿整個中世紀，並超越了中世紀），但他的知名，幾乎完全是因為他對亞里士多德的研究。他的著作成了歐洲一些大學的教材，而到了13世紀，更有一個自稱阿威羅伊學派（Averroist）的哲學流派興起，其中心人物便是勃拉邦的席格爾。伊本‧路西德在東方伊斯蘭教地區的影響甚微，這部分是因為當其死時，伊斯

伊本·路西德在思想界同仁中備受推崇，而那些目不識丁的平民大眾則認為他的哲學與伊斯蘭教義很難調和。他在反對伊斯蘭神學家、維護希臘哲學中發揮了重要的作用，他也因關於亞里士多德的研究而享有盛譽。然而，因伊斯蘭教正統派神學興起，他被指為異端，其著述也被焚毀。

蘭教正統派的勢力反對哲學贏得了勝利，使得伊斯蘭教沒有了理性的成分，而這一成分在西方基督教的發展中卻發揮了巨大的作用。伊本·路西德在信奉基督教的歐洲被稱為阿威羅伊，是最後一位偉大的伊斯蘭教哲學家。

雙重真理

伊本·路西德所以享有盛譽，乃是因為一個哲學觀點：雙重真理學說，而實際上，這並不是他的觀點。這一命題是說，真理有兩種：哲學真理和宗教真理（有時只有前者是正確的真理）。而伊本·路西德本人的觀點與該命題不同，這表現在兩個方面。首先，他實際上是區分了獲得真理的不同途徑，而不是不同種類的真理；其次，（繼亞里士多德之後，）他辨析了三種獲得真理的方式，每一種方式都切合一個不同的社會群體：哲學論證，可以為統治者所遵循；邏輯論證，可以為神學家所理解；修辭學，則適合普通的平民大眾。和他的前輩哲人如**法拉比**一樣，伊本·路西德也接受了約略具有柏拉圖色彩的"理想國"觀點（用"哲人先知"代替"哲人王"），每個社會群體接受不同的教育，以適合其不同的層次。

伊本·路西德對亞里士多德的箋注，本身也分為三個層次，每一層次長度不一：最短的稱為雅米（jami），主要是釋義，其實就是揭示亞里士多德的結論；中等長度的是托基斯（talkhis），加上了解釋，包括伊本·路西德自己的一些思想；最長的叫作塔夫瑟（tafsir），注釋詳盡，包括亞里士多德的觀點，也包括伊本·路西德的觀點，玄奧精微。其主要的目的，乃是正本清源，在新柏拉圖主義影響甚巨的時代，廓清亞里士多德的學說，釐清**法拉比**和**伊本·西拿**等人的哲學觀點和神學觀點。

靈魂不朽

伊本·路西德有一個很著名的觀點，源自他對亞里士多德關於知性的論述所作的解釋，而亞氏的論述載於《論靈魂》（De Anima）一書。伊本·路西德的解釋，在某種程度上與他的前輩，如法拉比，有一些相似，但他的觀點仍有其獨到之處，認為亞里士多德所謂的"受動的知性"，以前的哲學家都將它等同於肉體或者個體心智的一個方面，實際上是單一的、統一的知性——是無形的、普遍的。這意味着，與伊本·西拿的觀點相反，在某些通常的情況下，所謂靈魂不朽是不存在的，這一觀點與通常的伊斯蘭教（或基督教）觀念迥然不同。

朱熹 Zhu Xi

生：1130年，尤溪	卒：1200年

術業：形而上學、倫理學、政治學

師承：孔子、孟子、周敦頤、程頤、程顥

嗣響：王夫之、康有為、馮友蘭

著作舉要：

《近思錄》、《論語集注》

物物皆有氣，理便在氣中。

《朱子語類》，94

朱熹（朱元晦、朱文公）為宋末人，生於福建；父親是一個小小的地方官，早先因對抗朝廷，被逐出京城。朱熹少年得志，1148年便考得功名，此後為官九年。他不是一個理想的官員，過於誠實亢直，最終被罷免。後來的21年裡，讀書，著述，講學授徒，生活比較貧困，1179年重就仕途。然而，和他父親一樣，他也只是一個品秩很低的官，因為他公然抨擊朝政，最終又一次被罷免。

朱熹樹了不少的宿敵，1196年，這些人百般禁了他的書，有一名御史甚至彈劾他，列舉了他的十大罪狀，其中便包括拒絕為國出力和傳播偽學。儘管有人躍躍欲試，想要了他的性命，最終還是不了了之，他去世的時候，據說有大量的人前來弔唁，但是沒有什麼體面的官爵。

朱熹不是理學的創建者，儘管有人說是，但毫無疑問他是促進了理學發展的最重要的哲學家之一；事實上，他是理學的集大成者，賦予理學以活力，使之影響不僅限於中國，且遠達日本和高麗，這樣的說法倒是十分公允的。他也毫無疑問地確立了理學在宋代教育體系中的地位。也正是朱熹選定、注釋的四書——《論語》、《孟子》、《大學》、《中庸》——最終（在他去世兩百年後）被規定為科舉考試的內容。

思想簡括：

太極為天地萬物的形式本質，人人都是整體的反映。

朱熹早年曾研習佛、道，但三十多歲時篤行儒學，其主要的成就乃是"混一"理學諸派。早期的儒學幾乎全部關注倫理學說和政治學說，而理學家則開始對形而上學和認識論產生了興趣，這在很大程度上是因為他們糅進了佛、道的思想。朱熹吸眾理學家之長，創建了一個理性、一致的理學體系。

理與氣

理與氣是朱熹哲學觀點的核心。理當然也是早期儒學的核心概念，但與"禮"意思相近，是正確行為的準則；在程頤的哲學中，理與柏拉圖的"理念"相近，甚或相當於道家的"道"，而朱熹就吸收了程頤的這個觀點。如果說理是事物的形式本質，那麼氣則是事物的"物理本質"。這就是笛卡兒所說的"實在的差異"：這並不是說理和氣是分離的，而是說他們是不同的事物。實際上，理和氣從來不會分

...代的儒學

...（960-1279年）之初，儒學已經淪於僵化狀態，迷信充
...其間，乏人問津；眾理學家的研究，尤其是朱熹的研究，
...為儒學重新注入了活力，它不僅在中國產生了影響，也傳播
...了高麗和日本，並在這兩個國家成為官方哲學。

...理，氣中有理，理又生氣。正如程頤說
...為："天下只有一個理，萬物只是一個
...，萬物皆只是一個天理"（《河南程式遺
...書》，卷十八）。理是不變的，永恆的，而
...是暫時的，常變的。

太極

...熹認為，理是單一的，統一的——作為
一個統一的整體，理就是太極（這一觀點
來自周敦頤）。太極即萬物，並在萬物
中；它就是天地萬物的理。但這並不是
說，世間萬物是太極的一部分，也不是說
太極有分身。

太極完整地為每一個個體所接收。正如天
上月；儘管它映在水中，我們也不能說月
就被分身了。（《朱子語類》，94）

因此，正如水中月不是天上月的分身，而
是天上月映在水中，萬物中的理也不是理
的分身，而是太極滲透到了個體中。

理學

基於這個形而上學體系，理學建立了其倫
理和政治學說。每一個人體內都稟有太
極，都有四德——仁、義、禮、智。理與
氣雜，而不是秉承太極，人就會舉止不
當。在實踐中，這意味着應恪守天理，除
卻人慾。一個和諧、富有道德的社會，源

於每個人都能成功地除卻人
慾，這樣才能與天理相合。

*水中月並非月之分身，而是
月現水中，理亦如此，一物
中的理並非理之分身，而是
統一的、完整的理——太
極。*

摩西‧本‧邁蒙 Moses Ben Maimon

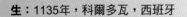

生：1135年，科爾多瓦，西班牙	卒：1204年，弗斯塔特，埃及

術業： 法學、倫理學、形而上學

師承： 亞里士多德、法拉比、伊本‧西拿

嗣響： 阿奎納、大阿爾伯特、斯賓諾莎

著作舉要：

《迷途指津》（Guide for the Perplexed）、《密西拿彙》（Mishnah Torah）

眾所周知，本‧邁蒙重新設計了猶太教的七枝大燭台，他聲稱這不是普通的枝形大燭台。邁蒙設計的結構，就像一棵向上生長的樹，釋放的是精神之光，而不是物質之光。

本‧邁蒙（即拉姆巴姆‧邁蒙尼德 <Rambam Maimonides>）生於西班牙南部的科爾多瓦，父母是西班牙的猶太人；他師從父親和其他的老師研習拉比學、自然科學和哲學。13歲時，科爾多瓦被阿蒙哈德王朝（Almohad，北非的伊斯蘭教改革派，強迫非穆斯林信仰伊斯蘭教）所攻掠，他們全家離開該地，在信仰基督教的西班牙地區輾轉遷徙，遷往摩洛哥北部的非斯城，在此地喬居了一段時間，以便本‧邁蒙繼續他的學業，另研習醫學，並繼續撰寫他的第一部重要著作《啟示書》（the Book of Illumination），對《密西拿》進行注釋。

然而，非斯城也在阿蒙哈德王朝的統治之下，儘管有一段時間他們百般避免引起官府的注意，但本‧邁蒙作為學者聲譽日隆，全家很難隱其形跡，尤其是本‧邁蒙和他的父親都積極地幫助當地的猶太人，這些猶太人都被迫皈依伊斯蘭教，但仍然信仰猶太教。災難終於很快降臨，1165年，在一位穆斯林朋友的幫助下，他們一家倖免於難，繼續漂泊。

他們首先到了巴勒斯坦，最後又到了埃及，在開羅古城弗斯塔特定居下來。在父親邁蒙拉比去世後，長子大衛便販售珠寶以養家，但1169年，大衛落海溺斃，全家財產隨之盡失（一同丟失的還有他為其他商人捎帶的大筆金銀）。現在養家的重任便落在了弟弟的身上，於是他開始行醫，事業獲得巨大的成功，最終成了宰相薩拉‧丁‧玉素甫（即薩拉丁）的宮廷醫生。作為拉比，他也倚賴自己的學識在整個猶太教界享有盛譽，他與很多的猶太社區保持往來，答覆尋求建議的人，也利用他的政治影響幫助他人。1177年，他成了埃及猶太人的首領，花費大量的時間研讀《塔木德經》，並就此撰述，寫出了其最重要的非哲學類著作，《密西拿彙》（這是所有猶太法典的彙編）。去世後，他的遺體被運往巴勒斯坦，葬在太巴列。

亞里士多德和猶太教

與他的伊斯蘭教和基督教同行一樣，本‧邁蒙的哲學也是以亞里士多德的學說為基礎，但是也和這些同行一樣，當亞里士多德的觀點與他自己的哲學和神學觀點發生牴牾時，他便捨棄亞里士多德的觀點。實際上，其主要的目的之一，乃是將亞里士多德的理性的思想與傳統的猶太教教義進行調和。其對正統的亞里士多德哲學最重要的悖離，也許就是他認為，世界是在某個時間從“無”創造出來的。然而，他與當時的哲學家在方式上也有不同，其中最重要的是，他沒有寫過任何學術性的哲學

拉比文獻

托拉（Torah，又稱"教導"）——所指很多，可用於指希伯萊聖經的前五卷（即"摩西五經"），或整個希伯萊聖經，或口口相傳的猶太教教導，甚至整個猶太教法典。

米德拉西（Midrash）——拉比文獻中詮釋聖經的傳統。

《密西拿》（Mishnah）——公元2世紀的拉比文獻，由早期的文獻彙編整理而成，主要關注聖經詮釋中的法律問題。

《塔木德經》（Talmud）——主要的拉比文獻，是對《密西拿》的箋注，包括4世紀的《巴勒斯坦塔木德經》和5世紀的《巴比倫塔木德經》。

著作——既沒有箋注過亞里士多德，也沒有闡述和論證過他自己的觀點（除了早期寫過一本邏輯學著作外）。他的著作都是討論神學問題、法律問題或者修行問題，其哲學成分，體現在本·邁蒙應用他的哲學思想探討這些問題的方法上。

指點迷津

在嚴格意義上的宗教背景之外，其著作中最具哲學色彩，也最重要的，乃是《迷途指津》（Dalālat al-Ha'irīn），在此後的兩百年裡，基督教哲學家稱之為摩西拉比的"Doctor Perplexorum"。自13世紀初起，該書便對歐洲哲學產生了巨大的影響。但這是一本奇怪的書。它似乎是為本·邁蒙以前的一位學生約瑟夫·本·猶大（Joseph ben Judah）寫的，絕對不是為那些對哲學有興趣的哲學外行寫的；行文晦澀，編排奇特。本·邁蒙保留了拉比的傳統，也與許多穆斯林前輩（尤其是與之同時的**伊本·路西德**）持有相同的觀點，認為哲學（以及神學）討論只適合一小部分人；因此，他動筆寫這本書時，便只想讓那些受過適當教育的人看懂。另外，其讀者對象也只是那些對哲學感興趣的宗教信徒，因為該書對猶太教的正確性深信不疑，並且在很大程度上是關注針對聖經裡的某些段落提出的問題。本·邁蒙對人格化地闡釋

聖經很不以為然，對這樣的闡釋，他是予以駁斥的。

他花了很多時間討論（通常是駁斥）前輩哲學家的觀點，用大量的文字論證了上帝的存在，並討論上帝的屬性，在這一方面，他吸收了關於"逆屬性"的學說（也就是說，上帝的本質屬性，只有通過說他不是什麼，才能理解——上帝的能力不是有限的，上帝的知識也不是有限的，諸如此類；任何"正屬性"都必然是不充分的）。

本·邁蒙生活在伊斯蘭教社會裡。在埃及，他擔任穆斯林武士、宰相薩拉·丁·玉素甫（Salah ad-Din-Yusuf）的宮廷醫生，薩拉·丁曾擊退基督教十字軍的入侵，捍衛了巴勒斯坦的宗教聖地。據說，本·邁蒙作為醫生可謂聲名遠播，以至十字軍到處搜拿他。

思想簡括：

哲學是思想的最高形式，儘管它不提供答案，但啟示本身就能彌補這一不足。

羅傑 · 培根 Roger Bacon

生：約1214年，伊爾切斯特	卒：1292年，牛津

術業：自然科學、認識論

師承：亞里士多德、奧古斯丁、鏗迭、伊本 · 西拿、伊本 · 路西德、格羅斯泰斯特

嗣響：實驗自然科學

著作舉要：

《大著作》(*Opus Maius*)、《小著作》(*Opus Minus*)、《第三著作》(*Opus Tertius*)、《哲學研究綱要》(*Compendium of Philosophy*)

……實驗自然科學是思辨科學的女主人，它獨自就能為我們提供其他科學領域的重要真理，這些真理是其他領域的科學無論如何也習不到的……

《大著作》，第616頁

思想簡括：

自然科學要求仔細的觀察，並且以數學為根基。

培根出生於薩默塞特郡的伊爾切斯特或其左近，對他的早年生活，人們所知甚少。他的家庭曾經很富有，但在亨利三世和西蒙 · 德 · 蒙特福特（Simon de Montfort）率領的諸貴族之間的戰爭中站錯了隊，是以家財消盡。他在牛津接受教育，後來又遊學巴黎，於33歲時在巴黎獲得學位，並在那裡教了一陣子的書。當其時，**亞里士多德**的很多著作被禁止在巴黎大學講授（1245年，教皇又將這一禁令擴展到圖盧茲大學）。這一禁令涵括其自然哲學著作，《形而上學》也名列其中。對這一禁令置若罔聞的，並非只有培根一人，但在其學術生涯中，藐視規則卻是屢見不鮮。

培根對自然科學的興趣，是受了在牛津和巴黎教書的聖方濟各會修士的薰陶，羅伯特 · 格羅斯泰斯特可能也與其力焉，後來，可能在他於1248年重返牛津幾年後，培根自己也參加了聖方濟各會。這在當時應該說是相當明智的，因為聖方濟各會修士，還有多明我會修士，都是基督教神職人員中的思想翹楚。然而，結果證明這是一個錯誤，因為在牛津教書、著述、從事科學實驗多年後，1260年，培根被聖方濟各會強制要求遵從內部審查的規定；也就是說，除非獲得上級修士的允許，他被禁止在聖方濟各會以外發表任何文字。其中

的緣由並不完全清楚，有可能是因為他毫不隱諱對神學家的鄙視，以及他對自然科學的興趣在某種程度上缺乏甄別，他對占星術和煉丹術士的"哲人石"也深信不疑。

後來，培根發現自己在巴黎實際上被軟禁了，但在教皇克萊門四世的要求下（對於聖方濟各會拒絕容許培根發表文字，這位教皇似乎不屑一顧），他寫了《大著作》、《小著作》以及《第三著作》，這些構成了他的主要著述。可能是由於有教皇過問，也有可能是由於健康狀況不佳，大約在1289年，培根被容許回到牛津，去世前尚在這裡寫了另一本書《哲學研究綱要》。

神話和巫術

培根是個很奇怪的人——一方面，他是一名頭腦清醒的經驗主義科學家和嚴謹的哲學家，另一方面，他又特別容易輕信形形色色的神話、傳說和子虛烏有的東西。這兩個方面都是後來發明創造和奇思妙想的起源。人們認為培根發明了眼鏡和火藥，

哲人石

"哲人石"是中世紀煉丹術士企求的目標
之一。它被想像成一種特別完美的物質，
可以用來提高普通金屬的品質，使之轉變
為金子。

牛津大學托缽會修士培根書
齋的北景。其位於弗利橋頭
的住宅，據說是他頻繁地煉
丹和從事神秘實驗的地方。

王說他發明了前者沒有什麼證據（儘管他
在光學領域毫無疑問做過很重要的研
究），而阿拉伯人早已開始使用火藥，培
根對他們的成就是再清楚不過的。還有傳
說稱他有神秘的力量，而位於牛津弗利橋
頭的宅子，至今仍有人說是他施展魔力的
遺迹；他生活的這一面，被誇張了很多，
16世紀的著述家又作了進一步的突出，他
們收集關於培根神奇研究的俗談瑣議，再
添油加醋，讓這些故事流傳了下來。

認識論

培根關於感知（尤其是視覺感知）的觀
點，則重要許多，他堅持認為，觀察在知
識獲取中具有關鍵性的作用，他還特別強
調，數學在自然科學和實際事務中都很有
用處。這最後一點於自然科學的發展至關
重要，對此，他同時持兩個觀點，即：數
學應該是實驗自然科學的基礎，應該支持
實驗自然科學；數學應該是自然科學中最
先被研究的學科。就這些觀點，培根作了
八個論證，其中最重要的是：一、自然科
學需要數學的清晰性和確定性；二、數學
知識"幾乎是與生俱來的"（我們稱之為
先驗的知識）。

即便對於諸如經驗的價值之類的東西，他
也表現出其雙重性，他不僅將由觀察獲得
的感覺經驗包括在這個門類裡，也將心靈

的神啟納入其中。同樣，儘管他熟讀古代
哲學和伊斯蘭教哲學，他還是認同很多鐵
定了是偽託亞里士多德的偽書，例如《諸
因書》（Book of Causes）和《秘中秘》
（Secret of Secrets）（後者被認定是亞里士多
德寫給亞歷山大大帝的一封信，其中除了
一些政治建議確有其實外包括占星術、巫
術藥草和數卦等方面的內容）。

因此，培根本可以成為哲學發展史中具有
巨大影響的一個人物，但他的思想不成
熟，往往把他推向邊緣。然而，其個人能
力，依然使之在這個時期的思想生活中留
下了痕迹，在他死後更是如此。

托瑪斯·阿奎納 Thomas Aquinas

生：約1225年，羅卡瑟卡，意大利	卒：1274年，福薩諾瓦，意大利

術業：形而上學、認識論、倫理學、政治學

師承：亞里士多德、波伊提烏、愛留根納、安塞姆、伊本·路西德、本·邁蒙

嗣響：後世所有的人

著作舉要：

《反異教大全》（Summa contra Gentiles）、《神學大全》（Summa Theologiœ）

和所有中世紀的亞里士多德主義者一樣，阿奎納對亞里士多德的認識也經過了其先輩好幾層的過濾（就他而言，這些先輩包括新柏拉圖主義者、伊斯蘭哲學家、本·邁蒙，以及偽狄奧尼西），同時也經由了其基督教世界觀的過濾。但是，和前輩哲學家相比，他有一個優勢，因為他讀到了亞里士多德著作最新、也更準確的拉丁文譯文。

阿奎納生於一個貴族家庭（父親是阿奎諾<Aquino>伯爵，母親是梯諾<Teano>伯爵夫人），最初是在附近的本篤會卡西諾山修道院接受教育。1239年至1243年間，他在那不勒斯大學深造，師從彼得·馬提尼（Pietro Martini）和愛爾蘭的彼得（Peter of Ireland），次年加入多明我會。此前，他的家人一直反對他加入多明我會的想法，而這一次，父親已經去世，其諸位兄長便着人截住他，將他軟禁了大約一年的時間，試圖"消除他腦子裡有毒的思想"。結果一無所獲，最後只得將他放了。

阿奎納首先到了羅馬，然後到了巴黎，最後到了科隆，投在大阿爾伯特（約1200-1280年）門下繼續讀書。阿奎納身形碩大，沉默寡言，同窗呼之為"笨牛"，但大阿爾伯特很快就發現了他的不凡之處，對其能力大加褒揚，作了一個著名和極富預見性的評價："我們稱這孩子為笨牛，但他一旦發聲，便會響徹天下。"

阿奎納多次往返於巴黎和科隆，期間被任命為牧師，1252年在巴黎安頓下來，繼續學習，1256年獲得博士學位（即教授證書，由於他年限不夠，需要教皇特許）。也是在這一年，他發表了自己的第一篇文章（研究意大利神學家彼得·龍巴德<Peter Lombard>），此後便筆耕不輟，不

思想簡括：

並不存在兩個真理，因此，如果哲學和宗教互有扞格，其中必有一個是錯誤的，而想知道哪一個是錯誤的，理性是我們掌握的惟一工具。

斷有著述問世。1259年，他被召往教廷，任教廷學院的導師，在九年的任期內屢從教廷四處遊幸，1268年返回巴黎。

以後三四年的時間裡，阿奎納主要是投入神學—哲學論戰，其論敵是**伊本·路西德**的追隨者，即自我標榜為阿威羅伊學派的那些人，以及聖方濟各會中信奉奧古斯丁哲學的修士，前者以法國哲學家勃拉邦的席格爾（約1240-約1284年）為首，後者的領軍人物則是英格蘭人布萊頓的約翰·佩克姆（John Peckham of Brighton，約1225-1292年）。1272年，阿奎納被派往那不勒斯，一年後，他在該地突然停止了寫作，宣稱："我不能再寫了。神已經啟示我，我以前寫的那些東西，現在看起來都是雞毛蒜皮，不足掛齒。"在從那不勒斯到里昂的途中，他病倒了，1274年逝世於福薩諾瓦修道院。

調和宗教和哲學

阿奎納的哲學研究根植於伊本·路西德表

中世紀手稿中的海怪彩飾，出自大阿爾伯特的手稿《博物志》(De Natura Rerum)。阿奎納師承大阿爾伯特，這位老師對他一生都有影響。大阿爾伯特倡導的東西，今天稱之為研究現實世界的科學方法，當其時，人們相信只有研讀《聖經》才能獲取知識。

述過的一個觀念，即：既然哲學和自然科學都導向真理，如果信仰宗教的真理，那麼這些真理就不能互相牴牾。另外，他傾向於將哲學和自然科學的真理與"哲人"**亞里士多德**的觀點等同起來。也就是說，他特別肯定地相信，在通常情況下，亞里士多德的哲學和自然科學結論是正確的，因此一定與宗教的神啟真理相吻合——特別是與《聖經》的內容相吻合。明顯不一致的地方，乃是錯誤的闡釋所致，而總體看來，這是指對《聖經》的闡釋有誤，而不是對亞里士多德的闡釋有誤。畢竟亞里士多德的著作直白、平實、明晰，而《聖經》則是以故事、歷史、詩歌和寓言之類的形式寫成的。

這並不是說阿奎納盲從亞里士多德的哲學。對亞里士多德的文字，他常常加以擴展、深化，或者只是改寫，這或者是出於宗教的目的，或者只是因為作為哲學家他發現亞里士多德遺漏了一些問題和觀點。然而，阿奎納與奧古斯丁不同，奧古斯丁接受柏拉圖思想中與基督教教義一致的部分，對其中不一致的部分則進行修改，而阿奎納則更多地是重新闡釋基督教教義中與亞里士多德衝突的部分，而不是修改基督教教義。

理性與神啟

關於宗教與哲學的關係，阿奎納其實不同意伊本·路西德的觀點，這正是他反對阿威羅伊學派不遺餘力的原因。伊本·路西德這位伊斯蘭教哲學家及其基督教追隨者認為，哲學和天啟宗教是彼此完全獨立互不相干的，而阿奎納則認為，兩者之間的關係要複雜得多。哲學認識和宗教認識必須彼此一致，認為存在着互相矛盾的真理這樣一個觀點非常可笑，實在是自欺欺人；因此，世間存在一些領域，其知識既可以從哲學的角度獲取，也可以藉助神啟獲取（比如上帝之存在）。然而，更廣闊領域的知識，則只能藉助哲學獲取（比如關於自然界的構成的認識），也有些領域的知識，只能通過神啟獲取（例如，安塞姆、道成肉身和三位一體）。

一方面，阿奎納認為自己是在捍衛基督教神學，使之免受阿威羅伊學派之流的哲學家的觀點的影響；另一方面，他又是在保護哲學和自然科學，使之免於教會中反理性主義傾向的衝擊。他的追隨者，被稱為托瑪斯學派（Thomists），對基督教尤其是天主教神學的發展影響極其巨大。阿奎納的思想嚴密清晰，對哲學的發展具有同樣巨大的影響。

阿奎納的偉大成就，乃是將亞里士多德的學說糅進了柏拉圖化的基督教哲學。

……人渴望必要的快樂，他不會選擇快樂，也不會選擇不快樂。

《神學大全》，Pt. 1, qu. 13, a.6

奧康姆的威廉 William of Ockham

生：約1285年，奧康姆，薩里郡	卒：1349年，慕尼黑

術業：認識論、邏輯學

師承：亞里士多德、波菲利、鄧斯·司各特

嗣響：布里丹、蘇阿雷斯、笛卡兒、洛克、萊布尼茲、貝克萊、休謨

著作舉要：

《邏輯大全》（Summa Logicæ）、《神學百談》（Ordinatio）、《辯論集》（Dialogus）

所謂"奧康姆剃刀"（Ockham's Razor），是指不要將亟需的事物以外的其他各種事物納入理論命題這樣一個原則："若無必要，不應該增加實體的數量。"這樣一個原則在亞里士多德的著作中就能發現，事實上，奧康姆的許多中世紀前輩著作中也包含着這條原則——但是，這些前人的著作以及奧康姆本人的著作，都沒有出現這樣的字眼。這條原則被冠以奧康姆的名字，是因為他以一種特別嚴密的方式對此作了充分的使用。

威廉1285年出生於奧康姆村（其生年眾說紛紜，從1280年到1289年都有），先加入了聖方濟各會（可能是在倫敦加入的），然後到牛津學習，接着又到巴黎深造。有證據表明，他在巴黎是師從**鄧斯·司各特**，他也毫無疑問受到了聖方濟各會同道的影響。返回牛津後，他着手完成他的學業，但未能獲得博士學位，原因是牛津大學的校長約翰·路特里爾（John Lutterell），一名狂熱的托瑪斯主義者，在1323年指責威廉"教書是誤人子弟"，接着他被召往位於阿維尼翁的教廷，就其著述問題接受審查。

實際上，奧康姆未曾被宣判有罪，因為審查並沒有完成。他在阿維尼翁等候處置期間，聖方濟各會會長切塞納的邁克爾（Michael of Cesena）來到此地，調查他（奧康姆）在關於耶穌之柔弱和高級神職人員的爭論中攻擊教皇的問題。邁克爾與奧康姆結成了聯盟，1328年，兩人一齊逃離阿維尼翁（兩人都被革除教籍）。他們到了比薩，受到巴伐利亞的路德維希（Ludwig of Bavaria，即神聖羅馬皇帝，教皇的死對頭）的庇護。他們又從比薩跟隨路德維希來到慕尼黑，奧康姆在此一住就是30年，寫了一些政治小冊子攻擊教廷，倡導政教分離，同時主張哲學研究和神學研究剝離。1347年路德維希駕崩，拋下奧

思想簡括：

只有個體才存在。

康姆自身難保，他便開始準備向教廷妥協。1349年，奧康姆去世（可能死於黑死病），與教廷的妥協仍沒有達成。

和鄧斯·司各特一樣，奧康姆的主要著述是辨析龍巴德的《箴言四書》（Sentences）。這一著作有多個版本，包括奧康姆自己的版本（《神學百談》），也有其弟子記錄的多種"講習錄"（Reportata）。他還有著述論述亞里士多德、波菲利、物理學以及邏輯學（尤其是《邏輯大全》）。

揮舞剃刀

奧康姆是阿奎納哲學和宗教觀點的主要反對者之一，認為藉助理性，不可能證明一些宗教教義，比如神性的本質、創世紀，尤其是靈魂不朽等問題。這樣的信仰只能是倚仗神啟。奧康姆還是唯名論首要的，也許是最偉大的辯護人，他否認存在共相——也就是獨立於事物之外的事物具有的屬性。為了解釋世界以及我們對世界的經驗，沒有必要乞靈於這樣的屬性，因此（根據"奧康姆剃刀"）不應該把這些屬性納入理論命題。（當然，在大多數這樣的

阿維尼翁的教廷

1309-1377年間，教廷設在位於阿維尼翁
的教皇宮殿裡，而不在梵蒂岡，歷代教皇
都覺得在羅馬不安全（教皇卜尼法斯三世
<Boniface III>就是在自己的宮殿裡被法國
僱傭兵抓住的）。這一時期被稱為"巴比倫
囚虜"（Babylonian Captivity）時期。

爭論中，奧康姆的論敵唯實論者也沒有否
認"奧康姆剃刀"；相反，他們認為，共
相之類的東西對於認識世界是必要的）。

奧康姆的唯名論並不局限於共相。他還將
剃刀原則應用於一些形而上學的概念，比
如時間，他認為，人們錯誤地認定，使用
"紅"之類的詞，就是指有一種抽象的顏
色獨立漂浮在紅色物體的周圍，於是，他
們也便錯誤地認定，談論發生在時間裡的
事件，也就意味着有一種叫做"時間"的
東西涵括了這些事件。但是他最終還是沒
有提供逆命題。奧康姆的主業之一是邏輯
學，他利用邏輯學來證明，即便我們不必
妥受共相的存在，其在語言和認識中的作
用也可以由其他的東西來充當。除了邏輯
學外，奧康姆還求助於宗教，尤其是全能
的上帝，但是他很謹慎，不讓他的理論命
題走得太遠；他認為，上帝創造萬物，採
取的是與我們感知世界截然不同的方式，
這一觀點，連同他的邏輯原則，可能會導
致對經驗抱持極端的懷疑主義，但是，奧
康姆儘管懷疑一些事物，他可從來沒有滑
向普遍懷疑主義立場。

模態

奧康姆儘管對宗教哲學的某些領域（例
如，關於道德的天誡學說）感興趣，其唯
名論對後來的語言哲學和形而上學也有巨

阿維尼翁的教皇宮殿

大的影響，但其主要的影響還是體現在邏
輯學領域，尤其是他發展了關於可能性和
必然性的邏輯學。然而，14世紀興起的中
世紀邏輯學（以及自然科學方法），被文
藝復興掃蕩殆盡；自然科學在16世紀重返
科學前沿，而邏輯學則多等了300年才有
真正的發展。

即便如此，奧康姆，還有他在聖方濟各會
的同道鄧斯·司各特，或多或少地直接促
進了英國哲學向17、18世紀的經驗主義發
展的歷程，而正是這兩個世紀，被很多人
視作英國哲學的黃金時代——這樣評價奧
康姆可是一點都不誇張。

*意識之外沒有共相這
種東西存在，這一點
可以得到充分的證
明。*

*《邏輯大全》之"演繹哲
學"第一卷，第50頁*

約翰·鄧斯·司各特 John Duns Scotu

生：約1266年，鄧斯	卒：1308年，科隆

術業：邏輯學、形而上學

師承：亞里士多德、伊本·西拿、阿奎納

嗣響：奧康姆、皮爾斯、海德格爾

著作舉要：

《哲學辯論集》
（Quodlibetal Disputations）、《論第一原則》
（Treatise on the First Principle）、《龍巴德
<箴言四書>辯釋》
（commentaries on Lombard's Sentences）

"無沾成胎"說認為，耶穌的母親瑪麗亞生來就是無罪的，根本就沒有沾染原罪。此說有別於耶穌為"童貞女之子"說（這是由希臘語誤譯造成的）。

在中世紀，鄧斯·司各特的追隨者與阿奎納的信徒論戰不休，最終司各特學派落敗於托瑪斯學派，"dunce"（意為"笨蛋"，指鄧斯人<Dunsman>）一詞是以誕生。

鄧斯·司各特生於的貝里克郡（今蘇格蘭邊境）的鄧斯，早年在鄧弗里斯的聖方濟各會修道院讀書。1281年左右他加入聖方濟各會，成了一名修道士，十年後被任命為北安普敦的牧師。在此期間，他可能在牛津深造。後來在牛津大學任教，一直到1300年，1302年又轉往巴黎，但由於插足法國國王與教皇之間的爭鬥，1303年被驅逐出法國。次年重返巴黎，完成其博士學業，為"無沾成胎"說進行辯護（1854年，這一學說被納入天主教教義）。他的這一思想，為他贏得了"瑪麗亞博士"的稱號。1307年，他被教會派遣到科隆，在此講道授徒，直至一年後去世。在其死後200年裡，他一直具有極其巨大的影響，且其影響延伸到了19世紀和20世紀。

鄧斯·司各特著述較少，過去被認定是他所作的文字中，有很多被證實出自他人之手；其他的文字，有一些是其弟子的聽課筆記，有一些則是他為自己使用方便而寫的，並非為了出版。其哲學論證和觀點，在為講授神學家彼得·龍巴德（約1100-1160年）的《箴言四書》（Four Books of Sentences）所作的演講稿中記載得最為詳盡；關於這些演講稿，至今已經收集、整理並箋注了眾多的版本，其中最重要的版本是《牛津注》（Opus Oxoniensis）和《巴

思想簡括：

每一個個體或事物都有其獨特的"存在的個體性"，或曰"此性"——這是使之成其為個體或事物的本質特徵。

黎注》（Reportata Parisiensa），其中《牛津注》乃鄧斯·司各特親手整理校訂。

鄧斯·司各特儘管是一名唯實論者，但在其他方面他都反對**阿奎納**的觀點，特別是他主張神學和哲學是不同的學科（哲學完全獨立於神學，儘管神學需要利用哲學工具）。對於人的任何認識都需要神啟的觀點，他也表示反對，認為感知能讓人認識個體，而不是如阿奎納堅持的那樣，需要共相作中介。

鄧斯·司各特比較重要和著名的觀點，包括他對意志的描述，及其關於可能性和必然性的討論。然而，他所以重要並引發人的興趣，乃是因為其論證嚴密和周全，這一點使他成了最典型的經院哲學家之一。

尼古拉斯·克萊夫茨 Nicholas Kryfts

生：1401年，庫斯，萊茵蘭	卒：1464年，托迪，托斯卡納

術業： 政治學、形而上學

師承： 奧古斯丁、普羅克魯、波伊提烏、愛留根納、安塞姆

嗣響： 哥白尼、布魯諾、萊布尼茲、斯賓諾莎

作舉要：
《論有學問的無知》
《On Learned
Ignorance）、《愚書》
（The Books of the
Idiot）、《論尋求智慧》
（On the Pursuit of
Wisdom）

整個宇宙體現了
神，宇宙的每一部
分，尤其是人，也是
如此；每一個事物，
每一個人，都是一個
小宇宙。這一觀點，
後來為**萊布尼茲**承
襲，並加以擴展。

尼古拉斯·克萊夫茨（即庫薩的尼古拉斯）生於摩澤爾河畔的庫斯，該地位於特里爾和科布倫茨之間。他早年在荷蘭的代文特接受教育，就讀於共同生活兄弟會主持的一所學校，該修道會是荷蘭的神秘主義者傑哈德·格魯特（Gerhard Groote，1340-1384年）創建的。1416年，他從這裡轉往海德堡大學繼續學習哲學，1417年又到帕多瓦學習教會法，1423年獲得博士學位。後來他又在科隆學習神學，並任教皇駐德國使節的法律助理。

克萊夫茨倡導政治改革，1433年左右寫了《論天主教的和諧》（On Catholic Unity）一書，主張教會會議應高於教皇。克萊夫茨曾作為律師和代表積極參與巴塞爾會議，但是該會議並未能發動任何改革，他便改變了自己的觀點，轉而支持教廷。結果官運亨通，多次代表教皇出使。1448年，任紅衣主教，1450年任布里克森（今意大利布雷薩諾內）大主教，這是神職中的方面大員。後來他與西吉斯蒙德大公（Archduke Sigismund）起了衝突，這位大公反對克萊夫茨的改革企圖，甚至將他監禁了一段時日（大公因此被革除教籍）。克萊夫茨在托斯卡納的托迪去世，享年63歲。

克萊夫茨生於中世紀和文藝復興時期的嬗變期。其中世紀特徵表現為其哲學思考乃是基於基督教臆斷，但是他反對迎合新柏拉圖主義的亞里士多德哲學，而這一傾向正是文藝復興的典型特徵。克萊夫茨的重要性主要表現為其"否定的神學"，根據這一學說，宇宙萬物的本質體現了上帝的本質；上帝是人類所不能認識的，我們只能真正認識到我們無知，因此我們對上帝的惟一認識，只是"他不是什麼"。例如，上帝不是有限的——他是無限的；就宇宙萬物體現上帝而言，宇宙也一定是廣袤無際的（儘管它並非真的無限）。因此，地球不會是宇宙的中心，因為無邊無際的空間沒有中心；也不能說它處於靜止狀態，因為運動或者靜止一定都是相對的，取決於觀察者。（注：這一觀點，不管聽起來多麼有近代色彩，它並非基於自然科學，而是基於神秘主義神學。）

在政治上，克萊夫茨反對君權神授的觀點，認為君主的權威是他的臣民賦予的——**蘇阿雷斯**也持這一觀點，近代早期的哲學家如**洛克**則將它作了進一步的發展。

思想簡括：

有上必有下；造物主的本質，映現在被創造的世界的本質中。

尼科洛・迪・伯納多・得伊・馬基雅弗利

Niccolò di Bernardo dei Machiavelli

生：1469年，佛羅倫薩	卒：1527年，佛羅倫薩

術業：政治學、倫理學

師承：亞里士多德、西塞羅

嗣響：霍布斯、孟德斯鳩、盧梭、尼采

著作舉要：

《君主論》（The Prince）、《論提圖斯・李維烏斯的前十卷》（The Discourses）、《兵法》（The Art of War）

一直以來，政治哲學都是以柏拉圖的《共和國》為中心，但因為馬基雅弗利，政治學方得以誕生。政治學關注的並非事實應該是什麼樣子，而是政治制度的最佳形式——它關注事實實際上是什麼樣子，以及最有效的政治制度。

馬基雅弗利生於佛羅倫薩，該地實際上是美第奇（Medici）家族的地盤。這是個城邦國家，很富饒，但面對外國勢力卻不堪一擊，文化昌盛，卻政局動盪。對馬基雅弗利的早年生活，我們所知無幾；我們掌握的最早的確鑿材料，是他在1497年末寫的一封商業信函。

馬基雅弗利一生都在追尋意大利的統一之夢，以為意大利統一了，就會強大，就能攘外安內。在美第奇家族1512年重返佛羅倫薩前，馬基雅弗利先任十人委員會的秘書——這個十人委員會掌管佛羅倫薩共和國的軍事和外交事務。在此任上，他曾銜命出使法蘭西和德意志，在德意志，他邂逅教皇的私生子塞薩勒・博爾吉亞（Cesare Borgia）。博爾吉亞殘暴狡詐，馬基雅弗利並不喜歡他，也不喜歡他的為政，但相信有這樣豪強奸猾的統治者，才是佛羅倫薩統一意大利的惟一途徑。

美第奇家族重新攫取佛羅倫薩的權力後，廢黜了共和國，馬基雅弗利受到一樁反美第奇家族陰謀的株連（很顯然是冤枉），被逮捕並受到嚴刑拷打，最後交了一筆罰金後被釋放。然而，他也因此不得涉足政壇，以後的15年裡便在佛羅倫薩附近自己的莊園裡隱居著述，寫出了其名著《君主論》（1513年）以及《論提圖斯・李維烏

語錄：

君主，尤其是新立的君主，不能遵從眾人皆以為善的所有規則，不應視之為義務，為了永延帝祚，應棄忠、棄貞、棄仁、棄教。

——《君主論》，1

斯的前十卷》（1517年）。第一本小冊子是獻給佛羅倫薩的無冕之王羅倫佐・德・美第奇（Lorenzo de' Medici）的。馬基雅弗利試圖獲得美第奇家族恩寵，卻一無所獲，1527年恢復共和後（1531年共和再次被廢），他的這些企圖使得佛羅倫薩人也將他驅除出政壇，同年去世。

在《君主論》中，馬基雅弗利認為中世紀的一些觀念視統治者為諸德的體現，這是不現實的，也是很危險的；理想的統治者應該採取必要的行為，所為者應該是為了獲得成功，而不是為了博得道德褒獎。他明確地指出，他關注的是君主制的本質。而另一方面，在《論提圖斯・李維烏斯的前十卷》中，馬基雅弗利則是坦誠地持共和的觀點；有許多主張和《君主論》相同，但要詳細得多，不過該書還是跟《君主論》中的激進主義有迥然的不同。

弗朗西斯科·蘇阿雷斯 Francisco Suárez

生：1548年，格拉納達，西班牙	卒：1617年，里斯本，或科英布拉

術業： 形而上學、法學、政治學

師承： 亞里士多德、阿奎納、奧康姆的威廉

嗣響： 格羅休斯、笛卡兒、萊布尼茲、沃爾弗、叔本華

作舉要：

《形而上學論爭集》
（Metaphysical
Disputations）

⋯⋯紀中葉，在近代
⋯哲學產生以前，
⋯⋯哲學通常被認為
⋯就木，慢慢地為
⋯復興時期的人文
⋯所取代。然而，
⋯6世紀的西班牙出
⋯了經院哲學的復
⋯，其領軍人物是多
⋯會和耶穌會哲學
⋯神學家。蘇阿雷
⋯是其中的翹楚，
⋯蘭西斯科·德·維
⋯利亞（Francisco
Vitoria，1480-
⋯16年）也是其中
⋯要津，只是其哲學
⋯作不及其法律著作
⋯要。

蘇阿雷斯生於格拉納達，父親是一位律師。16歲時，他在薩拉曼卡加入耶穌會，在此讀書五年。他兩次參加資格考試，均名落孫山，但沒有放棄學習哲學，並以優異成績結業，接着又學習神學。後來在阿維拉和塞哥維亞教授哲學，1572年升任神父，繼續教授神學。他還在羅馬教過書（教皇親自出席了他的第一講授）。儘管教課繁忙，舟車勞頓，他還是著述頗豐，涉足法律、政教關係、形而上學和神學。當其生時，他便被視為在世的最偉大的哲學家和神學家，死後聲譽更隆。一般認為，他是繼阿奎納之後最偉大的經院哲學家。其主要的哲學成就為形而上學和法哲學。

他認為，形而上學是關於有的科學——也就是說，是關於真實的本質和存在的科學。真實存在（與概念存在相對）可以是無形的，也可以是有形的，但形而上學關注的主要是前者。蘇阿雷斯儘管贊同前輩經院哲學家的觀點，認為就上帝而言本質和存在是同一的，但是他並不認為就上帝創造的世界即有限的存在而言，本質和存在是截然不同的（也就是說，本質和存在可以分別獨立地存在）；他認為，他們只是在概念上有差異（即它們可以分別被體驗的）。就對共相的看法而言，蘇阿雷斯主張唯名論，認為人能直接認識個體。

在法律方面，蘇阿雷斯所以重要，乃是因為其對自然規律的態度，以及關於人類法則和君主地位的觀點。蘇阿雷斯反對後來在近代早期政治哲學中佔主導地位的社會契約理論——即人擁有（上帝賦予的）屬性，同時也有創立法則的潛能。他認為，當政治實體形成時，其性質是由人民選定的，人民賦予政府以立法的權力。如果將一個政權強加於人民，人民有權利起而反抗自衞（直至誅殺暴君）；如果他們選擇的統治者為政腐敗，他們也有權利揭竿而起——他們賦予統治者以權力，因而也能褫奪這種權力（但是，他們的作為必須公平正義，誅殺暴君不在此列）。

語錄：

……所有其他的自然科學，經常使用形而上學原則，或者預設一些形而上學原則，以推進其論證或論點；因此，其他自然科學中經常會由於對形而上學的無知而發生錯誤。

《形而上學論爭集》, I, iv, 5

歐洲哲學史上的近代早期，起自17世紀初，迄於19世紀初，前有笛卡兒篳路襤褸，後有康德殿軍而開啟了一個新的時代。這一時代劃分，言人人殊，乃是基於特定的哲學關懷而定。

對於近代早期哲學之肇始，迄今並無異議，因為笛卡兒不僅開創了一種新的哲學研究方法，而且在哲學的各個領域都影響了後世的每一個人。稍稍有些爭議的，乃是弗朗西斯·培根，其研究標誌着自然科學諸學科的性質以及哲學對自然科學的態

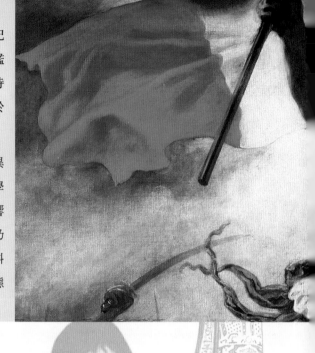

1588

1596

1588

1619

度發生了改變。這一時期的下限則不甚明確；就形而上學與認識論而言，並在某種程度上就倫理學而言，康德的研究促成了哲學向新的方向發展，但在其他領域，比如政治學，他的哲學並沒有產生真正的影響。固然如此，仍有兩種重要的思潮開闢了一個全新的時代：一是邊沁的功利主義，一是18世紀後半葉出現的政治和宗教

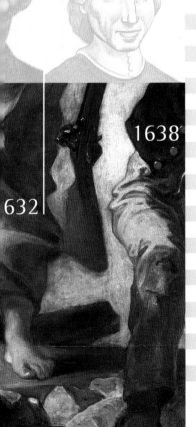

1588	西班牙無敵艦隊戰敗
1591	摩洛哥軍隊擊敗桑海帝國
1593	《南特敕令》（Edict of Nantes）頒佈
1603	英格蘭與蘇格蘭王位合二而一

近代早期篇

1600–1800

1605	"火藥陰謀"（Gunpowder Plot）敗露
1609	荷蘭脫離西班牙控制而獨立。25萬摩里斯科人被逐出西班牙
1616	莎士比亞（Shakespeare）和塞萬提斯（Cervantes）卒。宗教裁判所頒佈詔令，反對伽利略的天文學說
1618	三十年戰爭爆發
1620	首批清教徒移民在新英格蘭地區定居
1640	英格蘭長期議會建立
1642	英格蘭內戰爆發
1644	滿人建立清王朝
1648	三十年戰爭結束
1649	英格蘭內戰結束；查理一世（Charles I）被斬首
1653	克倫威爾（Cromwell）被封為護國公
1658	克倫威爾卒
1660	英格蘭君主復辟，查理二世（Charles II）登基
1665	倫敦大瘟疫
1666	倫敦大火
1672	德·維特兄弟在阿姆斯特丹遇刺

激進主義。這兩種重要的思潮，為約翰斯圖拉特·穆勒等哲學家奠定了基礎，也催生了法國和北美的革命。

文藝復興的影響

對新的哲學產生影響的重要因素之一，是對中世紀哲學，尤其是經院哲學中亞里士多德主義的悖離，這一悖離，是從廣為人知的文藝復興開始的。這部分肇源於君士坦丁堡的淪落以及隨後的難民潮，許多古典著作，包括柏拉圖的部分著作以及瑪西略·費奇諾（Marsilius　Ficino，1433–

1646　　　　1685

1499年）翻譯的柏拉圖對話錄，隨之在15世紀被重新引介到西歐。人們對柏拉圖有了新的認識，而這些認識正是源於對其本人作品的認識，而不是得自各種各樣的箋注和評點，對哲學和自然科學都有巨大的影響。

唯理論和經驗論

這一時期哲學的核心問題，乃是唯理論與

驗論的區分——這一區分被用來編排大
課程，編寫哲學初階類的圖書，幾乎沒
一個研究哲學的學者能逃避這一影響。
而，往好裡說，這一區分有點武斷，往
裡說，它極會使人誤入歧途。這一區
，大體是歐陸哲學家與英國哲學家的分
，前者主要包括笛卡兒、萊布尼茲和斯
諾莎，他們主張知識僅利用理性才能獲
，而後者則以洛克、貝克萊和休謨為主
代表，認為知識只能通過感覺經驗獲
。因此，唯理論者將數學視為知識的樣
，而經驗論者則把自然科學諸學科視為

性，即唯理論和經驗論，這兩種方法。正
如本書對相關哲學家的簡短介紹表明的，
哲學家的研究方法以及彼此之間的關係，
實際上要複雜得多。

所有這些狀況，原因之一，便是康德割裂
了兩種認識論傳統；如果他瞭解了眾多哲
學家的形而上學觀點，或者他們對倫理問
題或語言問題的態度，他的區分毫無疑問
會是截然不同的一個樣子。實際上，就認
識論而言，這樣的區分也是問題重重。舉
個例子，我們就拿傳統的唯理論三大家
——笛卡兒、萊布尼茲和斯賓諾莎來說，

1689　1710　Z　1711　1748

知識的榜樣。

即便那些認為這一區分沒有弊端，甚至不
無裨益的人，也不敢斷言這一區分就反映
了有關哲學家的歷史真實。在17和18世
紀，沒有人根據這一區分來評判自己，即
便不同傳統中的哲學研究也沒有這樣的區
分。要說例外，也就是康德，他是這一錯
誤認識的源頭，他認為自己開闢了哲學研
究的第三種途徑，調和並超越了理性和感

他們對自然科學諸學科也很有興趣，並且知
之甚多，而在傳統的經驗論三大家——洛
克、貝克萊和休謨中，只有洛克受過真正的
自然科學訓練，有這方面的專門知識。

X　Y

弗朗西斯・培根爵士 Sir Francis Bacon

生：1561年，倫敦	卒：1626年，倫敦

術業：自然科學

師承：德謨克利特、柏拉圖

嗣響：狄德羅、霍布斯、休謨、哈克

著作舉要：

《論說文集》
（*Essay*）、《學術的進展》（*The Advancement of Learning*）、《新工具論》（*New Organon*）

1621年，培根承認關於他在法官任內受賄的指控，被囚禁於倫敦塔。這可能是一個政治問題，而不是一個道德問題。大多數議員不滿詹姆斯國王（King James）與培根之間的友情，便藉此機會將培根逐出公共生活領域。四天後，國王便設計將他從倫敦塔放了出來。

弗朗西斯・培根（即維露蘭男爵<Baron Verulan>、聖阿爾班子爵<Viscount St. Albans>）出身詩書簪纓的望族，是家中的幼子（他父親曾任伊莉莎白一世的掌璽大臣；母親是一名皇家塾師的女兒，受過良好的教育，能讀希臘文、拉丁文著作，會講法語和意大利語）。他先是讀家塾，1573年進入劍橋大學三一學院（入讀劍橋時他年僅12歲，這在當時並不足為奇，但事實上人們還是認為他早慧），在大學期間，通過學習，他對晚期經院哲學唯亞里士多德是尊的狹隘的研究方法頗不以為然。1576年，他開始在格雷律師學院研讀法律，但次年卻接受了一個外交官職位，派駐法國。

和其他某些哲學家一樣，培根也是年少失怙——父親去世時，他只有18歲——但這件事對他創傷尤重，因為這使得他淪落到一文不名的地位。他不得不繼續學習法律；1582年畢業，兩年後當選為議會議員。但有兩件事情一開始就妨礙了他的仕途：一是他那幫有錢有勢的親戚未能

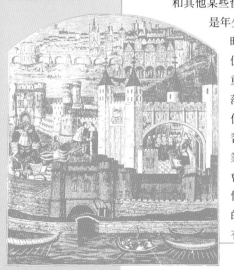

盡力幫助他，二是他在即將被任命為總檢察官時，力諫女王的稅收政策，有失[?]故。

幸運的是，培根有一個有權有勢的朋友埃塞克斯（Essex）伯爵，這個人很得女王的恩寵。埃塞克斯竭力說服女王派個高級的職位給朋友培根，他本人還送給培根一處地產（但女王不信任培根，委授得很勉強）。但是沒多久，埃塞克斯與女王發生齟齬，培根儘管設法斡旋成功，幫了恩主一把，但後來埃塞克斯頭腦發昏，竟然想在倫敦發動叛亂，他就無能為力了。培根試圖為埃塞克斯企求恩免，但伊莉莎白指令他開審此案，他便尊旨做了；1601年，埃塞克斯被處死。

直到伊莉莎白駕崩，詹姆斯一世登位，培根才時來運轉。1607年，他被任命為大律師，1613年被任命為總檢察官，1617年任掌璽大臣——和他父親一樣，1618年最終任大法官。1621年他60歲時被逮捕，被指控受賄。他承認這項指控，並坦然地接受刑罰，所有官爵概被褫奪，還被科罰以重金，關進倫敦塔。事實上他服刑只有幾天，後來罰金也免了，但被禁止擔任公職。

生平的最後幾年，培根從事著述，對自然科學尤其有興趣。他意外地死亡，但這對

也來說是情理之中的事情。他在探究食物
保存方法時，跑到室外收集雪以填塞雞，
患上支氣管炎，以至死亡。

偉大的復興

《論說文集》是培根早期的著作，議題很
廣泛，後來又著述討論歷史和法律問題，
但在哲學家看來，其主要的興趣還是科學
哲學。這包括兩部分：一是批評經院哲學
以及當時文藝復興式的自然科學研究，二
是精心創設了一套方法論以替代之。他把
自己改革自然科學研究的工作稱為"**偉大
的復興**"，而其經典著作也正是以此命
名，該書計劃分為三編，他只完成了第一
編，是為《新工具論》（該書名是仿效**亞
里士多德**的邏輯學著作，所謂總稱為《工
具論》者。）。

培根對待前人的觀點，就是用一套明喻概
括起來，藉以描述傳統的形而上學哲學
家、煉丹術士之類的經驗主義者，以及他
理想中的自然科學家：形而上學哲學家就
像蜘蛛，編織漂亮精巧的網，懸在空中，
這網純粹是從他們自己的身體裡面織就
的；經驗主義者則像螞蟻，四處奔波，採
集眾多的材料並累積起來，但就是不從中
提取任何東西。人們應該像蜜蜂一樣——
集體採集，集體**轉化**採集到的東西。科學
家應該詮釋得自經驗的資料，並從事實驗

以收集新的資
料，以便逐漸建
立起關於世界的
認識。

四幻象

人往往會有偏見
和成見，這給我
們帶來困擾，培根稱之為**心靈的幻象**：部
落幻象在整個人類是很普遍的，這些幻象
對得自感覺的東西不加批判地照單全收，
以為準確地表現了世界的本質；**洞穴幻象**
則因人而異，是由教育、成長、閱讀等等
因素形成的；**市場幻象**則是由社會互動、
主要是語言產生的，它們妨害認識，而不
是有益於認識；最後是**劇場幻象**，乃是哲
學體系的產物，培根稱之為"多場劇"
（根據他提出的其他明喻，他也稱之為
"網的幻象"）。

*詹姆斯國王在位期間，培根
官運亨通、平步青雲。這位
國王寫過幾部著作，討論神
學與神權的正當性。詹姆斯
版《聖經》是用英語寫成的
最著名的作品之一。*

*何謂真理；彼拉多
（Pilate）開玩笑地
說；不能坐等答案。*

《論說文集》，第7頁

思想簡括：

**自然科學照拂實驗室中的團隊，而
不是坐在太師椅上的單個的人。**

托瑪斯・霍布斯 Thomas Hobbes

生：1588年，馬姆斯伯里	卒：1679年，哈德威克

術業：政治學、形而上學、語言學

師承：亞里士多德、馬基雅弗利、弗朗西斯・培根、伽利略、伽桑狄

嗣響：斯賓諾莎、萊布尼茲、洛克、盧梭、邊沁、穆勒、馬克思、羅爾斯

著作舉要：

《利維坦》（Levithan）、
《自然法則和政治法則
的諸要素》（Elements
of Law, Natural and
Political）

*人的生活，孤獨、貧
困、卑污、殘忍而短
暫。*

*《利維坦》，第一部分，第
十三章*

霍布斯是一名鄉村國教牧師的幼子，就讀於牛津大學。起初是當塾師，隨着他的弟子威廉・卡文迪許（William Cavendish）遍遊歐洲，得以有機會結識伽利略、笛卡兒等學界名流。其第一部哲學著作為《自然法則和政治法則的諸要素》，使他在國王和議會日益激烈的衝突中，被視為堅定的保皇派。這部著作十多年後（1650年）才刊行，但1640年便私下傳閱，當時兩派衝突開始漸露端倪。霍布斯認定他可能會遭不測，便到法國住了十一年。這種警覺（有些人也許覺得是杞人憂天）縱其一生，未曾懈怠，其得享天年，或有賴於此。

僑居法國期間，霍布斯加入了**梅森**的社交圈子，寫了《對**笛卡兒**<沉思錄>的第三組詰難》（The Third Set of Objections to Descartes' Meditations）（笛卡兒的回應則充滿了鄙視和敵意），並寫了很多書：1642年作《法律的諸要素》（Elements of Law）和《論公民》（De Cive），在《論公民》中，他第一次真正試圖去建立一種政治科學（他稱之為"公民哲學"）；1650年作《論人性》（Human Nature）；1651年作《利維坦》，這是他的經典之作。這最後一本書，部分內容有反天主教的觀點，法國官方找他的麻煩，於是他又逃回英格蘭，當時克倫威爾護國政體結束，霍布斯重新

得到國王的寵愛。但是他的麻煩並沒有完結；議會審查無神論著作，也將他列入名單，霍布斯便燒毀了自己的一些文章，並將許多著作推遲出版。他的警覺謹慎得到了報償，是以倖免於難——80多歲時，仍能以韻文翻譯《伊利亞特》（Iliad）和《奧德賽》（Odyssey）。

社會契約

霍布斯政治哲學的基礎，乃是一種機械主義的自然論：宇宙，包括人類，是一部巨大的機器，依據自然法則運行。物理科學解釋自然世界，自然世界各組成部分是互動的，同樣的方法也可以解釋社會；人猶如微粒，在其自然狀態下，彼此往返碰撞，不會想到合作。在這種混亂、野蠻的狀態下，每一個單個的人都懼怕他的同伴；社會帶來秩序，這意味着，作為回報，個人要放棄全部的自由，以便彼此之間獲得安全。這種秩序，只有當一個小集團強行實施，或者個人願意實施的時候，才成為可能。這樣的絕對權力，霍布斯把它比為利維坦（Leviathan），即《聖經・約伯記》中的龐然海怪。換言之，社會之功用，乃是將人從共同的恐懼中解放出來，而它發揮這樣的功用，有賴社會成員之間建立契約，根據這契約，人們屈從於君主，作為回饋，人們也在亂世中得到祐

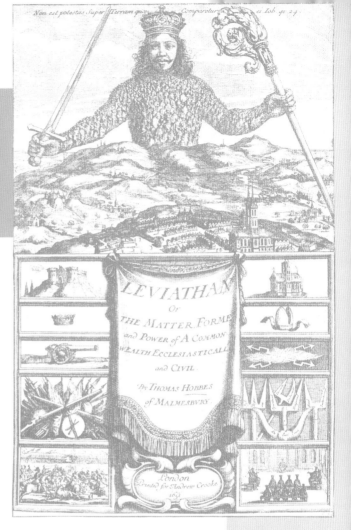

隻。這種亂世，便是自然狀態，它不是歷史狀態，而是一種永恆的威脅。其他主張社會契約的人，比如**洛克和盧梭**，都藉以反駁專制君主制，而霍布斯卻用它來為君權辯護，實在有些特立獨行。

盡管霍布斯是以政治著述知名，其哲學興趣卻很廣泛，正如其《對笛卡兒<沉思錄>的第三組詰難》所顯示的。他的形而上學和方法論觀點近似**伽桑狄**，主張唯物論和經驗論，但比伽桑狄走得更遠，將神性也納入唯物論中，以為上帝不過是一個更高尚的物質存在而已。其宗教觀點也以其他的方式表現得遠不如伽桑狄傳統，主張宗教寬容（除了對天主教外），主張廢除國教制度，是以有人稱之為無神論者，更譏稱之為"馬姆斯伯里的野獸"。

語言與世界

霍布斯還提出了一種反實在論的觀點，認為世界的本質，與人對詞語和思想的認識是兩碼事兒；真理和謬誤關注人的陳述的排序，而不是人所說與世界存在方式之間的關係。這一觀點，衍自其唯物論，因為他是根據大腦中的物理運動來解釋人的思想——儘管他承認這樣的運動起源於外面世界的運動。這裡也糅進了社會契約理論，因為詞語的初始定義必須是約定俗成的。

霍布斯對語言進行了認真的思考，語言之誤用是其關注的中心之一。他認為很多重大錯誤之出現，是因為人們沒有辨別語言結構與邏輯結構（因此，在一個語言群中看似哲學問題的東西，在另一個語言群中根本不會出現）。

思想簡括：

人同意被統治，以換取彼此保護。

馬林・梅森 Marin Mersenne

生：1588年，瓦茲，曼恩地區	卒：1648年，巴黎

術業：數學、自然科學

師承：奧古斯丁

嗣響：笛卡兒

著作舉要：
《對笛卡兒<沉思錄>的第二組和第六組詰難》（*Second & Sixth Sets of Objections to Descartes' Meditations*）、《反對懷疑論者和皮浪主義者的科學真理》（*The Truth of the Sciences against the Sceptics or Pyrrhonists*）、《論自然神論者的不虔誠》（*The Impiety of the Deists*）

人是否知道，根據自然法則，如果驢鳴之於驢很是快樂，那驢鳴是不是就比不上人的音樂充滿愉悅呢？
《反對懷疑論者和皮浪主義者的科學真理》，2

梅森出身貧寒，父親是一個苦力。他起初在拉弗累舍從耶穌會修士讀書，後來在索爾邦神學院研習哲學，1611年加入米尼姆會——這個修道會自認是教會中最無足輕重的一群，是以自名。在米尼姆修道會，梅森繼續讀書。在被任命為牧師後，1614年至1618年間，他在訥韋爾的一處女修道院教授哲學。後來回到巴黎，成了當時知識界的重要人物，不僅在當地頗負聲名（當時的傑出學者，如皮埃爾・德・費馬<Pierre de Fermat>、**皮埃爾・伽桑狄**和布雷茲・帕斯卡<Blaise Pascal>，都在他的斗室中聚會），而且與外地廣有書信往來，因而名揚異域。

梅森作為一名數學家、音樂家、自然科學家、神學家和哲學家，都很重要。他向克里斯蒂安・惠更斯建議使用鐘擺計時；他測量了音速，與現代測量的數據誤差10%；他計算了音符的震動頻率；翻譯並注釋了伽利略的著作，還自己動手從事科學研究，把伽利略的研究介紹給意大利以外的地區；他還是**笛卡兒**的良師益友，不僅在笛卡兒受到攻擊時為之辯護，而且在笛卡兒似乎有可能出現偏差時，鼓勵這位弟子重新回到哲學和自然科學研究，還幫助這名弟子出版研究成果。笛卡兒在回應《沉思錄》受到的各種詰難時，很尊重梅

思想簡括：

梅森是17世紀的信息交流樞紐，將哲學家和自然科學家連接了起來。

森提出的意見（事實上，梅森不僅負責撰寫了第二組和第六組詰難，而且敦促並親自收集了除第一組以外的所有詰難）。

梅森的早期著作，集中批評無神論和懷疑論，但後來轉向哲學，尤其是自然科學和數學（在數學領域，他以研究素數知名，提出當n為素數時，2n-1也是素數，是為"梅森素數"）。他在這些領域的研究很有意義，對同輩和後學均有巨大的影響，但其最大的成就，無疑是他在推動哲學和自然科學研究，以及組織交流網絡方面發揮了重大作用。當他去世時（他死在朋友伽桑狄的懷裡），人們在他的斗室裡發現了他與78人的通信，其中包括費馬、惠更斯、伽利略、托里切利（Evangelista Torricelli）和約翰・佩爾（John Pell）。藉助這個龐大的交際網絡，他參與了建立新式自然科學，參與了抨擊占星術之類的迷信，他還提出富有洞見的疑問和評論，啟發了周圍的科學家、數學家和哲學家。

皮埃爾·伽桑狄 Pierre Gassendi

生：1592年，香朋特謝	卒：1655年，巴黎

術業：形而上學、自然科學、認識論

師承：德謨克利特、伊壁鳩魯

嗣響：洛克

著作舉要：

《對笛卡兒<沉思錄>的第五組詰難》（Fifth Set of Objections to Descartes' Meditions）、《對亞里士多德的異議》（Unorthodox Essays against the Aristotelians）、《形而上學探討》（Disquisitio metaphysica）、《哲學彙編》（Syntagma Philosophicum）

1631年，伽桑狄成為第一個觀測到水星凌日的天文學家（開普勒作了這一預測）。

伽桑狄先是在迪涅學習，後來在家苦讀，最後在普羅旺斯地區艾克斯和阿維尼翁的大學裡學習哲學和神學，並在此完成學業。1614年，他在阿維尼翁獲得哲學博士學位，1615年被任命為牧師。很早的時候人們就認定他在學術上會很有前途，16歲時在迪涅教授修辭學，19歲時在艾克斯講授哲學。他有點勉強地接受了皇家學院的一個數學教授職位，在巴黎，他遇到了**梅森**，並與之定交，躋身於梅森廣泛的交際網，與伽利略、開普勒以及其他傑出的自然科學家都有書信往來，這促使他對天文學產生了興趣；他長於觀測，在哥白尼體系受到攻擊時為之辯護，極為敏睿（儘管他本人並不完全贊同這個體系）。

梅森鼓勵伽桑狄放棄數學和自然科學，而專研哲學，於是伽桑狄就撰寫了一系列文章，詰難**笛卡兒**的《沉思錄》；他後來將這些詰難予以擴充，收錄在《哲學例言》（Instances）裡，後來編入《哲學彙編》（1644年）。

伽桑狄在很多方面都不贊同笛卡兒的觀點；他們就世界的本質提出的自然科學式的看法，便有很多重大的爭議，除此以外，他們在哲學研究方法和自然科學研究方法的本質方面，也有很深的歧見。儘管和笛卡兒一樣，伽桑狄也反對時行的亞里士多德主義，但他捍衛的是**伊壁鳩魯**，試圖將伊壁鳩魯的哲學融入基督教思想中。這一立場的核心，乃是他對世界所持的機械論和原子論觀點，儘管伽桑狄增加了一個靈魂不滅的觀點，這個靈魂是存在於有形的物質世界之外的。他既反對笛卡兒的二元論，也反對他對於心靈和肉體關係的解釋。

但這兩位哲學家最主要的分歧，還是在認識論方面。伽桑狄特別不贊成笛卡兒懷疑一切，反對他求助於僅由理性獲得的認識。系統的懷疑是可以接受的，但懷疑一切就不可理喻了——事實上，很顯然也是不可能的。伽桑狄認為，亞里士多德主義者和笛卡兒都拒絕求助於盡可能廣泛的哲學家，這實在是一種過失。這些哲學家當然包括伊壁鳩魯，但也包括柏拉圖、德謨克利特以及其他古代哲學家。笛卡兒拒絕接受亞里士多德主義者的權威地位，卻在另一個方向走得更遠，企圖單槍匹馬地完成一切事情。而伽桑狄的觀點成熟些，認為理性儘管不可或缺，但所有的知識一定是從感覺開始的。

思想簡括：

世界是一個機器，我們應該藉助觀察以瞭解它。

若內·笛卡兒 René Descartes

| 生：1596年，海牙 | 卒：1650年，斯德哥爾摩 |

術業： 形而上學、認識論、自然科學、數學

師承： 柏拉圖、亞里士多德、安塞姆、阿奎納、奧康姆、蘇阿雷斯、梅森

嗣響： 後世所有的人

著作舉要：

《方法談》（Discourse on the Method）、《形而上學沉思錄》（Meditations on First Philosophy）、《哲學原理》（The Principles of Philosophy）

笛卡兒是生理反射理論的先驅。他認為，人的身體有一個自動反應的機制。如下圖所示，火焰發出熱，從熱量產生的那一點開始，運行到達肌肉，肌肉又將手縮回，遠離火焰。

和**馬林·梅森**一樣，笛卡兒也是在拉弗累舍的耶穌會公學接受教育，後來他又研習法律，但實際上從來沒有從事過法律的行當；而是改行投筆從戎。在行伍生涯中，他曾駐紮紮尼德蘭和巴伐利亞，也正是在巴伐利亞，他意識到了自己的哲學重任：不只是要為哲學添磚加瓦，而是要從基本的原理着手重建哲學。其餘生的大部分時間都住在尼德蘭，部分原因是害怕法國天主教當局迫害他（這一擔心可能沒有多少事實根據）。在尼德蘭期間，他寫下了他的大部分著作，以此聲名遐邇。53歲時，他接受瑞典克莉斯汀娜女王（Queen Christina）的邀請，到了斯德哥爾摩，此前他已經與女王有書信往來；由於氣候嚴寒，加上他經常被要求早起侍奉女王，一年後便與世長辭了。

笛卡兒不僅是哲學家，還是數學家和自然科學家；他發表的一些著作對光學、幾何學、生理學和宇宙論都有重要的貢獻（但鑒於伽利略的遭遇，他撤回了自己的《世界》<The World>，不予出版，他在書中對太陽系的起源和運行提出了自己的解釋），其中以在數學領域做出的貢獻最大；他發明了很多數學準則，至今仍在遵循（比如，使用指數表示冪，即2^3之類），並為我們留下了笛卡兒坐標系，使平面上的直線和曲線得以用數值來表達。

思想簡括：

笛卡兒是近代哲學之父。

確定性

然而，笛卡兒最最重要的著述，還是在哲學領域。其龐大的研究，也就是從頭重建哲學，在其處女作《認識的方向諸原則》（Rules for the Direction of the Understanding）中便初見端倪（他從來沒有完成這部著作，也只是在他死後才出版）。在這部書中，他闡明了他的基本原則，即：哲學的標準應該與數學的標準一樣——也就是確定性。至於如何才能達到這個標準，他在後來的幾部書裡作了進一步的闡述，尤其是1637年出版的《方法談》（這部著作起初只是為了介紹他的一部自然科學研究文集）以及《形而上學沉思錄》（1641年）。後一部著作在出版前，他曾寄給許多立場各異的哲學家，包括**梅森、伽桑狄、阿爾諾和霍布斯**，他們的詰難，連同笛卡兒本人的辯答，都收錄在該書的第一版裡。

懷疑

笛卡兒哲學研究的基礎，乃是懷疑法：他謹慎地審視他的每一個觀點，根據他獲得這些觀點的方法對之進行分類，殫精竭慮我思故我在"

我思故我在"是笛卡兒著名的口號,它很
容易讓人誤解,並沒有表達出笛卡兒實際
上想說的觀點。他在《沉思錄》中對此作
了修正,另行表述為:"任何時候,我提
出'我在'這一觀點或者在心中體驗到
它,它必然為真。"

笛卡兒尋求重建哲學,集中
關注真正的、確定的知識,
是以將認識論作為出發點。

也尋找懷疑它們的理由。一旦他沿着這一
程序盡可能地深入,他傳下的任何觀點都
應該是經受得住質疑的。但事實上,經受
得住考驗的觀點只有一個,那就是他自己
的存在,但這奠定的,並非他確定無疑、
精心營造的知識體系的基礎,而是他賴以
建立這一體系的堅實的理由。

上帝

但為了繼續他的探討,笛卡兒需要確立某
種客觀的事物獨立於他自己而存在,因此
他需要上帝;不幸的是,這正是他的研究
失敗之處。他為上帝的存在提供了兩個論
證,一個是宇宙論論證,另一個是形而上
學論證;但兩個都不堅實,人們對其研究
本身的興趣也就到此為止。然而,不管這
個研究在整體上是成功抑或失敗,他還是
提供了很多有價值的東西,包括其關於心
靈－肉體二元論的觀點以及相關討論。

二元論

笛卡兒的二元論,是其思想體系中經常遭
到錯誤理解和錯誤表述的一個方面。所有
的批評都是信口雌黃,毫不嚴謹,事實上
他沒有說過人只是心靈的,人只是把肉體
當作某種暫時的工具(機器裡的靈魂)來
使用之類的觀點。而是認為,每個人都是
心靈和肉體複雜的結合,對於感知、記

憶、想像以及激情之類至關重要的東西來
說,心靈和肉體都必不可少。簡而言之,
笛卡兒認為,心靈和肉體之分別存在,在
邏輯上是可能的;任何事物都不能與它自
身分離開來,因此,心靈與肉體不能是同
一事物。這一論證很深奧,也很有力,那
些貶低他的人,往往對此視而不見,或者
冷嘲熱諷,而不是予以正視對待。

動物

最後還有一個不實之辭應予澄清(在所有
的哲學家中,笛卡兒肯定是最經常受到莫
須有的批評指責的人):他並不認為非人
類的動物僅僅是沒有感覺能力的自動機
器。他的觀點通常都很複雜,但他在1649
年寫給亨利‧摩爾(Henry More)的信中
明明白白地說:"我們不能證明動物有思
想,這一點我認為是確定的,儘管如此,
我也並不認為我們能證實它們沒有思想,
因為人類的意識到達不了它們的內心。"

良好的感覺能力是世
界上分配得最好的事
物:因為每個人都認
為自己極好地秉持這
一能力,即便很難對
其他事物產生興趣的
那些人,通常也不希
求超出他們已有的更
多的能力。

《方法談》,AT VI 1-2

安東尼·阿爾諾 Antoine Arnauld

生：1612年，巴黎	卒：1694年，布魯塞爾

術業：邏輯學、語言學、形而上學

師承：奧古斯丁、笛卡爾、帕斯卡、馬勒布朗舍

嗣響：萊布尼茲、李德、喬姆斯基

著作舉要：

《對笛卡兒<沉思錄>的
第四組詰難》（*Forth
Set of Objections to
Descartes' Medi-
tations*）、《邏輯學，
或思考的藝術》
（*Logic, or the Art of
Thinking*）（與皮埃
爾·尼科爾合著）、
《論正確與錯誤的思
想》（*On True and
False Ideas*）、與萊布
尼茲往來的書信

*我來自某某國家，因
此我應該信仰某位聖
徒傳播的福音……不
管你出身哪個階層，
來自哪個國家，你都
應該信仰正確的東
西，以及你樂意信仰
的東西——如果你來
自另一個國家的話。*

《邏輯學，或思考的藝
術》，*III, 20, i*

阿爾諾出身望族，就學於索爾邦神學院，
獲得博士學位，並於1641年被委任為牧
師。他的家族都是詹森派教徒，反對耶穌
會，阿爾諾承襲了家人的這一立場，在其
《論親密的教派》（On Frequent Communion，
1643年）一書中為詹森派辯護。這最終導
致他被剝奪了博士學位，並於1656年被驅
逐出索爾邦神學院。他到位於波爾羅亞爾
的詹森派女修道院尋求庇護，他的姐姐在
那裡擔任院長，直到她的教團遷往巴黎。

在波爾羅亞爾，阿爾諾和皮埃爾·尼科爾
（Pierre Nicole，1625-1695年）合作，寫了
他最有名的著作：《邏輯學，或思考的藝
術》（1662年），通常被稱為《波爾羅亞爾
邏輯學》。該書意圖有四：闡述笛卡爾的
認識論、形而上學和物理學；抨擊經驗論
者如**霍布斯**和**伽桑狄**等人的觀點；批駁蒙
田的懷疑論；闡述詹森派教徒在諸多問題
上對正統天主教（以及新教）教義的回
應，這些問題包括天恩和意志自由。這本
書討論的議題很廣泛，包括邏輯學、語言
學、認識論、物理學和形而上學，儘管它
的大部分內容並非很有原創性，它還是產
生了巨大的影響，一直到19世紀末都還被
當作大學的規範教材，一些近代學者也將
它視為第一部真正的近代語言學著作。

1669年，教皇克萊門九世（Clement IX）

思想簡括：

**阿爾諾主要是催化了
其他人的哲學。**

試圖結束詹森派和耶穌會之間的爭鬥，同
意停止對詹森派教徒的迫害，作為交換，
詹森派教徒順服於教會當局。阿爾諾返回
巴黎，似乎過了一陣子的平靜生活，重新
獲得政、教兩界的敬重。然而，在他閉門
寫作抨擊新教一段時間後，他最後還是忍
不住在文字中攻訐耶穌會，1679年被迫逃
往比利時。

在比利時，阿爾諾與萊布尼茲往來通信，
討論一些重要的形而上學觀念，這便是**萊
布尼茲**《形而上學論》（Discourse on
Metaphysics）的源頭；標誌着萊布尼茲的
哲學研究進入了一個重要的階段。事實
上，阿爾諾參加這場書信討論有點勉強，
這個時期他更關注自己的宗教研究。其
間，他挑起了一場與**馬勒布朗舍**的激烈論
爭（兩人曾經是朋友）。在《論正確與錯
誤的思想》（1683年）中，他抨擊馬勒布
朗舍關於天恩的解釋，以及萬物皆在上帝
之中的觀點。兩人的爭論不僅僅是激烈，
而且調動了一些哲學以外的政治伎倆，直
到阿爾諾去世，這場爭論才平息。

概述
心靈與肉體

心智哲學關注的重心，是人們關於心靈的認識以及心靈在物質世界的地位。具體來講，西方哲學強調的是所謂的心靈－肉體問題——也就是心靈與物質世界的關係問題。對此問題，主要有兩種態度，一是二元論，一是一元論，前者認為心靈和肉體是不同的東西，二者屬性各異，而後者則認為心靈和肉體其實只能是一種東西，也只有一種屬性。儘管有一元論者（最著名的當屬**貝克萊**）聲稱這惟一的東西便是精神，但常見的立場則是唯物主義的，或曰物理主義的。

二元論

在**柏拉圖**看來，心靈是人的一部分，是不滅的；與肉體相反，它往往是永恆的、不變的，承載着永恆的真理。**亞里士多德**則試圖依據靈魂的不同官能，諸如植物的營養成分和再生能力，動物的運動、感知和理解能力，人類的想像力等，對靈魂作一個可以稱為自然主義的解釋。然而，人所以有別於其他動物，乃是有了努斯，或曰知性，這是人永生不滅的部分。**笛卡兒**則根據兩者的本質屬性，將心靈和肉體區別開來：心靈的本質是思考，肉體的本質是廣延。這樣將心靈和肉體分析為不同的實體，而兩者沒有共同的屬性，比較接近柏拉圖的解釋，與**亞里士多德**的說法則有差異。

斯賓諾莎關於心靈的理論，通常被稱為一元論，與笛卡兒的二元論相對。然而，這種說法很容易引發人的誤解，因為斯賓諾莎在形而上學方面是主張二元性這一根本法則的。在斯賓諾莎看來，心靈和肉體並非單個的實體，而是惟一實體（指神或者自然）的樣式，具備思維和廣延的屬性。每一種屬性，並不意味着一種談論惟一實體的方式，就每一種屬性本身而言，它是絕對不能減縮的，與另一屬性也迥乎不同。心靈和

使我們與動物區別開來的，是我們的知性嗎？

肉體，都與這惟一實體相關聯，這是一種依賴性的關聯，既互為因果，又可以解釋。

物理主義

與各種各樣的二元論相對立的，是各種各樣的關於心靈的唯物主義／物理主義主張。20世紀初，出現了行為主義學說，宣稱所謂具有一個心靈，就是傾向於以某種方式作出行為；或者說，從哲學或邏輯分析的角度，任何關於心靈的主張都可以解讀為關於行為的主張。這樣一種學說，試圖單純地從理論家的外部角度來解釋心靈，其結果必然導致荒謬，令人難以在緘默中忍受。在某種程度上，行為主義被物理主義所取代，物理主義認為，意識或精神現象其實就是物質現象，是大腦之類的物理或生物系統的產物。有人提出了一種不一定正確的說法，即：心靈或許是有的（也就是說，笛卡兒的二元論假設是可以理解的），但事實上心靈被證明是不存在的。

在目前關於心靈的理論中，唯物主義居於主流，它有各種形式：比如非還原唯物主義就認為，儘管兩者不過是一種東西，就說是大腦吧，但我們用來描述它的詞彼此是不可還原的。因此，儘管“痛”這個詞和“大腦處理”這個短語指的是同一事物，但精神角度的描述和物理角度的描述還是遵循不同的規則。非還原主義還有一個特徵，並且功能主義竭力維護這一特徵，即心靈在任意一個輸入與輸出網絡及多樣化的親身體驗中，發揮着官能性的作用，這使得心靈具有了個性，不論是在生物系統中，還是在複雜的矽片系統裡。

王夫之 Wang fu-zi

生：1619年，衡陽　　　　**卒**：1693年，不詳

術業：倫理學、政治學、形而上學、認識論

師承：孔子、張載、朱熹

嗣響：顏元、戴震、譚嗣同、唐君毅

著作舉要：
《船山遺書全集》

道者器之道，器者不可謂之道之器也。……老氏瞀於此，而曰道在虛，虛亦器之虛也。釋氏瞀於此，而曰道在寂，寂亦道之寂也。淫詞炙輠，而不能離乎器，然且標離器之名以自神，將誰欺乎？

《船山遺書全集・周易外傳》繫辭上傳第12章

王夫之（即王船山）生於明末湖南士族。24歲時中舉，而滿洲已侵犯中原，不數年又建立清王朝。王夫之歷事南明諸帝，投身抗清鬥爭，後隱遁山林以避滿人緝拿。他寫了一百多部著作，其中很多都散佚了。

王夫之崇奉儒學，但認為當時佔主導地位的理學歪曲了真正的儒家教義；因此他遍注儒家諸典，僅《易經》便注釋了五次，從中建立了自己的哲學體系。

王夫之的形而上學觀點，是一種唯物論；天地間惟"氣"存在，而儒家的基本範疇"理"不過是"氣"變化的原則，"理"本身並不存在。由於"氣"始終存在，便有了天地萬物。這導出一種倫理學觀點，以為道德與志節是人設定的，"天"本身並沒有志節。人性即人生來稟承的物質本性，縱其一生都在經歷變化——這些變化源於人作為道德存在與其他物質客體的關係，而這種關係很大程度上就是"慾"，"慾"並不是惡的，而是不可避免的，甚至體現了"仁"；惡肇起於中庸之缺乏，而不是源於世界的物質本性。人的道德根植於人性，根植於人的感情。

王夫之強調既需要藉助"學"由感性獲得的知識，也需要藉由理性獲取的知識；兩種知識都是慢慢地獲得的，因為知行合一，而行又是知的基礎。

思想簡括：

人生活在物質世界中，應該厚今而薄古。

由王夫之的政治和歷史著述，可以大致瞭解他在近代中國受到歡迎的原因。他主張增加稅收以削弱地主豪紳的勢力，鼓勵擁有土地的農民。政府理為治下的人民謀取福利，而不時讓官吏中飽私囊。歷史自身是不斷更新的；人類文明逐漸地進步，而不是循環反覆的，這是君與民信奉仁義道德的結果。不論歷史循環反覆，還是更迭進步，都不關"天命"的事，而是個人和社會的自然法則運行的結果。並沒有什麼盛世人們必須去趕超（甚或仿效）。

安妮·芬奇·康韋女勳爵 Lady Anne Finch Conway

生：1631年	卒：1679年

術業：形而上學

師承：柏拉圖、柏羅丁、霍布斯、摩爾、笛卡爾、斯賓諾莎

嗣響：萊布尼茲

作舉要：

代及近代哲學諸原
》(The Principles
the Most Ancient
d Modern
ilosophy)

·當形而下的物質
裂後，就會被驅
成為物理單子，
它形成的第一個
段，並且準備好恢
它的活動性，變成
重，就像我們的食
所經歷的變化一

《古代及近代哲學諸原
理》，第三章，S. 9

安妮生於1631年，出生前一個星期父親賀尼基·芬奇（Heneage Finch，下議院議長）便已去世，她在家裡讀私塾，學會了拉丁文（後來又學會了希臘文和希伯萊文），專心學問，如飢似渴，聰敏智睿。信奉柏拉圖哲學的亨利·摩爾曾輔導安妮在劍橋讀書的一個哥哥，於是她藉此與摩爾通上了信，討論笛卡兒的哲學。兩人的通信一直持續到安妮於1651年嫁給愛德華·康韋（Edward Conway）之後，但兩人的關係已經由師徒關係變為平等的關係。

康韋經歷了一個非同尋常的思想歷程——不僅對一名女子來說是這樣，對17世紀英格蘭的每個人都是如此。除了受笛卡兒哲學影響外，她還受到以撒·路利亞（Isaac Luria，1534-1572年）創立的猶太神秘哲學以及貴格主義（當時人們對這一教派普遍地厭憎和畏懼）的影響，康韋就皈依了貴格教派。她的哲學思想還有另外一個重要來源：她自己身體上的病痛。打年輕時起，她便為頭痛所折磨，死去活來，以至她都準備採取極端的措施（包括在頭顱上鑽孔——但沒有人敢做這樣的手術，因此她便讓人切開了她的頸動脈），但都徒勞無功。這病痛影響了她的哲學思想，她對建立一種神正論非常上心——試圖將仁慈的上帝之存在與世界上病痛與其他的惡之存在協調起來。

她惟一的哲學著作是在她死後出版的，這一著作本身也是歷經曲折。它可能是在1671年至1675年間寫成的——原文為英文，初版於1690年，為拉丁文譯本。1692年準備出版英文版時，書名即定為《古代及近代哲學諸原理》，而且不得不從拉丁文版翻譯過來，因為原稿已經丟失了。其形而上學的中心觀點是精神一元論，並根據基督教的柏拉圖主義進行了改造，認為：世界起初是一種精神流溢，但後來衰退了，呈現出一些物質性的特徵。因此，精神和物質是同一實體的兩種形式或狀態，終有一天會回歸到純粹的精神狀態。這形成了她的神正論基礎；她認為，世間萬物都能改進，都能從最物質的狀態（如石頭）提升為最精神的狀態（如人類）；上帝的善就體現在這樣的創世之中，世界最終能夠提升自己，不是達到神的層次，而是達到天使的層次。

思想簡括：

世界只有一種特性——精神特性——在衰落時會淪為物質性，但最終會重新獲得其純淨的狀態。

巴魯赫·斯賓諾莎 Baruch Spinoza

生：1632年，阿姆斯特丹	**卒**：1677年，海牙

術業：倫理學、認識論、形而上學

師承：伊本·西拿、邁蒙尼德、尼古拉斯·克萊夫茨、霍布斯、笛卡兒

嗣響：康韋、康德、黑格爾、戴維森

著作舉要：

《神學政治論》
（*Tractatus Theo-logico-Politicus*）、
《倫理學》（*Ethics*）

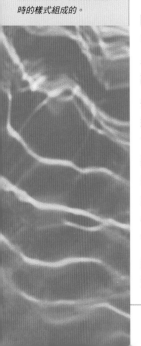

在斯賓諾莎關於一元論的論證中，湖面的漣漪生動地表明，人類世界是由構成世界的惟一實體各種暫時的樣式組成的。

思想簡括：

人有一種基本的道德義務，對自己能夠理解和認識的萬物，應該增加理解和認識。

斯賓諾莎名巴魯赫，又名本尼迪克特·德（Benedict de），出生於阿姆斯特丹，是一名猶太人，其家因尼德蘭的宗教寬容政策，遂離開西班牙，遷居於此。他接受的是猶太人的傳統教育，精通猶太和阿拉伯的哲學以及神學，但後來日益受到近代理性主義哲學及自然科學的影響，霍布斯和笛卡兒的著作對他影響尤深。他的思想與傳統的猶太教思想漸行漸遠，1656年被革出猶太教教門。他也設帳課徒，但主要以磨鏡為生。他與讓·德·維特交好，而維特又是奧蘭治世家的政敵，這使得他捲入了公共事務；儘管他捲入不深，但還是身陷危難的境地——維特死於暴徒之手後他曾去抗議，他也曾同意擔任低級使節出使入侵尼德蘭的一支法國軍隊，兩次公務都讓他面臨危險。

他在生活中剛正不阿；他生活清貧，卻拒絕了海德堡大學的一個教授職位，也辭謝了法國國王的賞金，這兩次都是因為他想避開喪失其思想獨立性的風險。所有的記述，都不僅映證了他的方正，也映證了他的淳樸、勇氣和個人魅力。他去世時年僅45歲，死於肺病，這可能是他經年磨鏡的後果。

斯賓諾莎早期的哲學著作很受人敵視，特別是《神學政治論》（1670年），該書主張寬容，研究《聖經》的方法也不合乎正統，還為世俗的政權辯護，這讓政治當局和宗教當局都很不快，也招致笛卡兒主義哲學家的攻擊，都試圖跟他劃清界限。他對這些敵視的回應一般都不卑不亢，但也注意避免引發更多的敵意和不安；因此，其經典之作《倫理學》一直等到他身後才出版。《倫理學》一書採用了歐幾里德《幾何原本》（Elements）的表述方式，以數字標示定義、公理和定理，並且每一個都得到證明。這些許讓人誤解：斯賓諾莎本是想使得哲學像數學一樣清晰、有條理，但事實並非如此。因此，《倫理學》必須仔細地讀，一絲不苟地讀。

實體一元論，特性二元論

斯賓諾莎的哲學體系，從論證一元論開始——單一的實體之存在，可以根據不同的屬性進行理解，根據其廣延屬性，我們可以把這一實體稱作世界，但根據其思維屬性，我們則稱之為神。（正是這一泛神論

什麼是泛神論？

泛神論也是一種信仰，認為神即萬物，萬物皆神。一些哲學家如叔本華都拒絕考慮這種信仰，認為它將"神"等同於"世界"，純粹是多此一舉。泛神論不同於泛心論（即認為萬物都是有生氣的，或者說都有思維），也不同於萬有在神論（即認為世界便是神，但神並不僅僅是世界）。

觀點，使得斯賓諾莎有時被指責為無神論者，有時又被指責為"溺神"）。個別的事物，都是這惟一實體暫時的樣式——正如結之於地毯，漣漪之於湖水。實體作為一個整體能根據思維屬性或者廣延屬性予以理解，其各種樣式也是如此，因此每一個個體既是物質的事物，也是精神的事物。對人來說，這意味着人既是心靈的，也是肉體的，但兩者並非（如笛卡兒主張的那樣）是迥然不同的事物——它們是根據不同屬性呈現的同一事物。因此，斯賓諾莎的觀點有時又被稱為屬性二元論，與笛卡兒的實體二元論或笛卡兒二元論相對。

這一哲學觀點，部分肇始於斯賓諾莎接受了當時廣泛認同的一個看法，即對實體二元論有一個疑問：也就是說，兩個不同的實體，其屬性沒有共同之處，它們如何能以因果關係相互作用呢？（但事實上，因果關係對笛卡兒二元論來說是不是一個問題，根本不清楚。）在斯賓諾莎的哲學體系中，相互作用不僅是不可能的，而且沒有任何意義，因為根本不存在兩個互動的事物。20世紀，由他的觀點發展出一種現代學說，稱為複式理論，但是這一理論並不限於討論心靈－肉體問題，而是像在斯賓諾莎哲學體系中一樣應用於整個世界，同時應該強調的是，在斯賓諾莎看來，毫無疑問，屬性並非僅僅是指事物的一個方面。

認識論

知識有三種：通過感官獲得的知識，藉助推理獲得的知識，以及通過直觀獲得的知識。感官影響外在事物改變人的肉體的方式；只要我們小心謹慎，不要臆斷世界真的是我們感知的那個樣子，我們的信仰就會是正確的，但如果我們漫不經心，就會導致錯誤。推理產生真的知識，因為它引發的是理解，而不僅僅是信仰。直觀也是一樣，但它之產生效力，乃是因為抓住了事物之間的聯繫，而不是藉助推斷。事實上，只有數學知識能藉助直觀獲得；其他的知識都得倚賴推理。

神，是存在的萬物，具備全部的知識（或者它本身就是全部的知識）；作為人，我們的目標應該是盡可能地增進我們的知識，因為我們獲得的知識越多，我們便離上帝越近，我們便越自由。

讓·德·維特（Jan de Witt）是斯賓諾莎的親密朋友，是荷蘭政治家和各種自然科學研究的贊助人。作為共和黨領袖，他成了奧蘭治世家的頭號政敵。公眾情緒後來轉向反對他，而喜愛奧蘭治的威廉（William of Orange）。維特辭職，逃脫了叛國的指控，但還是在到獄中探視他的弟弟科尼利厄斯·德·維特（Cornelius de Witt）時死於一名暴徒之手。

心靈和肉體是合二而一的，這同樣的個體，一個具有思維屬性，一個具有廣延屬性。

《倫理學》，II, prop.7

約翰·洛克 John Locke

生：1632年，靈頓，薩默塞特	**卒**：1704年，奧茨，埃塞克斯

術業：政治學、認識論、自然科學

師承：亞里士多德、奧康姆、霍布斯、笛卡兒、伽桑狄、馬勒布朗舍

嗣響：貝克萊、孟德斯鳩、李德、休謨、盧梭、康德、羅爾斯

著作舉要：

《人類理智論》(An
Essay concerning
Human
Understanding)、
《政府論》(Two
Treatises on
Government)

羅伯特·玻義耳（Robert
Boyle，1627-1691年）是
洛克的自然科學導師，對
自然界持一種機械論的觀
點。洛克與玻義耳的互動
深刻地影響了《人類理智
論》。

約翰·洛克的父親是一名鄉村律師，曾參加議會黨人的軍隊，任騎兵上尉；在約翰年輕的時候，父母便雙雙去世。他先後就讀於威斯敏斯特學校和牛津大學基督教會學院，1659年被選拔出來授予學者資格；在該學院教授了三四年的希臘語、修辭學和道德哲學。然而，他發現當時教授的傳統的、亞里士多德主義式的哲學並不對他的口味，便接着學習醫學，最終在1674年獲得了一個醫學學位，一年後被授予醫學學士學位。儘管有資格行醫，但他並沒有正式掛牌出診——這使得他的生活發生了一個重要的變化，他成功地為夏甫茲伯利伯爵（Lord Shaftesbury）做了一次手術，遂成了伯爵家的顧問、醫生和朋友。夏甫茲伯利伯爵是個有影響的政治家，能夠為洛克安排各種各樣的政府職位。然而，夏甫茲伯利伯爵後來失勢，洛克不僅失去了一個有力的資助人，還感受到嚴重的威脅，便離開英格蘭，到了法國。有好幾十年的時間，他因為反保王黨的主張實在受盡了冷落，他也可能因此變得謹慎起來。

夏甫茲伯利伯爵重新短暫得勢時，洛克[回]到英格蘭，但很快又被迫離開，這次是[逃]到尼德蘭，在此客居五年，後來威廉和瑪麗登極，他才最終回到英格蘭。客居尼德蘭期間，他寫了《論宗教寬容》(Letter o[n] Tolerance)，並完成了其最重要的兩部著作，均在他返回英格蘭後於1690年刊行：《人類理智論》和《政府論》。

英格蘭的新國王委任洛克以許多政府職位。他在埃塞克斯定居下來，住在達瑪里斯·瑪沙姆（Damaris Masham）的宅子裡，並於72歲時在這裡去世，可能是因應威廉國王之召趕赴倫敦，染疾致死。

自然科學

洛克的哲學興趣大致分為三個部分：政治哲學、認識論和科學哲學。在科學哲學方面，他很受他的朋友、愛爾蘭科學家羅伯特·玻義耳的影響，他幫助玻義耳做實驗，並在其《人類理智論》中為玻義耳的物質微粒理論辯護。根據這種理論，每個有形的事物都是由亞微觀的、不可分的微粒組成的，一個客體的所有屬性都是組成它的微粒排列的結果。客體的屬性或質，主要有兩種：主要屬性和次要屬性。它們都是客體在人的頭腦中產生觀念的動力，但是，這觀念是由組成客體的主要屬性產生的，而不是由次要屬性產生的。

督教會學院的"學者"其實就是該學院的研究員——也就是
，是學院管理層的一員，有傳道授業的責任。在洛克的時
，這樣的資格是終身的（或者直到這名學生結婚），但洛克
學者資格在1684年被國王褫奪，當年他就流亡到尼德蘭。

牛津大學基督教會學院

要屬性存在於時間和空間之中，是定量
（比如，大小和形狀），而次要屬性在
空中並不存在，它是定性的（比如，顏
和味道）。次要屬性倚賴客體微粒主要
性的排列，也有賴於感知方微粒的排
，（就視覺和聽覺而言）微粒組成光線
空氣。當然，微粒本身具有主要屬性，
不具有次要屬性。這一區分，比伽利略
笛卡兒著作中所作的區分複雜一些；伽
略和笛卡兒將次要屬性視為主觀的，僅
存在於觀察者的意識中（因此自然科學
它並沒有興趣），而洛克則主張，所有
屬性都是客觀的，確確實實是世界的一
部分。

笛卡兒，他在本
質上還是一名笛
卡兒主義哲學
家，採用笛卡兒
提出的方法研究
哲學，並將笛卡
兒的許多觀念當作自己的出發點。

知識

洛克認為，所有的知識，都來自感覺：不
可能存在天賦觀念，也不可能存在上帝在
我們出生時賜予我們的觀念。相反，我們
每個人在出生時，都是白板，經驗在上面
書寫。他承認人擁有一些天生的能力，比
如推理的能力，但也僅此而已。這並不是
說我們僅能獲得關於我們觀察的事物的知
識；這種想法很荒謬，因為我們毫無疑問
會使用推理能力去超越我們的經驗——比
如，我們關於微粒的知識——但推理不能
代替經驗。在這裡，**伽桑狄**的影響是很明
顯的，但是，儘管洛克在很多方面不贊同

政治學

洛克孜孜於反對君權神授的觀念——這種
觀念對專制君權進行宗教辯護。他從證明
政權如何建立和合法化着手，認為，在初
始的、前政治的、自然狀態的政權中，人
民發現他們需要聯合起來以保護他們的自
然權利。也就是說，需要一些人擔任公正
的裁判官，並捍衛這些權利，裁判官必須
取得人民的同意，而為了獲得這樣的保
護，人民也必須自願放棄他們懲罰錯誤行
為的個人權利。社會就是這樣建立在契約
之上的；如果裁判官違反了契約中的條
款，人民有權利揭竿而起，選擇另一個政
府。

經驗：所有人的知識
都建立在經驗的基礎
上；由此出發，又最
終驅動知識本身。

《人類理智論》，2,i,2

思想簡括：

知識來源於經驗；而宗教和道德
是可以如數學一樣予以證明的。

尼古拉・**馬勒布朗舍** Nicolas Malebran

生：1638年，巴黎	**卒**：1715年，巴黎

術業：形而上學、認識論

師承：柏拉圖、奧古斯丁、笛卡兒

嗣響：洛克、萊布尼茲、貝克萊、孟德斯鳩、休謨、盧梭、康德

著作舉要：

《真理的探索》（The Search after Truth）、《形而上學對話錄》（Dialogues on Metaphysics）、《論自然與神恩》（The Treatise on Nature and Grace）

《禁書索引》是由天主教會出版的書目，開列的圖書被認定有損基督教信仰和道德，天主教徒被禁止讀這些書，違者革除教籍。該書目在1966年正式取消，但1948年以來便已不再公開出版。

馬勒布朗舍是一個大家庭的幼子，飽受脊椎彎曲和身體孱弱之苦，因此一直在家裡讀書，很大了才進入拉瑪什公學，算是首度入學，後入索爾邦神學院研習神學。他不喜歡這個科目（他的老師也認為他資質平庸），儘管完成了學業，他沒有畢業，而是到奧拉托利會繼續深造，1664年被任命為牧師。他的事業非常成功，極富聲譽：1674年任奧拉托利會的數學教授；1699年入選法蘭西科學院院士，很大程度上是因為他的《Traité des lois de la communication du mouvement》（1682年），但他也寫了很多其他很成功的自然科學和數學著作，包括《Réflexions sur la lumière, les couleurs et la génération du feu》（1699年）。

而更重要的是，在被任命為牧師的那一年，他在一處書攤偶然見到了**笛卡兒**的《論人》（Treatise on Man）一書，該書改變了他的生活。讀笛卡兒對他產生的影響，與許多皈依宗教的人描述的很相似，這把他帶進了一個數學和哲學的新世界，而這個世界，一直為當時極端保守的教育所掩蓋。從那時起，他便將畢生精力投入到哲學研究中，依照奧古斯丁的哲學思想發展了笛卡兒的觀點，並反過來又根據笛卡兒的觀點修正了奧古斯丁哲學。三卷本《真理的探索》（1674-1675年）之出版，便標

思想簡括：

世界每天的運行，以及我們對它的感知，都倚賴上帝。

誌着他已經走上了這條道路，可以說，他的後半生都用來發展這本書中提出的思想和觀點，其《論自然和神恩》（1680年）以及《形而上學對話錄》（1688年）尤其如此。他也積極反對詹森教派，參與發動了對**阿爾諾**的漫長且激烈的論爭，從1683年左右一直持續到阿爾諾在1694年去世。很大程度上是因為這一論戰，他的《論自然和神恩》在1690年被列入《禁書索引》，1709年《真理的探索》也被禁。

偶因論

在馬勒布朗舍的著作中，有三個主要的問題具有哲學意義：偶因論、"在神中看見一切事物"和神正論。偶因論現在是其最知名的學說，（和**斯賓諾莎**的屬性二元論一樣）也是為了回應笛卡兒二元論中被廣泛質疑的一個問題：心靈和肉體沒有共同屬性，它們又怎麼能夠以因果關係互動呢？馬勒布朗舍的解決方法是，否定任何有限的、上帝創造的事物——不論是精神的還是物質的——具備能動的、始因的力量；只有上帝是能動的，也只有上帝才能

所謂 "神正論"，總是試圖將作為仁慈、全能、全知的創造者的上帝與人們在世間發現的邪惡進行協調。這一術語是**萊布尼茲**首次提出的，本是其一本書的書名。

……只有上帝才是真因，才真正具有移動物體的力量。

《真理的探索》，6.2.iii

昰始因。球拍擊球，球飛到空中，二者的並撞只是球飛行的偶因，而不是始因；始因的力量乃是上帝的力量。**加札利**也持類似的觀點。這一觀點引起了關於意志觀念的諸多問題，馬勒布朗舍試圖着手解決這些問題，但並不是很令人信服。然而，他關於始因觀念的討論可謂透徹，開啟了休謨的研究。

"在神中看見一切事物"

"在神中看見一切事物" 的學說，是從偶因論觀點導出的。馬勒布朗舍認為，當人的觀念不能由感覺清楚地形成——也就是不能由世界形成時，它們一定來自上帝。因此，儘管笛卡兒正確地把觀念放在人類所有感知和認識的中心位置，這些觀念並非心靈的變型樣式，而是存在於上帝意識中的本體和範型。這一解釋（是對**柏拉圖** "理念" 說的有力呼應），也意在解釋人們關於必然真理和永恆真理的認識，因為，儘管馬勒布朗舍關心的主要是感知，這一理論卻適用於所有的人類觀念（也有一些例外，尤其是關於自我和上帝的觀念），包括使得感知成為可能的普遍觀念。在闡述他的觀點時，馬勒布朗舍審視了各種各樣的變化形態，提出了一套詳細、重要的論證，以反對 "天賦觀念" 的說法。正是 "在神中看見一切事物" 的學說，成了阿爾諾抨擊的中心，儘管阿爾諾反對的主要是馬勒布朗舍關於神恩的解釋。

神正論

馬勒布朗舍的神正論認為，儘管上帝能夠創造所有可能世界中最好的世界（**萊布尼茲**則認為上帝確實創造了最好的世界），但上帝並沒有這樣做，因為這樣一個最好的世界可能要複雜得多，因此與神性鮮有一致。上帝也不能干涉世界以提升世界，因為這意味着上帝改變了他的意識，上帝在本質上是永恆的——他想控制什麼，他就能永遠地控制。因此，上帝無意控制，甚或徑直容許惡；惡——就像善一樣——也是上帝的意志不可避免的結果。

球被球拍打擊後飛行，這是球飛行的偶因，但其飛行的起因乃是上帝的力量。

戈特弗雷德·威廉·萊布尼茲
Gottfried Wilhelm Leibniz

生：1646年，萊比錫	卒：1716年，漢諾威

術業：形而上學、邏輯學、語言學

師承：奧康姆、蘇阿雷斯、霍布斯、笛卡兒、阿爾諾、馬勒布朗舍

嗣響：阿莫、康德、弗雷格、羅素、伊克巴爾、維特根斯坦、斯特勞森、劉易斯

著作舉要：

《形而上學論》、《單子論》（Monadology）、《人類理智新論》（New Essay on Human Understanding）、《神正論》（Theodicy）、《新的自然體系》（New System of Nature）

萊布尼茲和牛頓，到底誰最先發明了微積分，一直有些爭論；答案可能還是牛頓（儘管問題比這複雜得多），但數學家採用的卻是萊布尼茲的一套標注符號。事實上，即便其他的事情他都不做，他在數學領域的研究，包括發明二進制運算，都足以使之青史留名。

萊布尼茲是一名哲學教授的兒子，除了子承父業，他自己還有多種身份：數學家、法學家、歷史學家、自然科學家、外交官、詩人、發明家和宮廷侍臣。他曾就讀於萊比錫大學、耶拿大學和阿爾道夫大學，研習數學、哲學和法律。他拒絕了學術職位，而是在法蘭克福的博因堡（Boineburg）男爵門下謀得了一份差使，同時繼續學習法律，研究物理學，尤其是物體的運動。他在男爵門下幹過各種各樣的活兒；先後當過秘書、圖書館員，甚至政治使節。因這最後一份差使，他於1672年到了巴黎，與許多傑出的數學家、自然科學家和哲學家建立了聯繫，頗有助益，其中包括**阿爾諾、馬勒布朗舍**和惠更斯。次年出使英格蘭，拜見了胡克（Hooke）和玻義耳，向皇家學會示範了他（還沒有完成）的計算器。當年被甄選為皇家學會會員（但他並沒有完成這架計算器）。

萊布尼茲生平最後階段，始於1676年，是年他在漢諾威公爵門下任圖書館長和參議。儘管仍然四處遊歷，也擔任過多種職務，漢諾威還是成了他後半生的家。他的公職多是行政管理，但他仍繼續實施各種研究計劃，既有實用性的，也有純學術性的。在自然科學方面，他試圖使用風力和水力驅動的泵排出礦井裡的水（這個努力失敗了），開啟了地質學領域有影響的研

思想簡括：

世界是根據理性原則構造的，因此理性也能揭示它的秘密。

究；他認為地球起初是一個太陽，後來冷卻時表面才硬化，他還認為化石是生物的殘骸。他還研究力學。其他的工作還包括一個為布倫斯威克（Brunswick）親王制定的龐大計劃：研究威爾夫家族（Guelf，現今英王族的祖先）史，但這個計劃沒有完成，他便撒手人寰了。

萊布尼茲在哲學領域以外的研究，非常廣泛，令人欽佩；他的哲學在很多方面也非同尋常，尤其散見於大量的短小文章裡。萊布尼茲只寫了兩本大部頭的書：《人類理智新論》（約1705年）和《神正論》（1710年）。這兩本書儘管重要，但都不包含描述其哲學體系之類的文字，為此，需要參考他的一些重要的小篇幅著作——特別是《形而上學論》（1686年）、《新的自然體系》（1695年）和《單子論》（1714年）——以及他的一些書信。這書信部分極其宏富；萊布尼茲與六百多人有書信往來，包括當時最著名的自然科學家、數學家和哲學家。其中兩組書信尤其重要：一組是與阿爾諾往來的書信（討論《形而上學論》中的材料），另一組是與薩繆爾·克拉克

彩虹是一個有根有據的現象——它不是幻覺，天空中也確實沒有彩色的弓，但人能體驗到它。

Samuel Clarke）往來的書信（克拉克代表的是牛頓）。

邏輯學基礎

萊布尼茲的哲學體系建立於少數幾條基本原理上，其中最知名的是"充足理由律"和"同一不可辨識律"（有時稱萊布尼茲法則）。前者是說，每一個事實所以是這樣而不是那樣都有一個理由；沒有理由，什麼都不會發生。舉個例子，萊布尼茲認為創世發生在某個時刻而不是另一個時刻可能沒有什麼理由，因此，世界不會是在某個特定的時刻被創造的。後一條定律是說，如果兩個事物是恆等的，他們就擁有共同屬性。與之相關的一條定律，叫"難辨物的同一性"（有時候也稱為萊布尼茲法則，很容易讓人混淆），說的是，如果兩個事物的每一個屬性都相同，那它們就是恆等的——換言之，具有完全相同屬性的兩個相異的事物是不存在的。

單子

萊布尼茲的形而上學，至少就其基本原理而言，很是簡單易懂。**斯賓諾莎**認為，世上只存在惟一實體，而萊布尼茲則認為，世界是由無窮的簡單實體構成的，這種簡單的實體，他稱之為**單子**。這些單子之間沒有因果關係（它們"沒有窗戶，任何東西都不能進出"<《單子論》§7>）事實上，萊布尼茲提出了與馬勒布朗舍所述不同的偶因論，即"前定和諧律"。這就是說，上帝創造了單子，它們的運動和知覺是彼此和諧的，就像兩個精工造就的時鐘一樣，它們總是顯示相同的時間，即便兩者之間沒有因果關係。

有根有據的現象

萊布尼茲闡釋人對世界的正常認識，並非只有上述一種方式；他舉了很多例子說明他所說的"**有根有據的現象**"——這樣的表象，儘管是按照世界真實的樣子建立的，但並沒有準確地表現世界。例如，彩虹儘管不是幻覺，但天空中也確實沒有什麼彩色的弓。同樣地，他聲稱，空間、時間、物體和原因都是有根有據的現象。世界排列的方式確實與人們體驗它的方式**相應**，但這種排列既沒有空間特徵、時間特徵或物質特徵，也沒有因果關係。當然，由於單子之間不存在因果關係，我們事實上體驗不到這些單子排列的方式——每一個單子都完整地表現了整個世界，但這種排列，大多過於混亂模糊，並不能視為知覺，也不能視為知識。然而，理論上講，只要遵循自己心靈感悟之間的聯繫，人還是能夠獲得關於整個世界的知識。

鐘錶匠能造出計時一模一樣的兩個鐘，而兩者之間並沒有因果關係，上帝也是以同樣的方式創造了單子，它們的運動和知覺是彼此協調的。

……如果所有可能的世界中沒有最好的世界，上帝就不會創造任何世界……

《神正論》，第1冊，§8

喬治・貝克萊 George Berkeley

生：1685年，齊爾克林，愛爾蘭	卒：1753年，牛津

術業：形而上學、認識論

師承：奧康姆、笛卡兒、馬勒布朗舍、洛克

嗣響：李德、休謨、康德

著作舉要：

《人類知識原理》
(*Treatise concerning the Principles of Human Knowledge*)、《希勒斯和斐洛斯的三篇對話》(*Three Dialogues between Hylas and Philonous*)

總體來講，我傾向於認為，迄今令哲學家困惑不解且阻遏知識之路的難題，其中大部分，如果不是全部的話，完全是我們自己造成的。人們先揚起一粒塵埃，然後又抱怨，對這點人們往往看不到。

《人類知識原理》，
導言，§3

貝克萊生於齊爾肯尼郡，先是在當地的學校讀書，後入都柏林的三一學院，1707年被選為該學院的研究員，1709年被任命為牧師。他在學期間的哲學研究，首次刊行時，名為《備忘劄記》(Common-Place Book)，後來更名為《哲學點評集》(Philosophical Commentarie)。這很明顯是受**洛克**的《人類理智論》影響；當時的三一學院盛行笛卡兒的哲學研究方法。另外，貝克萊在《哲學點評集》中寫道："我在八歲時是懷疑這些新學說，後來出於本性又喜歡上這些學說。" 25歲前，他已經出版了《視覺新論》(Essay towards a New Theory of Vision，1709年)及其最著名的著作《人類知識原理》(1710年)。

1713年，貝克萊來到英格蘭，在英格蘭出版了《希勒斯和斐洛斯的三篇對話》，隨後又兩次遊歷歐洲大陸。他曾在巴黎與**馬勒布朗舍**討論哲學。

回到愛爾蘭稍微停留了一些時日，貝克萊於1724年重返倫敦，此後的八年裡，他花費了大量的時間施行在百慕大群島建立一所學院的計劃。1728年，他到了羅得島上的紐波特，在此住了四年。當他的百慕大計劃很明顯地失敗後，他返回英格蘭，出版了在美洲寫的一本書——《阿爾西芬或縝密的哲學家》(Alciphron or the Minute

思想簡括：

在上帝的意識中，世界是一個觀念。

Philosopher，1732年)，隨後又出版了《視覺論辯釋》(The Theory of Vision Vindicated and Explained，1733年)和《分析學家》(The Analyst，1734年)。

1734年，貝克萊被任命為克羅因主教，此後著述，大多為非哲學類著作，其中最有名的是《西里斯》(Siris，1744年)，這是一本怪書，敘述混亂，宣傳含焦油冷浸齊具有普遍的療效。

貝克萊因其唯心論而著名；他認為世界由有限的意識和觀念組成，兩者最終都倚賴上帝無限的意識，認為關於有形事物外部實在性的觀點是一個哲學錯誤。這部分是在回應笛卡兒二元論中的問題，馬勒布朗舍和**斯賓諾莎**對這個問題也很關注，即心靈與肉體之間被認定不可能存在因果聯繫；也部分源於對所謂的"感知的面紗"有一種焦慮：懷疑論認為人對外部世界的經驗並非直接的，而總是經由感覺的中介作用促成，因此人從來不能肯定經驗是準確的。貝克萊取消有形的物體，堅持他的著名口號"存在就是被感知"，就這樣，他認為自己解決了上面的兩個難題。

安東尼・威廉・阿莫 Anthony William Amo

生：1703年，阿烏肯努，加納	**卒**：1784年，加納

術業：形而上學、認識論、邏輯學

師承：笛卡兒、萊布尼茲、沃爾夫

嗣響：近代非洲哲學

作舉要：

《論人類意識中知覺的缺乏》（On the Absence of Sensation in the Human Mind）、《論冷靜準確地進行哲學思考的藝術》（Treatise on the Art of Philosophising Soberly and Accurately）

管什麼東西，只要
感覺就是活着；只
活着就得倚賴養
；只要活着並倚賴
料就在成長；只要
備這樣的性質，最
都會融入其基本的
理；只要融入其基
的原理就是一個複
體；每個複合體都
其組成部分；不管
麼東西，只要合乎
述，就是一個可分
物體。因此，如果
類意識有感覺，就
以推論它是一個可
的物體。

阿莫自稱 "Antonius Guilelmus Amo Afer"，是恩澤瑪族的阿肯人，生於加納的阿克希姆地區。其早年生活鮮有記載，但有一點似乎很清楚，即他在五歲時被荷蘭西印度公司當作黑奴擄往歐洲，1707年又被當作禮物送給布倫斯威克－沃爾芬布特爾公爵（Duke of Brunswick-Wolfenbüttel）。甫到位於下薩克森州的城堡，他就被洗禮，後來又在教堂接受堅信禮，然後當了公爵的跟班。他在宮廷受到熱情的接納，被當作家庭成員看待，並接受教育，1727年入讀哈雷大學。兩年後，阿莫完成了他的初步研究——"論歐洲黑人（摩爾人）的權利"（"The Rights of Blacks <Moors> in Europe"），引發了一場爭論。

阿莫又進入維騰堡大學深造，在此學習邏輯學、形而上學、生理學、天文學、歷史學、法律、神學、政治學和醫學。他能講六種語言，並以這些語言進行寫作：英語、法語、荷蘭語、拉丁語、希臘語和德語。1734年，他成功就其博士學位論文進行了答辯，該論文出版時題為《論人類意識中知覺的缺乏及其在人的器官和生命體中的存在》。這部著作嚴苛地檢視了笛卡兒的二元論，並為一種修正後的唯物論進行辯護。他的觀點是，儘管確確實實存在某種事物，我們稱之為心靈或者靈魂，但是是肉體而不是心靈有知覺和感覺能力。

1735年，阿莫返回哈雷，講授哲學，1736年成為教授。他相信哲學和自然科學之間存在緊密的聯繫，這在他的前一部著作中約略提到，而在其演講彙編中則表述得更加清楚，該彙編即《論冷靜準確地進行哲學思考的藝術》（1738年）。在這本書中，阿莫提出了與**洛克**和**休謨**所述非常近似的認識論：他認為，意識中根本不存在沒有被感覺所感知的事物。他還提出並審視了一些實例，以反對人類的一些理智缺陷，諸如欺騙、武斷和偏見。

1740年，阿莫轉往耶拿大學，擬教授哲學。但是他在耶拿的日子很不幸；他的庇護人布倫斯威克－沃爾芬布特爾公爵去世，德國的思想和道德氛圍也越來越狹隘偏執。有充分的理由認為，種族觀念是18世紀在歐洲出現的，並隨種族觀念產生了種族主義。1746年，阿莫回到了加納。此後的情形就不大清楚了，但是據說，18世紀50年代他被帶到一處荷蘭避難所，後來在那裡去世。

思想簡括：

哲學和自然科學應該成為我們的武器，以反對迷信和奴隸制。

孟德斯鳩 Baron de Montesquieu

生：1689年，拉布雷德	卒：1755年，巴黎

術業：政治學

師承：亞里士多德、霍布斯、笛卡兒、馬勒布朗舍、洛克

嗣響：休謨、伯克、黑格爾

著作舉要：

《論法的精神》（The Spirit of the Laws）、《波斯人信札》（Persian Letters）

我們不能認為這些非洲黑奴是人類，因為假定他們是人的話，那麼就得考慮我們究竟是不是基督教徒。

《論法的精神》，第一冊，卷十五，第五節

孟德斯鳩生於波爾多的拉布雷德莊園，這裡是其家族的領地。他很有人緣（但有時候顯得有些過於愛財和愛地位），在政治上很活躍，1716年至1728年任波爾多議會的議長，且廣泛遊歷，特別是在英格蘭，他花了很多時間研究其政治制度，旁聽議會開會，拜見了一些名公大儒如**大衛·休謨**和切斯特菲爾德勳爵（Lord Chesterfield）等，並與他們保持書信往來。他也以其文章辭采享有盛譽，1728年入選法蘭西學院院士，1730年入選英國皇家學會會員。這很大程度是因為他廣受稱道的《波斯人信札》（1721年），這是一部關於政治、文化、文學和宗教的諷刺作品——事實上，它影射了當時大部分的法國生活。該書藉助一些外國旅行者試圖認識他們遇到的奇風異俗和異質文化，成了以後眾多類似諷刺作品的先驅，至今仍把外來的遊客稱作孟德斯鳩筆下的波斯人。

儘管孟德斯鳩的歷史學著作《羅馬盛衰原因論》（Thoughts on the Causes of the Grandeur and Decadence of the Romans，1734年）也很受歡迎，其哲學研究的經典之作毫無疑問是《論法的精神》（1748年）。該書獲得了巨大的成功，但也招來很多的批評，索爾邦神學院和主教裁決會議甚至威脅要禁了它。1750年，孟德斯鳩為該書寫

思想簡括：

世界，包括政治世界，是依據和諧法則運行的，為了認識其中的任何一部分，人必須知道這一部分與其他部分是如何依據這些法則彼此關聯的。

了一份辯護，後來又接着寫了兩部篇幅較小的著作（生前沒有出版），並將《波斯人信札》作了擴充。他66歲時在巴黎死於熱病。

國家的基礎

《論法的精神》是公認的政治哲學經典之一。在這本書中，孟德斯鳩在其政治理論方面受到了**洛克**（以及**馬基雅弗利**）的影響，但在方法論上則是受**笛卡兒**的影響，這一方法論很精確（但很不系統）；事實上，迪爾凱姆（Durkeim）又把他稱為近代社會學的奠基人。他根據其基本原則，將不同的政治制度分門別類：於民主共和制而言，其基本原則為美德；於貴族共和制而言，其基本原則為中庸；於君主政體而言，其基本原則為榮譽；於極權專制而言，其基本原則是畏懼。每一個社會，其起源和經歷的變化，都應該根據其特有的

基本原則、物理環境（氣候、地理環境，等等）、社會條件（意志自由、宗教、貿易，等等），以及人的心理來認識；這些因素在一個完全自然和機械的發展過程中依據因果關係法則互相聯繫。每個社會的法律一定是與它的社會性質和基本組織原則彼此關聯的。

三權分立

孟德斯鳩的政治理論，除了其形而上學的基礎外，最有影響的還是其三權分立學說。根據這種學說，國家權力的三種功能——立法權（掌制定政策）、行政權（掌實施政策）和司法權（掌施行法律）——必須嚴格分立，每一種權力要監督其他權力。它們之分立，不僅是法律上和組織上的分立，而且是社會上的分立；也就是說，每一種權力都與不同的社會階級相聯繫：行政權歸君主；立法權在兩院，代表貴族和資產階級；司法權代表所有的階級，也不代表任何階級。如此，權力便自然而然地平衡了，每一種權力都受到制衡權力的監督。他的描述在某種程度上是摹仿18世紀英國的政治結構，但有人已經指出，他對這一結構的認識有些理想化。

至少在某種程度上，孟德斯鳩關注的其實是為加強貴族權力以反對君主和平民侵權而尋求合理性，並認為，最好的政治制度是貴族君主立憲制，儘管如此，其思想還是對美國憲法的形成有非常強烈和直接的影響。

孟德斯鳩的著作，風格清新，富有現代氣息，常常引人反覆閱讀，不忍釋卷；比如，他對奴隸制之實行大加撻伐，字裡行間滿是憤怒的挖苦。與此相對應，其中也有一些缺點，與之同輩的人每有評說：他往往刪掉論證過程，而喜歡用一些有趣但準確性值得懷疑的軼聞趣事，以說明世界各地或古代各色民族的行為——這屬於那種一味想當然的人類學。

概述
常識

關於常識的觀念，數百年來已經發生了重大的改變，其與哲學的關係也是如此。在**亞里士多德**，以及追隨他的中世紀哲學家**阿奎納**等人看來，將人們經由感覺獲得的關於**常規感受結果**的信息統一起來的精神能力，就是常識；常規感受結果是指一種以上的感覺可以感知的屬性，例如，形狀和大小。有些屬性則不一樣，例如，顏色和味道，就其本身而言，只能為一種感覺所感知（是為**特殊感受結果**）。**洛克**之區分**主要屬性**和**次要屬性**，便是以此為濫觴。但亞里士多德所謂的常識能力，也承擔着整合人的感覺的任務，因此，人們可以判斷一個單一的事物，比方說，一個既是圓形的又是紅色的事物。

蘇格蘭學派

"常識"也有一個稍少專業色彩的意思，這一意思，羅馬時代的作家就提出過；在他們看來，"常識"就是村鄙群氓的觀念，與所謂的哲學家精妙理性的觀念相對立。而很少否定意味的"常識"觀念，可以視為蘇格蘭常識哲學學派的根本，該學派由**托馬斯·李德**開創；他們將常識看作所有正常的人類意識中都存在的前思考原則。這樣一些原則是基本的，而且由於它們源於上帝創世之時，所以也是可靠的。哲學與這些原則相牴牾時，必然是哲學錯了。這裡的麻煩在於，不同的人在不同的時間對常識包括哪些東西有截然不同的看法。另外，有些人既不信仰上帝，也不相信上帝能保證李德相信的東西是真理，在這些人看來，常識哲學就沒有什麼用處了。

基本限制原則

20世紀早期的哲學家布羅德（1887-1971年）在他的著作中討論當時所謂的"精神現象研究"時，修訂了李德的常識哲學。他提出了他稱之為"基本限制原則"（Basic Limiting Principle，簡稱BLP）的觀點。對這些原則，人們在日常生活和科學研究中都認為是理所當然的；它們是自明的，或者是基於非常充足的證據以至於人們不會提出質疑。

穆爾（G. E. Moore，1873-1958年）是常識哲學的另一個重要辯護人，他認為普通人關於世界的固有信仰，乃是基於對感覺告訴我們的東西徑直予以接受認同，很有可能比複雜的懷疑主義正確，尤其當這些常識描述外部世界的存在和真意的時候。

自有哲學討論以來，常識一直就是大多數爭論的主題。在羅馬時代，常識被認為是群氓的觀念，與哲學家的理性觀念相對立。

托馬斯·李德 Thomas Reid

生：1710年，斯塔珊	**卒**：1796年，格拉斯哥
術業：認識論	
師承：阿爾諾、洛克、貝克萊、休謨	
嗣響：漢密爾頓、皮爾斯、穆爾、奧斯丁	

作舉要：

《根據常識原理探究人的意識》（An Inquiry into the Human Mind on the Principles of Common Sense）、《論人的理性能力》（Essay on the Intellectual Powers of Man）、《論人的能動能力》（Essays on the Active Powers of Man）

達的形式，就說表示"我覺得痛"吧，上去也許得這覺是與"感受到的"不同的東西；然，實際上，兩者是與差別的。思考就表達，而這表達也意味着思考，因，感到痛也正意味痛。

《探究人的意識》，第183頁

李德曾就讀於阿伯丁的馬里沙爾學院，後來成了一名長老會牧師。他起初認同**貝克萊**的觀點，後來讀到**休謨**的《人性論》，認為休謨的觀點是貝克萊研究方法的邏輯延伸，於是都予以摒棄。他對在《人性論》中發現的懷疑論以及這懷疑論的理論基礎進行駁斥，其文章於1748年出版，題曰"論量"（An Essay on Quantity）。靠着這篇論文，他成了阿伯丁國王學院的教授。1764年，他寫出了《根據常識原理探究人的意識》，同年並被選為格拉斯哥大學的道德哲學教授。後來他發現學術職責干擾了他的寫作，遂辭去教職，寫了另外兩本書：《論人的理性能力》（1785年）和《論人的能動能力》（1788年）。

李德將最終在休謨懷疑論中浮現的問題，向上追溯到**洛克**的感知理論。洛克，還有追隨他的貝克萊和休謨，將觀念放置在人和世界之間，使得感知成了體驗觀念而不是體驗世界。這樣一來，懷疑論便在所難免了，因為人憑什麼能保證其觀念能與世界正好對應呢？人還有些自我中心，因為看似自己關於他人的經驗的東西，結果只是關於我們自己的意識的經驗。李德提出了一種現在稱為"直接實在論"的觀點，以代替洛克的研究方法。李德認為，世界是獨立於人的經驗而存在的，人認識它乃是借由人的感覺，而這種感覺就是對人的意識中的世界進行直接表達的形式（對主要屬性來說是這樣；而於次要屬性，事情則要複雜一些，也不太直接）。

李德關於常識的描述很複雜。他認為，某些觀念是由我們作為人的本性強加給我們的；這些觀念，在人類中是很普遍的，或者會很普遍——要是人們有時不被洛克之流的哲學家編造的"詞語魔法"攪亂心神的話。這樣的常識觀念有一些基本原理的性質，因此不能乞靈於更深層、更普遍的原理以證明之；相反，它們的合理性表現為我們的人性是上帝創造的這一事實。李德試圖在使群氓規則成為真理與使人類的所有知識基於某種天賦觀念之間獨闢蹊徑，以反駁洛克的觀點。

思想簡括：

李德的思想影響，遠遠超出了蘇格蘭常識哲學學派，對歐洲國家的哲學思想以及美國的實用主義都有巨大的影響。

大衛・休謨 David Hume

生： 1711年，愛丁堡	**卒：** 1776年，愛丁堡

術業： 認識論、倫理學

師承： 弗朗西斯・培根、笛卡爾、馬勒布朗舍、牛頓、洛克、貝克萊

嗣響： 後世所有的人

著作舉要：

《人性論》（A Treatise of Human Nature）、《人類理智研究》（Enquiry concerning Human Understanding）、《道德原理研究》（Enquiry concerning the Principles of Morals）、《自然宗教對話錄》（Dialogues concerning Natural Religion）

使人高於自然界其他生物的乃是同情能力。這一特徵使得人能夠做出不局限於個體和文化的道德判斷。

休謨早年的生活鮮有記載。他生於愛丁堡，在愛丁堡及位於貝里克附近的九井家庭莊園度過了早年時光。他的父親在1713年去世，母親將他撫養成人，並指導他讀書。他很早就明顯地顯露出思想才華，16歲時就開始其哲學思考和寫作（一年前他從愛丁堡大學畢業，12歲入學）。他早就被安排好從事法律行業（其外家為律師世家），但他私下裡繼續做他的研究，博覽群書——哲學、數學、自然科學、歷史學和文學諸書，無所不讀。

1726年至1739年間，休謨在思想上經歷了很多重要的變化，隨後達到了其成熟觀點的第一階段。他竭盡全力寫成《人性論》（1739年），本期望其變革性的思想和明率的風格會激起爭論和某些人的憤慨，但"一出版後便成了個死胎"，人們漠然置之，連一些譏諷都沒有。

休謨為此很自責，認為自己出版著作乃是操之過急。遂重新回到自己的研究，將《人性論》的第一篇改為《人類理智研究》（1748年），將第二篇改為《道德原理研究》（1751年）。這兩部新著作與早先的著作在很多方面都不

思想簡括：

人應該只相信他有充足理由相信的東西。

同，尤其省略了就空間和時間諸觀念的起源所作的大量心理學理論說明，並收入了一些文字以說明其學說的宗教涵義。儘管他渴望引起震動，他還是非常謹慎，沒有把後一種文字收到《人性論》中。

休謨最後一部重要的哲學著作是《自然宗教對話錄》，對此他也很謹慎，並沒有在其有生之年出版，迨其去世後，方於1779年面世（遵循他的要求）。他的謹慎，在18世紀愛丁堡寬容的氛圍下，並非指他擔心自己的安全，而是顧及他的社會名聲；休謨在社交界和文學界很受歡迎，在蘇格蘭和法國都是如此，與很多人保持往來聯繫（尤其是女性）。

從1751年直到逝世，休謨在哲學領域幾乎沒有發表過什麼著作，但他也沒有閒著。他從來沒有設法去謀得一個學術職位（他被拒絕授予愛丁堡大學和格拉斯哥大學的教授職位），但擔任過很多政治和外交職務，包括北方部的副部長，英國駐巴黎大使的私人秘書，後來又任駐巴黎代辦。他還擔任過位於愛丁堡的律師協會圖書館管

里員，借此良機寫成了六卷本的《大不列顛史》（1754-1762年），即便他沒有寫那些哲學著作，單憑這本史著也能垂名後世（當其生時，他可是以歷史學家著名的）。除了眾多的短篇文章外，休謨還寫了《政治論集》（Political Discourse，1752年）和一本自傳，該自傳在他去世後於1777年出版。

印象與觀念

休謨將意識的所有內容劃分為兩類：印象和觀念。印象大致是我們今天稱為"感性知覺"的東西（但印象也包括內在印象，例如情感）——世界藉助光、空氣、波浪等等讓人對它**產生印象**。我們控制不了這樣的知覺，除非生硬地將我們的眼睛閉上、耳朵捂上。觀念是衰弱了的印象，是徘徊不去的"感性知覺"的殘餘。然而，我們對這些卻是可以控制的，因為我們可以將它們整合起來，形成新的、複雜的觀念（比如關於獨角獸的觀念）。因此，所有真正的觀念都可以回溯到印象。這便是休謨用來判斷人的觀念和信仰之合理性的重要準則。他把這一準則運用於很多觀念，包括因果關係、神迹和自我，他在每個實例中都發現，其中並不包含相關的印象。

然後，休謨提出了兩個問題：一、概念如果不是從經驗中來，那它又是從哪裡來的？二、我們需要概念嗎？對第一個問題，他從心理學角度做了回答，求助的是人的意識特別是想像發揮作用的方式。對第二個問題，他的答案則有多種——有時候說"需要"（就因果關係而言），有時候又說"不需要"（就神迹而言）。總而言之，休謨關注的是認識論問題；例如，他並沒有論證神迹從不發生，而只是說人們沒有理由相信神迹會發生。

倫理學

休謨的道德學說特別容易引起人的誤解。他看似認為，人的道德判斷是主觀的，僅僅是人們覺得行為、事件或者人是令人愉悅還是令人痛苦的一個過程。這一觀點高於某些粗陋的主觀主義，原因就在於他把人的這些感覺根植在同情之中，而同情是人類才有的一種特徵，並不局限於某些個人，也不局限於某種文化。"酷刑是錯誤的"這個陳述並不比"天空是藍的"更主觀，但是，理解"酷刑是錯誤的"，和理解"天空是藍的"一樣，有賴於成為一個有正常人類官能的正常的人。

否定顯而易見的真理很可笑，僅次於此的乃是殫精竭慮地為真理精心辯護；對我來說，沒有真理比野獸也像人一樣具備思維和理智這一說法更顯而易見了。

《人性論》，I, ii, XVI

讓—雅克·盧梭 Jean-Jacques Rousseau

生：1712年，日內瓦，瑞士	**卒**：1778年，法國

術業：教育、政治

師承：馬基雅弗利、霍布斯、笛卡兒、馬勒布朗舍、洛克

嗣響：沃爾斯通克拉夫特、黑格爾、羅爾斯

著作舉要：
《社會契約論》(The
Social Contract)、
《愛彌兒》(Emile)

*在完全自然的狀態
下，人類文明出現以
前，人是"高尚的野
蠻人"。他的天性被
社會中人與人互相依
賴的關係敗壞。*

盧梭先是由父親獨自撫養，後來在叔叔嬸嬸家裡過着不幸的生活，16歲的時候他從瑞士跑了出來，給一個富裕的天主教慈善家路易斯·德·華倫夫人（Louise de Warens）做秘書和隨從。路易斯說服他皈依了天主教，更重要的是使盧梭得以完成自己的教育，這樣他後來才能夠以各種技能謀生，盧梭做過家庭教師、曲作者、戲劇家、音樂家和作家——先在里昂，後去了巴黎。除了哲學著作之外，盧梭還著有小說、詩歌、歌劇和植物學、音樂學和教育學著作。

1750年盧梭因《論科學與藝術》一文獲得第戎科學院頭等獎，他在文中論證說藝術和科學不但沒有促進人的幸福，提高人的道德品質，反而敗壞腐蝕人的天性。在《人類不平等的起源和基礎》（1755年）一書中，盧梭進一步闡述了社會對於自然狀態下高尚野蠻人的不良影響。他的這一觀點遭到伏爾泰的猛烈反駁，兩人從此交惡，終生反目為仇。

1762年盧梭出版了他最有名的兩本著作：陳述其教育理論的小說《愛彌兒》和著名的哲學著作《社會契約論》。這兩書出版後在法國和瑞士兩國激起了強烈的不滿和敵意。盧梭不得不搬到普魯士，又去了英格蘭。在英格蘭盧梭和**休謨**呆在一起，但是盧梭的精神狀態愈來愈不穩定，他那妄想狂的指責摧毀了他和休謨的友誼。176?年盧梭回到法國，化名隱居起來，在完成《懺悔錄》的寫作後於1778年溘然長逝——《懺悔錄》是一部極其誠實而自我揭露的自傳體作品，1782年出版。

社會契約論

盧梭不贊同**霍布斯、洛克**等作家提出的人類天性的觀點，他認為這些作家試圖勾畫自然世界人的狀況，最後描繪的卻是當代社會文明化了的人的情形，硬性移植到想像的史前社會當中去。盧梭論證說人並不是生來就自私的，只是理性開始干擾他們的生活（當人們開始群居生活，情況更是如此），窒息了人與人之間天生的同情心。他對政治社會的叙述是，人們認識到彼此之間的合作是必需的，因而聚到一起，訂立一種契約，每個人都同意放棄個人的自然權利，服從社會整體的利益。契約方是被動的，這一全體就叫作"國民"，當契約方是主動的，可以稱作為"主權統治者"。社會契約成就一些政治人物，有軀體部分——政體——和精神部分——公共意志。公共意志關注的是整體社會的利益，因此公共意志不是單純的每個公民意願（每個人都為自己的利益考慮）的加加減減，而是真正的全體人的意願，

這幅畫的寓意表明，法國大革命者把雅克‧盧棱奉為精神之父。

每一個人都是其中的一分子，每一個人都是（自願的）其中的主人。

自由

在盧棱看來，直接的、積極參與的民主才是理想的民主。一旦人民允許少數人做自己的代表，就意味着自由的喪失。自由確實是盧棱政治哲學的核心，但是他也詳細區分了那種個人隨心所欲（純粹慾望的奴隸）的低等自由與作為群體社會一分子的高等自由之間的差別。高等自由是自律的自由，是有原則的自由，不是沒有規矩的亂來。這也正是盧棱筆下那個試圖對抗公共意志的人是 “被迫的自由” 所傳達的理念；如果統治集團（積極的一方）不強迫她遵從大家共同參與形成的原則，她會墮落成為自己慾望的奴隸。確實，屈從還是擯棄社會的利益，這二者之間的矛盾抉擇折磨着她（公共意志總是正確的，個人的意願常會有錯）。

後人時常爭辯說盧棱的政治理論容易導向為極權主義辯護的窠臼，這種理解未免失之偏頗。盧棱確實承認，當國家處於緊急狀態，冗長的民主辯論和決策過程有害無益時，國家無法作出迅速而決定性的反應。此時推舉一位領導人，多少相當於極權獨裁者的角色，這是允許的。不過，這種情況是暫時的，只能在緊急時期使用，而且只應當在盧棱暢想的國家中應用——這當然不是在整體上鼓吹美化獨裁制。

盧棱的著作在法國雅各賓黨人中非常盛行，影響很大，他的思想為法國大革命鋪平了道路。盧棱的教育理論提倡比較隨意的方法，強調感官和生理的健康，多過對智力發展的重視，對後世的教育理論家、實踐家福樓拜、裴斯塔洛齊（Pestalozzi）影響深遠。

> 人生而自由，無奈處處又有鎖鏈相牽。以為自己是他人的主宰，其實依舊是個更大的奴隸。
>
> 《社會契約論》，
> 第1篇第1章

思想簡括：

我們在社會中喪失了自由和與生俱來的善，我們能夠也應該再次找回它們。

雖然這個時期比本書前面介紹的各個時期都要短，並且從某種意義上來說，介於近代早期與現代之間的19世紀僅僅是個過渡期，但這個時代在三個主要領域，即倫理學、政治學及邏輯語言學領域，仍有重大發展，此外還有一股哲學風尚遍掃歐洲。

首次將三個領域整合在一部著作當中的人，是英國經驗主義哲學家約翰·斯圖亞特·穆勒，他發展了功利主義的道德與政治理論，發表了極有影響的奠基性著作《邏輯體系》。除了其作為道德與政治哲學

1770

1806

1813

1818

家的一面，穆勒的多樣性不幸被人們忽視，但是他的思想對後來的哲學家如羅素（穆勒是羅素的教父）、亨普爾（Hempel）等有直接影響。尤其是邏輯研究曾有一段時間停滯不前，穆勒的著作無疑給邏輯研究注入了一股積極的推動力，雖然這一領域的領軍人物顯然是**戈特羅·弗雷格**。至於他的道德與政治學說，穆勒的功利主義思考對於哲學以外的思潮也有深遠的影響

1804	拿破崙加冕法蘭西帝國皇帝
1805	特拉法爾加戰役；奧斯特里茨戰役
1806	神聖羅馬帝國滅亡
1807	大英帝國廢除奴隸貿易

19世紀篇
1800-1899

1811	盧德運動興起
1812	法軍莫斯科大撤退
1815	拿破崙逃出厄爾巴島。滑鐵盧戰役
1819	彼得盧大屠殺
1821	拿破崙在聖赫勒拿島去世
1825	第一條鐵路線在斯多克頓與達靈頓之間開通
1829	希臘獨立
1832	瓦爾特‧司各特（Walter Scott）和歌德去世。莫爾斯（Morse）發明無線電報
1834	托爾普德爾殉難事件
1837	維多利亞女王（Queen Victoria）即位
1840	便士郵資制使用。維多利亞女王下嫁阿爾伯特（Albert）。鴉片戰爭爆發
1848	革命運動橫掃歐洲。加州發現金礦
1850	太平天國起義爆發，反對清王朝
1851	世界博覽會
1853	佩里（Perry）登陸日本；克里米亞戰爭爆發
1854	巴拉克拉瓦戰役；《輕騎兵旅的衝鋒》（Charge of the Light Brigade）一詩問世

1839

837

1856	克里米亞戰爭結束
1857	印度兵變
1859	《物種起源》出版。哈潑斯渡口襲擊戰； 約翰·布朗（John Brown）被絞死
1860	加里波底（Garibaldi）帶領紅衫軍奪得西西里和那 不勒斯
1861	亞伯拉罕·林肯就任總統，美國南北戰爭爆發； 第一次布爾朗戰役
1863	波蘭人反抗沙俄統治；葛底斯堡戰役
1864	第一次社會主義革命。謝爾曼（Sherman）佔領亞特蘭大和 薩凡納。第一份《日內瓦公約》（Geneva Convention）簽署
1865	李（Lee）將軍向格蘭特（Grant）投降。 林肯遇刺。美國廢除奴隸制
1866	孟德爾發表遺傳學論文。俄羅斯向美國出售阿拉斯加
1868	日本廢除幕府政治
1869	蘇伊士運河開通
1870	"教宗無誤說"發表。法國對普魯士宣戰；巴黎之圍
1871	巴黎公社成立，不久即告失敗。貿易工會在英國合 法化
1876	貝爾發明電話。卡斯特（Custer）戰敗
1878	土耳其割讓塞浦路斯給英國
1879	祖魯戰爭。泰橋之難
1881	蘇丹馬赫迪起義
1886	傑羅尼莫（Geronimo）被捕。美洲所有的印第安人 反抗力量都被遷往保留地
1894	土耳其人屠殺亞美尼亞人（該屠殺持續到20世紀20 年代）
1895	X射線被發現。馬可尼（Marconi）傳輸無線電信號 超過一英里
1897	克里特人起義。土希戰爭。維多利亞女王即位60周 年鑽石大慶
1898	美西戰爭。恩圖曼戰役。奧地利皇后遇刺。 化學元素鐳被發現
1899	布爾戰爭爆發
1900	雷代史密斯突圍；馬弗京突圍。義和團運動。 澳大利亞聯邦建立

（雖然他很可能會分辯說，他實際上正在
示並且完善某些業已存在的東西，這倒
有幾分實情）。

政治哲學

與19世紀另一位重要的政治思想家**卡爾
馬克思**一樣，穆勒深受激進思潮影響，
些激進思潮18世紀晚期開始以各種形式
盛並且催生了一系列包括社會主義在內
政治運動。但跟馬克思不同的是，穆勒
是出名地（雖說他並不是唯一的一位）
制──實際上是視而不見──當時甚囂塵
上的哲學風潮：黑格爾主義，特別是黑格
爾的唯心論。**黑格爾**的哲學迅速傳遍歐洲
大陸（法國是沒有被波及的主要國家），
為當時佔統治地位的哲學流派，在德國
其如此。黑格爾學派的光芒在歐洲大陸
漸隱沒之後，它越過英吉利海峽，開始在

英倫各島落地生根，以牛津為其重鎮。英
的黑格爾主義經各種本土的、外來的
—尤其是康德的哲學影響，雜糅修正之
後，變得稍稍有些異調。英國黑格爾學派
的代表格林（T. H. Green）、布拉德利和
林伍德（R. G. Collingwood），更傾向
於採納黑格爾的結論，而不是他的這些方
法論，這或許就是英國黑格爾學派普遍拒
絕"黑格爾主義"這一名稱的原因。

黑格爾的重要性不僅在於他的思想對其追
隨者的積極影響，也在於對其理論的反動
培育出一些新的思想家：叔本華、克爾愷

斯，開創了這第一個真正獨特的美國哲學
流派——有很多人說，實用主義哲學猶如
一面鏡子，照出了美國當時的國民性。

哲學的分裂

在這個時代，許多體系的建構者——**斯賓
諾莎、萊布尼茲、康德**等哲人最後一搏，
試圖構築一個與科學家的萬有理論相對等
的哲學替代物。不同意黑格爾的哲學結論
或發現其哲學方法論漏洞的人，以及那些
拋棄了系統論途徑——無論是繼承來的誤
解，還是簡單到不可能——的哲學家們，

1842　1844　1846　1848

郭爾等。在這兩種極端例子之間，還有很
多折衷的派別：有些思想家部分地採納黑
格爾的哲學方式，但擯棄他的唯心論（馬
克思就是最顯著的例子），或者擯棄他的某
些方法論原理。

19世紀，美國的哲學也開始發展成熟，實
用主義哲學誕生。與這一流派密切相關的
兩個人物：**C·S·皮爾斯**和**威廉·詹姆**

開始質疑、反對黑格爾及其門徒的學說。
此時的哲學，與我們人類總體的知識體系
一樣，變得日益龐大蕪雜，單憑一己之
力，無法將其悉數掌握並且融為一體。由
是哲學開始全方分裂，導致20世紀出現越
來越多的專門學科。

1871年3月巴黎旺多姆廣場上的路障。
巴黎公社僅存在了兩個月，但它是第
一次成功的工人階級革命。

格奧爾格・威廉・弗雷德里希・黑格爾

Georg Wilhelm Friedrich Hegel

生：1770年，斯圖加特	卒：1831年，柏林

術業：哲學史、形而上學、邏輯學、倫理學、政治學

師承：巴門尼德、柏拉圖、亞里士多德、斯賓諾莎、孟德斯鳩、盧梭

嗣響：馬克思、布拉德雷、杜威、薩特、伊克巴爾、拉達克里希南、辛格

著作舉要：

《精神現象學》（The Phenomenology of Spirit）、《法哲學原理》（The Philosophy of Right）、《邏輯學》（The Science of Logic）

黑格爾認為最高級的宗教是基督教，他聲稱，基督道成肉身的故事恰恰象徵了無限的絕對精神在有限塵世之中的顯現。

既然物質的本質是重力，那麼，另一方面，我們可以斷言，實體、精神的實質是自由。

《歷史中的理性》（Reason in History），第22頁

黑格爾是三個孩子當中的長子，父親是位公務員。在斯圖亞特的中學畢業後（黑格爾母親教他拉丁文，13歲時母親去世），黑格爾進入神學院學習。儘管學習成績不錯，他卻不適應神學學習，反而逐漸培養出對哲學的濃厚興趣。雖然獲得了神學博士學位和證書，他沒有選擇做牧師，而是到伯爾尼去當了一名私人教師，以期繼續自己的哲學研究。黑格爾的東主非常熱情慷慨，不僅與他進行很有啟發意味的討論，而且介紹他進入伯爾尼知識界，使他能夠使用最好的圖書館。

黑格爾從伯爾尼搬到法蘭克福，繼續做家庭教師，後來進入耶拿大學教授邏輯學和形而上學，並繼續他的研究。1806年，法國軍隊佔領耶拿，黑格爾被迫離開，由於一時找不到學術職位，他從事過新聞業，教過中學，後進入海德堡大學擔任哲學教授，最後在柏林大學任教，享年61歲。

黑格爾的理論很晦澀。他首先建構起一套形而上學體系，其餘的思考無不在此基礎上闡述展開。因此，欲理解他的某一部著作，需要對他的思想體系有個整體的把握。雖然有一定難度，但他對於後代哲學家，尤其是歐洲大陸的學界有着巨大的影響。

思想簡括：

實體之形成發展，有賴於（命題與反命題之間）矛盾的協調（綜合）。

形而上學與認識論

黑格爾思想的根本，是他對真理和認識的闡述，這跟他接收並改造康德對於世界及人類認識的敘述有密切關係。黑格爾同意我們的經驗和對世間萬物的認識都是意識的產物，由於它顯然不是個體意識的產物（我們不會每個人都創造自己的世界），因此有關世界的真理必然源於人類共享的意識——來自人類經驗、思維及語言的整體。不過，我們與世界之間的確存在一種交互影響；人的思維對於真理的發現有很大作用，而世界的本質對我們思維的形成又扮演至關重要的角色。

這些闡述也反映出19世紀歐洲典型的觀點——一種觀照世界和人類不可或缺的樂觀主義精神。對黑格爾而言，人類歷史就是一連串奔向自由的發展過程，人的思維需要理解前代思想家的精神產品，沒有這些精神遺產，人類無法進步，無法獲得理解人類自身及我們在世界上的位置的深度。

在黑格爾看來，法國大革命象徵着朝向自由之路的進軍，這是意志自由的原則，堅持自身對於現存環境的抗爭。

歷史與政治

黑格爾對自由的論述深深植根於**笛卡兒、盧梭、康德**等人的著作；他以一種顯著的不受外部壓制或干擾（這種干擾不僅減少了自由，而且通常是虛幻的）的理性思維及選擇的態度追隨前述哲人的腳步——這是所有人類均可達到的自由。在一個真正自由的社會裡，我們能夠認識到，周圍的公民對我們的自由不是外在的束縛；一旦我們理解了自身的真實存在，也就意識到我們的社會責任和自身利益息息相關（參照盧梭關於理想狀態和群體意識的描述）。這不是個人選擇必須融入社會當中的簡單問題。在黑格爾看來，只有通過社會交互作用，通過行動與選擇，我們才能成為真正的個體，真正的人。換句話說，社會先於個人的發展而來，因此社會不能是個體選擇的結果。

主人與奴隸

在《精神現象學》的著名章節中，黑格爾以主人與奴隸的角色作喻，探討了社會關係，這種關係貫穿了鬥爭，其結果是佔支配地位的團體奴役另一個團體。主人享受休閒娛樂，奴隸不得不流着汗工作，這樣，奴隸進行生產創造，主人順水推舟，被動地純粹消費奴隸的勞動。主僕兩個階層之間沒有任何相互尊重，因為他們彼此都被禁錮在不相宜的精神狀態中。不過，一個積極進取的奴隸將不可避免發展出自我意識，而被動的主人日趨沒落，奴隸逐漸比主人強大，反過來奴役後者，新的一輪社會關係開始，這種循環會繼續下去，直到過程得到解決——對立的雙方相互妥協，彼此尊重，視對方為結果而不僅僅是手段。

這種關係模式不僅在社會結構中可以看到，實體或曰絕對精神的對應結構也是如此。絕對精神經歷一個辯證的過程，它的發展在自然（絕對精神在物質中顯現自身）、人的精神與歷史（絕對精神在意識當中顯現自身）當中顯現出來。黑格爾追溯意識的發生發展，先從最單純的客觀意識出發，經過主觀意識、理性意識，到達倫理意識、宗教意識，最終昇華為**絕對知識**，主體認識到自身與絕對精神的辯證同一。

主僕雙方只有彼此尊重，才能達到自由。

新生的法國政權很快變成一個殘暴的恐怖政權，與同時代絕大多數知識分子一樣，黑格爾也經歷了大革命後令人難過的幻滅時期，雖然他非同尋常地堅持他的革命理念。

約翰·斯圖拉特·**穆勒** John Stuart Mill

生：1806年，倫敦	**卒**：1873年，阿維農

術業：倫理學、政治學、邏輯學、科學、形而上學

師承：亞里士多德、霍布斯、休謨、邊沁、詹姆斯·穆勒、沃爾斯通克拉夫特

嗣響：詹姆斯、弗雷格、羅素、波普、艾爾爵士、黑爾、羅爾斯、克里普克、辛格

著作舉要：

《政治經濟學原理》
（*Principles of Political Economy*）、《邏輯體系》（*System of Logic*）、《自由論》（*On Liberty*）、《功利主義》（*Utilitarianism*）

我最近一直在苦苦研讀斯特林（Stirling）的《黑格爾之秘密》，瞭解黑格爾的學說當然是不錯的，但是通過斯特林的書去學習黑格爾就"好過了"。所謂"好過了"的意思是說，我通過自身的實際經驗發現，與黑格爾過分親密，通常可能會損壞某個人的智力。

《致亞歷山大·培恩書》
（*Letter to Alexander Bain*）

穆勒的童年教育是出了名地（也有人可能說"不出名"）時間超前而且內容豐富。他的父親，蘇格蘭哲學家、經濟學家詹姆斯·穆勒（James Mill），在兒子三歲時開始教他學古希臘語；穆勒六歲學習休謨、吉本（Gibbon）的著作；八歲學習拉丁語和柏拉圖《對話錄》，此外他還廣泛涉獵其他學科：數學、化學等等。因此，穆勒在20歲時突然患上某種精神失常症，也就不足為奇了。他爭取痊癒的方法包括遠離邊沁和其父奉為圭臬的功利倫理學、政治學和經濟學理論，而從此以後接受了更為人性化、更為實在的功利主義（這一次遠離被他的許多批評家忽視或遺漏了）。

穆勒開始在東印度公司工作，起初在他父親的辦公室，後來擢升為監察辦公室主管。1858年大英政府接管印度事物，穆勒從公司退職，搬往阿維農附近居住。1865年當選為英國下院議員（威斯敏斯特市議員），1868年連任失利後再次回到法國，直到1873年去世。

穆勒的一生有兩個關鍵事件與他的哲學思考互為影響：一是他對於社會正義尤其是工人階級福利制度的熱切關注；二是他對哈麗葉特·泰勒（Harriet Taylor）的激情之愛。前者推動他為全民義務教育、婦女權益、自然資源國有化和生育控制進行不

按：

被解釋項（explanandum，複數explananda）指需要被解釋的事物；解釋項（explanans，複數為explanantia）是作出解釋的事物

懈的論辯和鬥爭，後者的情況比較複雜，哈麗葉特·泰勒是位已婚女性，不過1849年哈麗葉特的丈夫去世，兩位有情人終成眷屬。

穆勒是西方哲學傳統中最被低估並且歪曲解讀的哲學家之一，這不僅表現在他關於邏輯學、認識論、形而上學諸領域的重要著作大半被人忽視；還表現在他的倫理學、政治學理論也通常被後人以粗糙的功利主義公式表述而遭到誤讀，有些說法乾脆就是他明確拋棄的（比如：最大多數的最大幸福）。

《邏輯體系》（1843年）

這部六卷本的著作充滿令人驚奇的廣度與精密，它的內容超出了讀者對題目的期許，涵蓋了認識論、形而上學、社會科學各領域。在書中，穆勒區分不同的概念（如術語的內涵與外延），建構而且辯護他的理論（比如科學解釋的覆蓋率模式），界定概念（比如因果律），這些闡述，對

穆勒贊同女性平權以及她們為投票權所做的鬥爭。左邊這幅漫畫《穆勒的邏輯》，又名《女性選舉權》（原載《棒擊》<Punch>雜誌，1867年），穆勒正在為一群女性推出一條道路，畫中的婦女各階層都有，長得比男人還高，有些人一臉苦相，毫無魅力可言。這張漫畫顯示並不是每個人都贊同穆勒之婦女平權的主張。

9世紀——及20世紀早期的哲學家有着深遠的影響。

術語，比如“書”，其外延指的是它的“能指”——任何可以被稱之為書的事物；內涵指的是術語的概念或意義；所指——有什麼內容可以界定其為一本書（有一定的頁數，有印刷、手寫、繪製的圖像或文字，在一邊裝訂成冊等等）。專有名詞如“彼得‧J‧金”只有外延，而另一些詞如“獨角獸”則似乎只有內涵。（參見戈特羅‧弗雷格對**涵義**與**指稱**的區分界定）。

穆勒對科學解釋的分析通過卡爾‧亨普爾（1905-1997年）的再次詮釋而名聞天下，即我們熟知的“覆蓋率模式”。簡單說來，一個科學解釋由下列因素的邏輯關係組成：一系列初始條件——c_1 到 c_n——及一系列覆蓋率——L_1 到 L_n（二者共同構成解釋項）再加上被解釋項。好的科學解釋應採用以下這種合理的論證：

$L_1, L_2, L_3 ... L_n$

$c_1, c_2, c_3 ... c_n$

因此 e

同樣的模式能夠讓我們預知結果，假使我們知道覆蓋率和初始條件，我們就可以推斷出 e。

穆勒對因果律的思考是建立在休謨的基本途徑之上進行展開發揮的，他對因果關係的否定命題解釋是：因果律不僅僅是一連串接續關係，這個否定命題相較休謨的論述簡單一些，在承認因果律的複雜性方面，穆勒的思考比休謨更深入精密一些。

功利主義

穆勒的倫理觀、政治觀，儘管也受到當時包括早期社會主義在內的各種激進思潮影響，究其本質還是屬於功利哲學的範疇。功利主義是一種結果論的理論，認為某種行為的道德是其必然結果的命題內容。對功利主義者而言，重要的是一種行為的功用（也就是說，產生幸福的數量，意味着愉悅——尤其重要的是在道德語境中的愉悅——意味着痛苦的缺失）。穆勒沒有採納邊沁的**“幸福指數”**一說，他詳細區分了幸福的質量，而不僅僅是數量，這一概念。我們要注意到穆勒並不曾爭辯說道德只與其結果相關，**行為**的道德的確由其結果決定，但一個**人**的道德同時也與動機和意圖有關。

穆勒的政治理論以自由為核心，他論證說，干涉個人自由的唯一理由是防止對其他人的損害，這條原則既適用於政府也同樣適用於個人。

不滿現狀的人，勝過一頭快樂的豬；痛苦的蘇格拉底，勝於一個高興的傻瓜。假如傻瓜、豬有不同意見，那是因為，他們只會從自己的角度思考問題。

《功利主義》

瑟倫・阿比・克爾愷郭爾 Søren Aabye Kierkegaard

生：1813年，哥本哈根	卒：1855年，哥本哈根

術業：宗教、形而上學、認識論

師承：柏拉圖、康德、萊辛

嗣響：雅斯貝斯、維特根斯坦、海德格爾、薩特

著作舉要：

《反諷的觀念》（The Concept of Irony）、《非科學的最後附言》（Concluding Unscientific Postscript）、《非此即彼》（Either/Or）、《恐懼與戰慄》（Fear and Trembling）

主體性，是基督教所關注的。基督教的真理唯一存在於主體性之中，假如有這個真理存在的話。客觀地，基督教沒有存在。

《非科學的最後附言》，第116頁

克爾愷郭爾出生在一個富足的丹麥家庭，七個孩子當中，他年紀最幼，從小接受嚴格而且抑鬱陰沉的家庭教育。他的父親麥克爾背負着沉重的宗教負罪感，性情憂鬱。據說克爾愷郭爾天生早熟早慧。

克爾愷郭爾受到良好的古典文學和藝術教育，基本上門門功課都很好，拉丁文尤其出色，但是在丹麥文寫作方面似乎有些困難（他一生花了很多時間去克服這個弱點）。長大後他進入哥本哈根大學學習神學、哲學和文學。一個戰戰驚驚的新生活，只看到待付的賬單猛漲，學業荒疏，這之後，父親去世，克爾愷郭爾繼續工作，讀完自己的學位。他曾經想做一名路德教派牧師，就在註冊神學院之前，發生了兩件大事。

第一件是他於1840年與雷吉娜・奧爾森（Regina Olsen）訂婚；第二是他立志要做一名作家的夢想（這是他把玩多年的理想）觸到了現實的暗礁。寫作不足以供給他和妻子的衣食，即使加上遺產也不夠。這些考量，再加上某種克爾愷郭爾感到不好啟齒又不能告訴雷吉娜的神秘原因，1841年他主動解除了婚約。後人認定生命中這次短暫的插曲對克爾愷郭爾的意義非同尋常，他不斷地在作品中回味那個時刻。

克爾愷郭爾的文字生涯多少有些斷斷續續，花了相當長的時間才開始。哲學方面，部分原因是由於他為黑格爾哲學團體所排斥而感到激憤，在他那個年代，黑格爾哲學在丹麥風行一時。這還只是他總體上拒絕體系哲學的一部分。他聲稱，體系哲學構成對自由和責任的逃離，變成了宿命論和必要性。他自己的哲學創造的確是非常反系統化的，尤為有趣的是他常常變換筆名出版著作，經常用一個筆名去攻擊另一個筆名寫的作品。

等到他作家的聲名建立起來之後，克爾愷郭爾開始越來越多地捲入到論戰之中，他批評其他作家，批評路德教會、當代社會。或許正是因為這不間斷的意氣之爭，再加上相當繁重的寫作計劃，他的健康每況愈下，終於一病不起，42歲時就與世長辭。

思想簡括：

人的能力有限，犯錯在所難免，只有通過對這一事實的識別，我們才有望逐漸發展知性，避免絕望。

存在的三個階段

在《非此即彼》（1843年）、《焦慮的概念》

美學的	倫理的	宗教的
追求愉悅	責任與義務	順從上帝
↓	↓	↓
失敗絕望	自主意志與 道德責任感缺失	真正的自由

The Concept of Dread，1844年）、《人生道路的諸階段》（Stages on Life's Way，1845年）、《恐懼與戰慄》（1846年）中，克爾愷郭爾創造性地發展了我們每個人都要選擇的三種生存狀態：美學的、倫理的、宗教的。美學的人生讓我們追求物質的感官享樂，不斷尋求新奇的刺激。這一選擇源於我們對厭倦的恐懼，試圖對絕望的逃離，但這種狀態注定要遭到失敗：最終我們每個人還是要墮入絕望和憂悶之中。選擇倫理的狀態，我們可以體驗責任與義務的順從人生。

一開始克爾愷郭爾認為這是正確的選擇，但最終他認識到，這種順從缺乏一個意志自由，因而少了真正的道德責任感。於是他發展出第三種狀態，引導我們進入"信仰飛躍"的階段，這是真正的宗教狀態，包括對神的敬服，只有神才能與真正的自由和諧共存，甚至這是通往真正自由的必由之路。這一階段超越理性，對克爾愷郭爾來說，猶太教─基督教聖經裡的亞伯拉罕與以撒的故事就是典型的註解。

亞伯拉罕與以撒

當神命令亞伯拉罕殺死他的兒子以撒（Isaac）時，克爾愷郭爾指出，跟其他情況不同，比如阿伽門農（Agamemnon）和他女兒伊菲革涅亞（Iphigeneia），這一行為完全背離普通道德。但亞伯拉罕選擇了服從，他既不理解神的用意，也無從判斷他的決定，只能向神意投降。這信仰的飛躍包括克爾愷郭爾稱之為"倫理暫停"的因素，這個飛躍是進入生存的第三狀態的唯一途徑。宗教信仰沒有理性的依據──只有對絕望和焦慮的逃離。

克爾愷郭爾對於個體生存狀態的強調，以及自我檢視的需要，導致他將自己的思想稱為"存在的"，為後世的存在主義作家們鋪平了道路。

克爾愷郭爾設想檢視了三種生存狀態，每一種都帶有其後果。選擇宗教的存在是獲得幸福的唯一途徑。

克爾愷郭爾借用亞伯拉罕殺子以撒的故事，闡述個體如何進行信仰的昇華，超越理性，投入到宗教的人生存在。亞伯拉罕聽從神的命令，屈服神的旨意，這樣做而獲得了真正的自由。

卡爾・海恩里希・馬克思 Karl Heinrich Marx

生：1818年，特里爾（特里夫斯）　　　**卒：**1883年，倫敦

術業：政治學、經濟學

師承：霍布斯、亞當・斯密、大衛・李嘉圖、詹姆斯・穆勒、黑格爾、恩格斯

嗣響：列寧、托洛茨基、阿多諾、葛蘭西、辛格

著作舉要：

《共產黨宣言》
（Communist
Manifesto）、《資本
論》（Capital）、《大
綱》（Grundrisse）

資本制度的中心是資本階級
與無產階級，資產階級擁有
資本，無產階級擁有勞動
力。馬克思斷言，社會動力
是剝削的矛盾的，兩個階層
的利益直接衝突，這種矛盾
關係引起其中的階級衝突，
階級衝突最終導致歷史變
革。

卡爾・馬克思出生在普魯士小城特里爾一個中產階級猶太家庭（他的父親是位律師，為了職業方便改信了基督教），他最初在波恩大學受教育（學習法律，但是大多數時間都泡在啤酒屋），後轉到柏林大學，就是在這時候他發現自己對哲學產生了興趣，遂加入青年黑格爾學派。這個學派由一些神學家、哲學家等思想界人物組成，他們吸收了**黑格爾**理論中的世俗論證，又相信社會（特別是普魯士社會）尚不完善。青年黑格爾學派成員批判教會、普魯士政府，1840年馬克思發現向耶拿大學提交他的博士論文（關於古希臘原子論者）比向柏林大學提交更為明智。

激進的政治觀點使得馬克思不太可能謀到

思想簡括：

我們並不是被動地參與到世界中去，而是世界的控制者——我們應當用一種解放自己、解放全人類的方式去控制世界。

學術界職位，他進入出版業，在自由派報紙《萊茵報》做了一名編輯。《萊茵報》後來被普魯士政府查封，馬克思到巴黎謀生活，在這個世界大都市一邊當自由撰稿記者，一邊繼續他的哲學思考和寫作。他正是在這個時期認識了弗雷德里希・恩格斯。後者促使馬克思關注工人階級的生存狀況，引導他轉向經濟學研究。兩位戰友開始一起工作一起著書立說，直到馬克思去世時為止。

政治迫害以及更劇烈的動盪迫使馬克思從法國跑到比利時，再返回法國，最後在倫敦落腳，長期居住下來。正是在倫敦，他頻頻參與到國際工人協會（即後來的第一國際）的工作中去。在他生命的最後階段，馬克思完成了他最重要的一些著作：三卷本的《資本論：政治經濟學批判》（及第四卷的計劃），《資本論》第一卷出版於1867年，後兩卷由恩格斯編輯，於馬克思去世後的1885年和1894年分別出版，

馬克思並不是馬克思主義者

"馬克思主義者"這個詞，指的是利用馬克思的詞彙和基本歷史觀社會觀（尤其指資本主義）的那些人，我們不應當假設馬克思主義者的觀點必然與馬克思本人的著作相吻合，事實上，馬克思自己說他並不是個馬克思主義者。

馬克思和恩格斯相交相知達40多年。恩格斯在英格蘭北部投資工業，利潤曾用來資助馬克思及其一家，當時這一家子住在倫敦，數年裡曾甚為拮据。

第四卷的讀書筆記在1905-1910年由卡爾‧約翰‧考茨基整理，書名為《剩餘價值學說史》，作為《資本論》的第四卷推出。

馬克思晚年健康惡化得很厲害，儘管他跑遍了歐洲各地的溫泉浴場（一度還去了北非），卻未能遏制身體每況愈下。妻子和長女的過世猶如雪上加霜，馬克思1883年與世長辭，被埋葬在倫敦北郊的海格特公墓。

馬克思的著述大多都與經濟學、歷史、政治有關，其哲學思想的重要性主要在於後代政治哲學家發展使用他的學說的方式（馬克思最有趣的哲學理論是在《大綱》中發現的，出版於他死後的1941年）。馬克思思想的核心是接受了黑格爾的辯證歷史觀，同時揚棄了黑格爾的唯心主義而代之以唯物主義。

人性

除去其基本能力與改變世界的慾望（體力勞動），人性依賴外界的社會和經濟狀況，社會和經濟狀況隨時都在變化：不過人類可以控制這些狀況。需要改變的諸多要素之一，就是私有財產，因為私有財產使階級分化，使人的勞動、人們改善環境的基礎力量異化，遠離其人性的本質。人成為手段而不是目的，通過擺脫私有財產，這種情況可以倒轉過來，從而消除階級存在，人類獲得自由。

歷史唯物主義

經濟狀況和社會狀況都是生產力，隨着人類對自身環境的瞭解和控制力越來越強，社會經濟狀況不斷通過歷史改變。各種社會形式，或者說生產關係——如：封建制度、資本主義、社會主義、共產主義——以一種不可避免的模式彼此取代。這是生產力與生產關係之間不可調和的張力和衝突引發的必然結果，導致階級鬥爭和革命："到目前為止的一切社會的歷史都是階級鬥爭的歷史"（《共產黨宣言》，《馬克思恩格斯全集》，1:88）

哲學家所做的以各種方式詮釋世界，最重要的是要改變世界。

《關於費爾巴哈的提綱》，《馬克思恩格斯全集》（Marx Engels Werke），3:7

"按勞分配，各取所需。"

《哥達綱領批判》，《馬克思恩格斯全集》，19:21

威爾拜－格羅格利 女勳爵，維多利亞勳爵

The Hon. Victoria, Lady Welby-Gregory

生：1837年	卒：1912年

術業：語言、哲學邏輯

師承：達爾文、柏格森、席勒、皮爾斯

嗣響：皮爾斯、奧格登

著作舉要：

《作為導數的時間》
（Time as
Derivative）、《何謂
意義？》（What is
Meaning?）、《語義
學和語言》（Significs
and Language）

……就某種意義來
說，我們當中的每一
個人生來都是個探索
者：唯一的選擇是自
己將要探索什麼，唯
一的疑問是自己的探
索是否值得花費力
氣。……最遊手好閒
的人想入非非；最愚
蠢的人瞪大眼睛看；
最無知的人也會感到
好奇：毛賊捉摸的是
旁人的口袋，或是溜
進鄰居家裡，在屋中
的 "世界" 亂翻，鑽
入壁櫥探索一番。

"意思、意義與詮釋"，載
於《心靈新輯》（Mind
N.S.），V, 1898

威爾拜是查爾斯殿下和女勳爵艾米麗尼·斯圖爾特－沃特利的女兒，對於她早期的生活情況，我們知道的不多。她大部分時間都在世界各地旅遊，父母去世時，她正在貝魯特。此外她還寫作詩歌、戲劇，豐富多彩的活動還包括創建大不列顛社會學學會、皇家女紅藝術學校等。

1863年她與政治家威廉姆·威爾拜－格羅格利爵士結婚，在位於林肯郡的采邑丹頓定居。她沒受過什麼正規教育，但她與當時最傑出的思想家通信往來，用這種方式自學成才。到19世紀末期，她已經在當時頂級學術刊物《心靈》和《一元論者》上發表關於意義的文章了。1903年，她出版了專著《何謂意義？》，緊跟着1911年出版《語義學和語言》。同年她還為《大英百科全書》撰寫了長長的 "語義學" 辭條。她把自己的 "語言的意義" 的理論命名為 "語義學"。此外她還發表並出版了關於時間的現實性的著作《作為導數的時間》。

皮爾斯為《國民》（The Nation）審閱《何謂意義？》之後，兩人開始了長達六年的通信，後來集結為《符號論與語義學》，於1977年出版。他們在研究方法和理論方面頗有共同之處。威爾拜和另一位學者奧格登（C. K. Ogden）也在進行類似的通信

按：

威爾拜女勳爵是維多利亞女王的教女，曾做過女王的侍從官。

往來，後者的意義學論著深受她影響。

威爾拜對意義的興趣來源於她早先對神學的關注和對基督教經典的詮釋，這在她第一本書《關聯與線索》（Links and Clues，1881年）裡已經表露出來。她的興趣逐漸發展成對意義性質的更為整體的關注，包括（或許尤其注重）語言日常使用的意思。她的很多著作都着重探討語言各種意義之間差異的發展形成，以及這些意義與倫理學、美學、語用學和社會價值之間的多樣關係。她為自己的研究方法發明了 "significs" 一詞（她本來是想使用 "sensifics"），這個詞比起 "semiotics"、"semantics" 這樣的術語來少了些理論包袱，又能暗指當時通常被研究界忽略的特殊興趣領域。

她將語言的意思分為三個主要範疇："意識"、"意義" 和 "旨趣"，對應意識的三個階段，順序使用天文學的術語 "行星"、"太陽" 和 "宇宙" 來表述。她部分借用達爾文的進化理論來解釋這三個階段的不同。

查爾斯・桑德斯・皮爾斯 Charles Sanders Peirce

生：1839年，坎布里奇，馬薩諸塞	卒：1914年，米爾福德，賓夕法尼亞

術業：形而上學、邏輯學、認識論、數學、自然科學

師承：鄧斯・司各脫、李德、休謨、康德、邊沁、威爾拜

嗣響：威爾拜、威廉姆・詹姆斯、喬伊斯、杜威、波普、維金斯、哈阿克

最終要被每一個
者所贊同的意
是我們通過事實
意義，這種意見
表的客體是真實

《論文集》，5, §407

皮爾斯的早期教育基本上是由其父，哈佛大學天文學、數學教授本傑明・皮爾斯（Benjamin Peirce）親自指導完成的。1855年小皮爾斯進入哈佛學習化學，獲得學士學位。在為美國海岸與地理測量調查所工作一段時期之後，他又拿到碩士及化學理學士學位，儘管如此，他也只是設法爭取到幾個非終身的教職。他繼續為海岸與地理測量調查所工作，時不常在哈佛大學講授科學哲學（聽課的學生很少），這以後他的生活模式大概就是如此：科學、數學、工作，業餘時間偶爾講講哲學。1887年他繼承了一小筆遺產，便辭去公職，攜第二任妻子到賓州的米爾福德定居，在那裡默默無聞地寫作（經濟拮据，經常捉襟見肘），1914年因患癌症去世。

他一生中最重要的事情，是1871年在坎布里奇成立玄學俱樂部，成員是一群年輕人，包括威廉・詹姆斯和奧利弗・溫德爾・小霍布斯（Oliver Wendell Holmes Jr.），他們聚在一起探討哲學問題。實用主義就是在這個小團體的聚會中產生的，詹姆斯歸功於皮爾斯，皮爾斯又歸功於另一個成員尼古拉斯・聖約翰・格林（Nicholas St. John Green）律師。

實用主義

實用主義實質上是意義與真理的學說，雖然成員們各有各的解讀。確實，詹姆斯的"實用主義"版本與皮爾斯的版本相差甚遠，皮爾斯甚至把自己的學說稱為"實用化主義"以示二者的區別。皮爾斯的理論核心，是概念的意義在於它的（實際）結果的總和："要是思考產生效果的東西——想像得出這可以產生實際的意義——那麼，我們就會設想概念的客體有這些效果。如此，我們關於這些效果的概念，就構成了我們關於這一客體的概念的整體。"（《論文集》，5, §402）

邏輯學

皮爾斯的邏輯學著述大概是他最令人驚奇、最有原創性的成就，不過這些著述都是零零碎碎的，分散在他的短文章中（以及他大部分哲學著作中）。他對於量化理論、命題演算、布爾代數、三值邏輯，都有實際貢獻，他將布爾代數原理運用到關係演算當中或許是他最有名的貢獻了。

語錄：

要確定是容易的……。一個人必須保持足夠地模糊。

《論文集》，4, §237

威廉·詹姆斯 William James

生：1842年，紐約　　　　　**卒**：1910年，喬科魯阿，新罕布什爾

術業：宗教學、形而上學、認識論、心理學

師承：J·S·穆勒、皮爾斯、柏格森

嗣響：胡塞爾、杜威、羅素、維特根斯坦、奎因、普特蘭

著作舉要：

《相信的意志》（The Will to Believe）、《實用主義》（Pragmatism）、《宗教經驗種種》（Varieties of Religious Experience）

意識本身似乎並不是被砍成一小段一小段的。"鏈條"、"列車"這樣的詞，首先並沒有準確地描述意識呈現自己的方式。人的意識沒有連接點，它在不停地"流動"中，用"河"或"溪流"來比喻，是對意識最貼切自然的描繪。

《心理學原理》，I，第239頁

詹姆斯出生在紐約一個四海為家的富戶人家，幼年時的家庭教育和各種私立學校的費用十分昂貴，但質量良莠不齊，且經常被他父親心血來潮改變主意所打斷。13歲時，他們舉家遷往英格蘭，再往法國，三年後又回到美國，在羅得島的新港住了一年之後又返回歐洲，這一次選擇了瑞士和德國。詹姆斯進入日內瓦學院，即後來的日內瓦大學學習自然科學和數學。只呆了一年的時間，他父親又率全家遷回新港。

19歲時，他遵從父親的意願放棄了成為一名藝術家的理想，在哈佛大學註冊攻讀藥學。同年美國內戰爆發，威廉的兩個兄弟應徵入伍，他和弟弟亨利（後來成為著名小說家）由於健康原因倖免參軍。二年級時他有幸加入自然學家路易斯·阿加西（Louis Agassiz）組織的巴西考察團，但是他思鄉心切，又患上了不太嚴重的天花，飽受折磨。回到哈佛繼續學業後不久，糟糕的健康狀況仍然困擾着他，他患上了抑鬱症，1867年他到法國、德國、瑞士遊歷兩年，主要是出於健康原因，同時也為了研究生理學、哲學和新出現的心理學。

詹姆斯返回哈佛，1869年獲得醫師資格，不過他從未開業。抑鬱症沒有好轉，部分是由於他沒有一個明確的目標。於是，父輩的老朋友，哈佛大學校長提供給他一個

思想簡括：

真理是無論怎樣都對思想有用的；道德是無論怎樣都對行動有用的。

教授生理學的職位，他接受了。工作的〔緊〕一年使他精疲力竭，不得不短期出國〔休〕養，這次主要在意大利徜徉。這以後的3〔十〕年他一直在哈佛授課，很快就從生理學〔轉〕向心理學，後來又轉往哲學領域。事實〔上〕他是美國第一位教授心理學的人，主要在哈佛講課，偶爾也到其他學校（愛丁堡大〔〕學、牛津大學等）當客座，直到1907年。〔在〕經受了多年心臟問題的困擾後，1910年〔他〕死於心臟肥大。

實用主義

雖然詹姆斯和**皮爾斯**同為實用主義的創始〔〕人，他也確實將實用主義作為黑格爾絕對〔〕唯心論的一種替代學說而大大推廣了一〔〕番，但是他對實用主義的論述並不像皮爾〔〕斯那樣清晰。有時候他誇張地形容自己是〔〕把實用主義觀點搞得聲名狼藉的人（比如〔〕他宣稱真理和道德公義不過是無所謂的權〔〕宜之計），皮爾斯很願意和他的說法劃清〔〕界限。

跟皮爾斯不同的是，詹姆斯特別關注在他

詹姆斯家族有一個強調文化修養和四處遊歷的自由教育傳統，威廉和他的弟弟亨利當然就是其父教育方針的最好注解，亨利是美國最著名的小說家之一。

"對每個人而言，概念的真實會引起什麼可感的差異？"，用這個問題去檢驗每一個概念，你就會處於可能是最佳的位置，以理解概念的意思、討論其重要性。

《實用主義：一些舊思想方法的新名稱》，第60頁

勺體系中為宗教留出空間，吸納了帕斯卡爾和**克爾愷郭爾**傳統中的唯意志論觀點。也就是說，他認為宗教信仰雖然沒有理性內依據，卻是出於人們希望信仰什麼的心理需要。在此觀點的基礎上，他增加了自己的實用主義主張，認為宗教是人之所欲約（也是真實的），因為它在某種意義上"有效"。同樣，科學理論也可以被視為工具，它的價值在於對我們有用的層面上進行精確測量。

帕斯卡爾的賭注論

布萊斯·帕斯卡爾（1623-1662年）認為，如果你接受宗教信仰，最壞的結果也無非是你錯了，放棄了一生對塵世享樂的追求而最終一無所獲；反之，你可能得到的卻是一個極樂的永恆世界。但是假如你拋棄宗教信仰，一輩子最大的收穫可能是終身榮華富貴，聲色犬馬，而最壞的結果卻是要冒着受永恆折磨的危險。兩相比較之下，選擇信仰還是划算得多。詹姆斯在他的論文《相信的意志》中反駁了賭注論。

精神

詹姆斯對精神與肉體的論述表現為一種複式理論的形式，**伯特蘭·羅素**後來稱之為"中立一元論"。詹姆斯認為心理與生理實質上是一個單一根本特質的不同方面，他將其命名為純粹經驗—這容易令人誤解，原因是，就純粹經驗自身而言，它和生理一樣都不是心理過程。

詹姆斯有關心理現象的解釋，最獨特的部分是，與感情相關的主體的感覺是由相關的生理引起，而不是相反。換句話說："我哭，所以我悲傷；我打，所以我發怒；我發抖，所以我害怕。"（丹麥生理學家卡爾·朗格<Carl Lange>也有類似的理論闡述，因而該理論被叫做詹姆斯－朗格理論）（《心理學原理》，II，第449頁）

在詹姆斯看來，幸福的感情可能是由微笑這樣的動作引起，並非是幸福引發人的微笑。

弗雷德里希・威廉・尼采 Friedrich Wilhelm Nietzsche

生：1844年，呂琛地區的洛肯鎮	卒：1900年，魏瑪

術業：倫理學、形而上學、認識論、美學、語言學

師承：馬基雅弗利、叔本華

嗣響：雅斯貝斯、伊克巴爾、海德格爾、薩特

著作舉要：

《悲劇的誕生》（The Birth of Tragedy）、《查拉圖斯特拉如是說》（Thus Spoke Zarathustra）、《善惡之彼岸》（Beyond Good and Evil）、《論道德的譜系》（On the Genealogy of Morals）、《瞧這個人》（Ecce Homo）、《權力意志》（The Will to Power）

在我們這個世界上，那些有價值的東西，就它的性質而言，其本身並沒有價值——性質總是一錢不值，但有時候被我們賦予價值，作為一種贈品——賦予其價值，並且使用其價值的人，是我們。

《快樂的科學》（The Gay Science），§ 302

尼采出生在普魯士呂琛地區的洛肯小鎮，四歲的時候，他那當路德教牧師的父親患病去世，全家搬到塞爾河畔瑙姆堡附近，居住了一段時間。在一所很好的寄宿學校完成中學教育之後，尼采進入波恩大學研究神學和文獻學。他對文獻學尤其着迷，後來他轉到萊比錫大學，發現了叔本華的著作，和源自康德的對唯物論形而上學的批判。

1867年一次騎馬事故使他的身體不再適合服兵役，尼采返回萊比錫大學，與理查德・瓦格納（Richard Wagner）交善，他們的友誼對尼采產生了深刻的影響。這時候，另一位朋友和師長推薦尼采到巴塞爾大學任教。1869年，尼采受聘成為巴塞爾大學的古典文獻學教師。在巴塞爾，尼采度過了十年的教書與研究歲月，直到健康狀況不再允許他做下去——普法戰爭期間他在戰地醫院服役時不幸感染白喉和痢疾，此時更加惡化，他不得不辭去教職。

其後十年的時間，他過着居無定所的生活，無根無基到處漂泊，既不放棄他的德國國籍，又沒有接受瑞士國籍，從一個國家，輾轉到另一個國家，瑞士、德國、法國、意大利的小鎮，都留下他的身影，每次只逗留幾個月的時間，不過他總是定期回到他母親在瑙姆堡的家。1889年，在都

語錄：

藝術在生活之上籠罩了一層思想的面紗，朦朦朧朧，使得人生之景可以為我們忍受。

《Human, All Too Human》，§ 151

靈，他突然昏倒，醒來後神經錯亂（確切的病況和原因不詳）。這以後他從未能痊癒，在診所和療養院苦度時光，後來回到瑙姆堡母親家中。母親1897年過世後，他的妹妹把他接到魏瑪居住，沒過幾年就去世了。作為他的遺囑執行人，尼采的妹妹是惟一能夠接觸他的手稿的人，她歪曲尼采的著作，以應和自己的反猶太觀點，並由此討得了希特勒及其納粹黨的歡心。

尼采最有名的學說，或許是他對他稱之為"奴隸道德"的抛棄批駁——所謂"奴隸道德"，指的是尼采從基督教的根基中看到的傳統價值觀，他形容之為"被一群軟弱的暴民杜撰出來，為他們那些所謂的憐憫、謙卑、友善等價值服務"。而"超人"是強壯的、從奴隸道德中超脫出來的有創造力的個人，他注定要創造新的價值，從世界的渾沌與自相矛盾中探索新的意義。

弗朗西斯·赫博特·**布拉德利** Francis Herbert Bradley

生：1846年，克拉彭	**卒**：1924年，牛津

術業：歷史學、倫理學、形而上學、邏輯學

師承：康德、黑格爾、格林

嗣響：科林伍德、羅素

說來，自由意志
以外在需要的形
離非理性的因果
，這種關係只有
然性的形式才能
地被再次斷言。

倫理學研究》，第12頁

布拉德利出生在克拉彭（當時是薩里郡的一個小村子，如今已成為倫敦的一部分），父親是一位福音傳道士。布拉德利起初在切爾滕納姆學院讀書，後轉到馬爾博羅學院，最後進入牛津大學學院學習古典人文學科。1870年他當選牛津默頓學院研究員，此後一直在默頓工作，直至去世。布拉德利生前贏得了極大的聲名，在學術界和公眾領域都享有崇高的聲譽。除去一連串令人目眩的榮譽學位和研究職位之外，他還成為（去世的前三天）第一位榮獲功績勳章的哲學家。

這些崇高的榮譽，在他身後並沒有持續多久，部分是由於G·E·穆爾、**羅素**、艾爾等哲學家對他的攻擊和學術曲解（具有諷刺意味的是，艾爾自己的名聲部分地建立在他對**J·S·穆勒**同樣的攻擊和曲解上。）

布拉德利是英國黑格爾學派最傑出的代表，這個由一群哲學家組成的團體主要以牛津為中心，包括T·H·格林（1836-1882年）、伯納德·博贊克特（Bernard Bosanquet，1848-1923年）、J·麥克塔戈特（J. McTaggart，1866-1925年）、R·G·科林伍德（1889-1943年）。雖然這些人全都深受黑格爾學說的浸潤，但是他們的觀點、方法論，其實是受了其他各種哲學研究方法，尤其是康德研究方法的影響，通常都有些不大重視自己的黑格爾主義。

絕對（或曰客觀）唯心主義

布拉德利盡量避免甚至否認"黑格爾派"和"唯心主義"這樣的標籤，但他實際上就陷在這兩個類別裡面。在他看來，絕對——也就是說"實在"，即存在的總和——不但超越我們對世界的普通理解與經驗，尤其超越我們試圖強迫自己的理解力進入的範疇和關係，不僅包括空間、時間、原因，同時還包括屬性和事物。絕對因此成為一個統一體——雖然目前尚不清楚我們將如何解釋既不含有關係又不具備差別的東西。布拉德利跟黑格爾的不同在於，他描述了一個非宗教的——如果不是無神論的話——絕對精神的版本。

弗雷德里希·路德維希·戈特羅·弗雷格
Friedrich Ludwig Gottlob Frege

生：1848年，維斯馬	**卒**：1925年，巴德克萊茵，德國

術業：邏輯學、數學、語言學

師承：萊布尼茨、J·S·穆勒、洛采

嗣響：胡塞爾、羅素、維特根斯坦、卡納普、安斯康姆、維金斯

著作舉要：

《算術的基礎》(The Foundations of Arithmetic)、《邏輯學探索》(Logical Inverstigations)

閣下發現了書中的自相矛盾之處，使我大吃一驚，簡直可以說，大為驚恐呢。這個發現動搖了我本來打算建造的算術的基礎……。既然失去了我的第五法則，不僅我的算術的基礎，連算術唯一可能的基礎，似乎都要就此傾倒，這可不是說着玩的。

"與伯特蘭·羅素書"，選自《從弗雷格到哥德爾》(From Frege to Gödel)，J·范·赫任諾特 (van Heijenoort) 編，第127頁

思想簡括：

模棱兩可與含糊其詞，對詩人來說沒有問題，具體到論述真理的語言——尤其是科學語言——就應該既準確又清晰。

弗雷格的父母都在弗雷格父親創辦的女子學校裡授課，弗雷格自己則在當地的高等中學讀書，畢業後升入耶拿大學學習化學、哲學和數學。1866年他父親去世，母親接着執掌女子學校，供應弗雷格的日常開銷。在耶拿兩年後，弗雷格轉到哥廷根大學，除繼續學習數學、化學，又選修了物理學、宗教哲學方面的課程。1873年獲得博士學位，博士論文是研究幾何學的基礎。

第二年他被任命為耶拿大學的教師，他在耶拿任教一直到1917年退休，頭五年是不拿薪水的（不支薪教師），他不得不依靠母親接濟。他母親於1878年去世後，除去繁重的教學任務，他又設法完成了第一部重要著作《概念文字》(Begriffsschrift, eine der arithmetischen nachgebildete Formelsprache des reinen Denkens，英文譯名作Conceptual Notation，1879年)。

弗雷格的崇拜者經常會為他性格中的多面性所迷惑，更不要說他那擴充到一切外國人身上的偏見了（他特別討厭法國人），還歧視天主教徒、猶太人，這種偏執的態度令人厭惡。他的日記中毫不掩飾這一點，不過我們並不清楚他的行為當中這種歧視表現到何種程度。他性情安靜、沉默寡言，很少和同事們混在一起。

從耶拿大學退休後，他搬到巴德克萊茵，在這裡繼續著書立說，直到去世。雖然他生前相對默默無聞，但他很清楚自己的著作終有一天會得到世人承認，他把自己的文章都留給養子，寫道："我深信未來這些東西能夠贏得比現在大得多的讚譽，細心保存，不要讓它們喪失。"他說的沒錯，但不幸的是，很多生前未出版的著作保留在明斯特大學——第二次世界大戰期間，大學的建築物被同盟軍的炸彈摧毀，弗雷格的手稿也從化為齏粉。

邏輯主義與邏輯學

弗雷格相信，數學，特別是數論，也是邏輯的一部分——這種觀點被稱為邏輯主義。根據這種觀點，數學真理可以從邏輯公理中推演出來。雖然經過弗雷格傑出的奠基之作，再經由**伯特蘭·羅素**的發揮，這一觀點可能取得的最佳成果是將數論歸納為集合論——但是集合論並不是邏輯學

弗雷格一直在耶拿大學的數學系任教。他的著作重新思考了邏輯學和語言學原理，對20世紀的哲學有深刻的影響，但在羅素讀到這些著作前，它們很大程度上一直不受人重視。

的組成部分。不過，弗雷格在這一領域的研究引致了某些重要的成果，雖說它也同時導致了他最嚴重的一個缺陷。

他曾計劃出版他的邏輯主義研究成果《算術的基礎》，第一卷初版於1893年，1902年——第二卷即將印行之時——弗雷格收到羅素的一封信，指出他第一卷中的公理系統有缺陷，可能會引起自相矛盾。弗雷格在第二卷的附錄中解釋了問題所在，並修正了其中一個公理，不過，這意味着他的某些定理再不能夠被推導。這一缺陷，使弗雷格無比沮喪，但他的研究對於數理哲學和數理邏輯依然極其重要，其成果可以在許多數學家的著作中看到，表達最清晰的可能要屬羅素與懷特海合著的《數學原理》（三卷本，1910-1913年）了。

在弗雷格之前的兩千年裡，邏輯從來沒有被人忽略過——中世紀時它是哲學研究的主要領域之一——但弗雷格卻是自亞里士多德以來第一位對這一學科提出新的演繹系統的人。他發明的記錄法笨重繁冗，今天已沒人使用，但是當代邏輯學卻在弗雷格的書中發源，他的貢獻尤其在於發現了謂詞演算，引入了邏輯量詞。

意義

弗雷格研究邏輯解答法的初衷，部分源於

他尋找一種適合科學使用的語言的企圖——一種不含糊其詞、不模棱兩可的精確的語言，他對語言哲學最著名的貢獻，也許是他把意義解析成為兩種成分：涵義和指稱——二者的區別在當代關於意義的觀念中依然處於中心地位。名詞的指稱指的是它指代的東西，比如"長庚星"，它的指稱就是一個叫金星的行星；這個詞的涵義是它**如何**辨別指稱，如何向思考者呈現自身，因此"長庚星"包含如下事實：大家認為金星是一個夜晚看起來很明亮的星球。這就解釋了為什麼"長庚星"與"啟明星"有不同的涵義，儘管它們指稱的是同一樣物體，因為"啟明星"着重的是早晨看來比較明亮的金星。這並非是主體的問題。"涵義"不是說一個特殊物體如何聯想到它的指稱，而是語言的上下文語境使其所以然。我可能心懷顫抖地想到"啟明星"，因為我總是把它與早晨起床聯繫起來，但是它的"涵義"並沒有這一層。

弗雷格將語言中意義的構成一分為二：涵義和指稱，為了說明這個觀點，金星是個很好的例子。"長庚星"與"啟明星"指稱的是同一事物——金星，但兩者意義不同。"長庚星"強調的是金星在晚上閃亮，而"啟明星"強調的則是金星在早晨閃亮。

適當的名稱（詞、符號、符號組合、表達）表達的是涵義，代表或者指定的是其指稱。藉助符號，人們可以表達其涵義，指定其指稱。

"論涵義和指稱"，收入《意義和指稱》（*Meaning and Reference*），A·W·摩爾（A. W. Moore）編，第27頁

時光邁進20世紀，哪些哲學家入選本書成為一個難以取捨的問題。正如大衛·休謨在審美判斷的論述中所指出的，歲月的流逝是最關鍵的評判師。有許多生前被認為卓越不凡的哲學家，時光漸漸洗去了他們身上耀眼的光芒。毫無疑問，歷史，也會對本書我們所遴選的人物做出同樣的評判。

20世紀，西方哲學分出了兩個不同的流派——英美學派和歐洲大陸學派——這種分流在上個世紀左右就牢固地樹立起來了。

1859

1859

1872

1889

雖然兩學派之間不乏一些"交叉學派的明星"，但，我們若是斷言說，一條線的絕大部分著作對另一條線的學術研究幾乎沒有任何影響（同時也不受其影響），這樣的論斷大致還是不差的。

即使哲學出版物——專著和學術刊物——急劇增多，也無助於這種情況的改善。20世紀想進入學術界的人必須要有出版成果，才能找到工作，保住職位。一個世紀以前，哲學家們只有在認為自己的工作值

1901　維多利亞女王逝世

1902　布爾戰爭結束

1903　萊特（Wright）兄弟在基蒂霍克進行第一次飛行實驗。
　　　福特汽車公司成立

1904　日俄戰爭爆發

20世紀篇

1900-2000

1905　日本摧毀俄國艦隊，日俄戰爭結束。挪威從瑞典分離出來

1906　沙俄全國總罷工，第一次國家杜馬成立。舊金山毀於地震和
　　　大火中。英國議會第一位工黨成員易伯生（Ibsen）去世

1909　南非聯邦成立

1911　孫逸仙領導中國的辛亥革命

1912　中華民國成立。“泰坦尼克號”沉沒。巴爾幹戰爭爆發

1913　《布加勒斯特條約》；土耳其在歐洲的屬地大部分割讓給
　　　巴爾幹半島諸國

1914　斐迪南（Ferdinand）大公遇刺，第一次世界大戰爆發。
　　　蒙斯戰役、馬恩河戰役，第一次伊伯拉斯戰役

1905

902

1916　加利波利半島大撤退。索姆河戰役。愛爾蘭新芬黨復活節
　　　起義

1916　巴黎和會召開。在凡爾賽簽定和平條約。阿爾科克
　　　（Alcock）和布朗（Brown）飛越大西洋。奧匈帝國瓦解

1917　俄國革命。美國向德國宣戰。《貝爾福宣言》承認巴勒斯坦
　　　是猶太“民族的家”

1917　德皇宣佈遜位，11月11日德國簽署停戰協定。英國年滿30
　　　歲的女性家長、家庭主婦和大學畢業生獲得投票權

1920　國際聯盟首次召開。美國女性得到投票權。牛津大學開始招
　　　收女生

1921　希臘入侵土耳其。愛爾蘭自治邦成立

1922　希臘被土耳其打敗。墨索里尼（Mussolini）率法西斯黨
　　　“進軍羅馬”。發現圖坦卡蒙陵墓

1923	地震摧毀東京和橫濱。土耳其宣佈成立共和國
1924	列寧逝世。英國工黨第一次組閣。希臘共和國成立
1926	英國大罷工
1926	林德伯格（Lindbergh）獨自飛越大西洋
1928	科林斯城毀於希臘地震。英國女性法定投票年齡降至21歲
1929	華爾街崩潰標誌經濟大蕭條開始
1930	R101號飛船墜毀
1933	興登堡（Hindenburg）任命希特勒（Hitler）為總理。德國國會縱火案
1936	西班牙內戰爆發。愛德華八世即位後遜位
1938	德國吞併奧地利。《慕尼黑協定》
1939	西班牙內戰結束。希特勒入侵波蘭；英國向德國宣戰
1945	德國投降。聯合國成立。美國在日本投擲原子彈，日本投降
1948	甘地（Gandhi）遇刺。以色列建國
1949	北大西洋公約組織（NATO）成立。中華人民共和國成立。南非實行種族隔離政策
1961	豬灣事件。東德豎起柏林牆
1969	紐約發生"石牆騷動"，標誌同性戀爭權運動的開端。尼爾·阿姆斯特朗（Neil Armstrong）和埃德溫·奧爾德林（Edwin Aldrin）在月球漫步
1973	越南戰爭結束。阿以贖罪日衝突。石油輸出國組織（OPEC）抬高石油價格，報復西方國家捲入贖罪日戰爭
1989	天安門廣場爭取民主事件。米哈伊爾·S·戈爾巴喬夫（Mikhail S. Gorbachev）被任命為蘇聯總統。南非總統P·W·博塔（P. W. Botha）辭職。鄧小平辭去國家領導人職務。柏林牆對西方開放
1990	南非釋放納爾遜·曼德拉（Nelson Mandela）。西方聯盟結束冷戰。德國重新統一
1999	納爾遜·曼德拉辭職。科索沃戰爭爆發。北約進行"聯軍作戰"。東帝汶島投票公決脫離印度尼西亞

得讓公眾瞭解的時候，才考慮把書稿發表出版；而現在的問題是，所有的思考必須變成鉛字。勿庸諱言，其結果是製造出一堆又一堆的出版垃圾，粗製濫造，內容淺薄。按常理來說，一個人生產出一定數量，就可從量變到質變，水平跟着提高。奈何情況並非總是如此。經常發生的事情是，一些很有價值的學術著作，淹沒在茫茫書海之中——至少暫時沒有出頭之日。

邏輯實證主義

黑格爾的影響是20世紀早期的一個界定性

1910　　1921

因素。哲學家們高舉起反叛黑格爾的大旗，掀起了兩條哲學傳統線上的一次次運動，其中走得最遠的，無疑當推邏輯實證主義了——這種研究法於20世紀20年代至30年代出現在維也納，它的根源卻可追溯到英國經驗主義哲學家，尤其是休謨的身上。邏輯實證主義是一種自相矛盾的極端經驗主義，對自己的可證實性原則這一核心理念都無法自圓其說，可證實原則是：**命題的意義就是它證實的方法。**這意味

，任何按照規定不能被經驗地證實的命
題，都是無意義的。實證主義者用這條原
則攻擊神學、形而上學、倫理學和美學，
但它自己的原理本身卻很清楚地不能被經
驗所證實，因而是毫無意義的（目前有一
千相當數目的人仍然秉持着與該原理類似
的信條；對那些需要藉口不去思考倫理和
形而上學問題的人，邏輯實證主義具有獨
特的吸引力）。

形而上學的黃昏

在積極的方面，邏輯實證主義吸引哲學家

的厭倦相輔相成（平心而論，眼前沒有符
號也能達到同樣的功效）。到了20世紀末
期，這種學風略微減弱，形而上學開始從
重壓下抬頭。

不過總體而言，現代階段對哲學來講是個
艱難時世，歐洲大陸學派與英美哲學眼睜
睜看着一波又一波知識浪潮捲過來捲過
去，大陸學派變得愈發囉嗦、瑣碎，暮氣
沉沉，而英美學派卻日益乾枯無趣，以技
術專長取代了真正的思想深度。有些人希
望將兩種學派合二為一，以此重整哲學的
力量，恢復往日的雄風，但至少目前為

1937　　1940　　1941　　1945

們對 "意義" 進行關注；而消極的影響
是，他們對形而上學和倫理學的攻擊，導
致了曠日持久的後果（雖然倫理學很快就
從打擊中恢復）。現在的哲學界，再談論
"事物" 已經被人視為老土，如今人人言必
稱 "語詞"、"言說"，假如能夠扯上幾句
"邏輯的形式模式"，那就更好不過。這樣
的結果，是導致一代又一代哲學家，其唯
一的目的就是盡可能地使哲學看起來更像
數學，其玩弄技巧的聰明與讀者所感受到

止，這種可能性似乎還微乎其微。

從實際角度考慮，本節的後半部分省去了
受哲學家影響的後學。活着的哲人學者，
還有那些新近去世的人，共同構成了當前
學術論辯的局部，不是像過往的哲人那
樣，是一個個標誌清晰的點，當代思想家
們圍繞這些標點，進行思想的巡航。

埃德門德·古斯塔夫·阿爾伯特·胡塞爾
Edmund Gustav Albert Husserl

生：1859年，普羅斯泰耶夫	**卒**：1938年，弗賴堡

術業：邏輯、數學、認識論

師承：笛卡兒、休謨、費希特、康德、布倫坦諾、詹姆斯、弗雷格

嗣響：海德格爾、薩特、梅洛—龐蒂

著作舉要：
《邏輯研究》（Logical Investigations）、《笛卡兒式的沉思》（Cartesian Meditations）

唯一富有成果的哲學的復興，必定不是那個再次喚醒笛卡兒沉思的衝動。

《笛卡兒式的沉思》，
第5頁

胡塞爾在萊比錫求學時的老師托馬斯·馬薩里克（Tomáš Masaryk）是弗朗茨·布倫坦諾的學生。正是他建議胡塞爾轉到維也納，師從布倫坦諾學習。

思想簡括：

哲學家必須通過審視我們經歷自身經歷世界的方式，考察事物的本質。

胡塞爾出生在摩拉維亞地區的普羅斯泰耶夫小鎮，當時屬奧匈帝國管轄（名為普羅斯尼茨），今天劃歸捷克共和國。他是猶太人，父親是一名成衣製造商，家境殷實，供得起兒子讀書上學，胡塞爾先是在維也納求學，後來轉到離家較近的奧洛摩茨。1876年他進入萊比錫大學學習數學、物理學和哲學，其中一位老師正是托馬斯·馬薩里克（後來成為捷克第一任總統）。兩年以後胡塞爾轉到柏林大學繼續學業，三年後去了維也納大學，於1883年獲得數學博士學位。

在柏林短期執教之後，他返回維也納，師從弗朗茨·布倫坦諾攻讀哲學，曾先後在哈勒大學（1886-1901年）、格廷根大學（1901-1916年）擔任教職。1916年在弗賴堡大學獲得終身職位，一直工作到1928年退休。這其中每一個階段都有其哲學著作為標誌：在哈勒，出版《算術哲學》第一卷和《邏輯研究》的前兩卷，還抽出時間完了婚。在格廷根完成了《關於純粹現象學和現象學哲學的觀念》第一卷。這一研究階段由於大戰的爆發和長子在凡爾登的死亡而中止。

胡塞爾在弗賴堡進入教授生涯的最後一站，此時期的眾多著述包括《笛卡兒式的沉思》（1929年他在巴黎的演講集）和《關於純粹現象學和現象學哲學的觀念》的第二卷。退休離開校園後，他依舊才思泉湧，創造力旺盛，但是晚年他看到了德國法西斯勢力的崛起。胡塞爾在人生的各個階段都曾受過反猶主義的排擠，在故鄉普羅斯泰耶夫，在其他地方，都不乏被迫害的遭遇，雖然他和妻子早已受洗成為基督徒，也無濟於事。他晚年目睹的反猶浪潮更加洶湧，受到職業上的羞辱，被禁止使用弗賴堡大學的圖書館；他的學生和繼位者馬丁·海德格爾成為納粹化過程的一個積極參與者（海德格爾在1941年再版的《存在與時間》一書上，抹去了獻給胡塞

1928年胡塞爾從弗賴堡大學退休，接替他的馬丁·海德格爾曾做過他的學生。納粹的崛起破壞了他們的友誼，希特勒1933年上台執政時，胡塞爾成為反猶主義的受害者，被逐出校園，作品全部被禁。

爾的題詞）。1938年胡塞爾患胸膜炎去世，他的手稿被方濟各修士赫爾曼·里奧·馮·布雷達（Herman Leo Van Breda）偷運出來，送到比利時，次年在盧汶建立了第一家胡塞爾檔案館。

胡塞爾的學說橫跨了英美學派與大陸學派的某些中間地帶，雖然他有一個壞習慣，總是引入一些虛飾的通常模糊費解的專業術語，但是他對哲學（還有數學、科學）思想都具有出色的理解力，論證充分，從他含糊其詞的文風中曲曲折折露出頭緒，給後人提供了足夠豐富的信息，影響了下一輩英美哲學家，並且超越了他的大陸學派的同道們。

數學

在其早期著作中，胡塞爾對數學進行心理學的描述，用我們的心理過程解釋數學真理。這種態度遭到了弗雷格的嚴厲批評（他使用了一個很貼切的評語：“穿不透的迷霧”），胡塞爾開始拋棄自己早期的研究法，不過他並沒有接受弗雷格的立場，而是反過來論證說，真理，比如“2+2=4”來源於2和4的本質。這種對本質中心的強調，植根於胡塞爾哲學態度的核心，他將其命名為現象學。

意識

胡塞爾研究思想本質的核心，是一個他從老師布倫坦諾那裡借鑒來的概念：**意向性**。意識的主要特點（將它與“無意識”區分開的地方）是它總是意念的——也就是說，它是**有方向的**：我們思想、恐懼、願望、考慮、希望、意指**某些東西**。被動的感官信息轉化為積極的意識，由一種他稱之為**“意指對象”**的東西完成。在胡塞爾的很多著作中（以及追隨者們的著作中），這是一個相當令人迷惑的術語，沒有十分明確的意思，翻譯成“想法的內容”大概比較接近。這個詞標識着胡塞爾在“想法的內容”與“思考思想的行動”之間所做的界定，反映出“知覺的內容”與“感覺的知覺”之間的差別。

當我們注視一件物品，比如椅子時，我們意識到了椅子，而沒意識到自己。也就是說，我們沒有意識到自己正在經歷看椅子的過程，是物體本身成為我們意識的主體。胡塞爾的哲學意念是要描述沒有人類偏見的意識的客體，他就這樣創立了現象學。

約翰·杜威 John Dewey

生：1859年，伯靈頓，佛蒙特	卒：1952年，紐約

術業： 教育、認識論、倫理學、心理學

師承： 黑格爾、詹姆斯、皮爾斯

嗣響： 教育（尤其在美國和中國），維雷度

著作舉要：

《哲學的改造》
（Reconstruction in
Philosophy）、《經驗
與自然》（Experience
and Nature）、《確定
性的尋求》（The
Quest for Certainty）

杜威為公民自由進行不懈的
奮鬥，他是美國有色人種促
進會和美國民權聯盟的創始
人之一。下圖為他在獨立政
治行動同盟的年會上號召成
立自由的第三黨，為現存的
資本主義體系提供多一個選
擇項。

毫無希望的經院式教育開始之後不久，杜威選擇了當地高中剛剛引進的大學預科制式教育，很快讀完所需的課程，16歲進入佛蒙特大學深造。在佛蒙特他接受了廣泛的經典著作教育，開始接觸哲學和進化論。大學畢業後，他在賓夕法尼亞一所高中當了幾年教師，然後重新回到佛蒙特，又去了巴爾的摩，在約翰·霍普金斯大學攻讀博士課程。杜威在後來的著作中回憶，周圍的人們對他的啟發，實在比書本給予他的要多得多；在約翰·霍普金斯流連的時期，有三個人給了他很大的影響：心理學家G·斯坦利·豪爾（G. Stanley Hall）、黑格爾唯心論者喬治·西爾維斯特·莫里斯（George Sylvester Morris）和實用主義哲學家C·S·皮爾斯。起初黑格

思想簡括：

重要的是實際生活，哲學家的使命是讓生活變得更簡單更豐富。

爾哲學對杜威的影響最深，努力多年試圖調和唯心主義與經驗主義科學之後，實用主義的觀點代替了早先的黑格爾哲學。

1884年杜威獲得博士學位後，在密執安大學教了十年的書（期間曾在明尼蘇達大學短暫執教），1894年受聘於芝加哥大學。在密執安的時候他與艾麗斯·奇普曼（Alice Chipman）結婚，妻子對他愈來愈濃厚的對社會公義的關注給予大力支持。杜威還結識了這一領域的兩位先行者：實用主義哲學家、社會學家喬治·赫伯特·米德（George Herbert Mead，1863-1931年）和社會哲學家詹姆斯·海登·塔夫茨（James Hayden Tufts，1862-1942年）。在芝加哥他認識了兩位對他影響更大的人——尤其對他的教育思想——教育家艾拉·弗萊格·楊（Ella Flagg Young，1845-1918年）、艾拉是杜威指導的博士生，她在杜威創辦的大學實驗學校花費了不少精力。另一個人是社會改革家（後來的諾貝爾獎得主）簡·亞當斯（Jane Addams，1860-1935年）。

哲學的魅力

到人們被說服，相信一些習俗和權威的決定性說法不再被接受，而且這些學說也不能
經驗地證明時，那麼，除去誇大思想的精密和準確的陳述之外別無他法。這樣，抽象
念和極端科學論證的表像雖然使很多人遠離哲學，但對於獻身哲學的人來說，這正是
的主要魅力所在。

《哲學的改造》，第20頁

904年，在與芝加哥大學管理層發生多次
突之後，杜威選擇去了哥倫比亞大學，
余了繼續自己的著述繼續為學術期刊撰稿
之外（杜威的整個教授生涯中，其著述和
文章數量繁多），他開始面向大眾寫作；
他的文章刊登在《國家》（the Nation）、
新共和》（New Republic）這樣的大銷量
雜誌上，他的名字開始不同尋常地為學術
圈外的人們熟知，他的名聲傳播到北美之
外；杜威訪問了土耳其、墨西哥、南非、
日本、中國和蘇聯，到處發表演講，參觀
學校，撰寫當地教育系統和公共機構的報
告。受他觀點影響最大的國家是中國，他
的教育理論在中國至今還有市場。

1930年退休後，杜威繼續四處旅行、工
作，直至1952年在紐約去世。

工具主義

杜威的哲學觀從早期的黑格爾唯心主義發
展為實用主義的版本，被他命名為"工具
主義"。杜威認為觀念和判斷都是**工具**，
其性質存在於他們決定各種效果的方式
上，因而他使用"工具主義"這個術語。
觀念沒有對錯，只有有效和無效之分（判
斷倒是有對錯，但這要視他們可保證性而
定）。杜威對科學的興趣，以及他對實驗
方法的重視，通通表現在他下面的觀點

中：觀念（來自於
經驗）引導出判
斷，判斷的結果可
以被進一步的經驗
所檢驗。這種檢驗
不保證一定能夠導
出真理，但它是非
常理想的指示劑。
這樣，杜威的實用
主義版本比起皮爾
斯和詹姆斯的實用
主義來說，少了許
多相對論的味道。

教育理論

杜威相信，哲學可
以被視為一種教育
理論，因為他把教
育看作是"塑造基
本性情、智力、情
感、向自然和同胞敞開心扉的一個過程"
（《民主與教育》，選自《中期作品集》卷
9，第338頁），教育不僅僅應該是葛擂硬
（Gradgrind）先生死記硬背生拉硬扯的那
一套，而應該注重通過傳授技巧和能力，
培養更好的人和更合格的公民。這就要求
更多的**實踐**，多於學習理論或事實。

杜威拋棄了那種被稱為旁觀
者的教育理論，代之以主動
學習。他相信教師應當激發
學生的想像力，讓他們從積
極參與的實踐中學到更多。

伯特蘭·阿瑟·威廉·羅素 Bertrand Arthur William Russe

生：1872年，特里萊克，威爾士	**卒**：1970年，普拉斯彭林

術業：邏輯、數學、認識論、形而上學

師承：萊布尼茨、休謨、康德、穆勒、黑格爾、邁農、詹姆斯、布拉德利、弗雷格

嗣響：卡納普、維特根斯坦、艾爾、波普爾、奎因、維雷度、維金斯

著作舉要：

《數學原理》（The Principles of Mathematics，與A·N·懷特海合著）、《哲學問題》（The Problems of Philosophy）、《我們對外在世界的認識》（Our Knowledge of the External World）、《對意義和真理的拷問》（An Inquiry into Meaning and Truth）

劍橋大學將本科生榮譽學位的最後考試稱為"tripos"（因考試者通常坐着三條腿的小櫈子而得名）。

思想簡括：

"三種簡單然而無法抗拒的激情，主宰了我的一生：對愛的渴望、對知識的尋求、對人類災難揪心扯肺的同情。"

羅素的父母都是知名的自由思想家，他的祖父（羅素伯爵一世）曾經做過首相，他的教父（非宗教意義的）是**約翰·斯圖亞特·穆勒**。羅素年紀很小的時候，雙親就去世了。他和哥哥在祖父母家被撫養成人，在宗教氣氛濃厚而又壓抑的家庭環境中，接受家庭教師的輔導。長大後羅素進入劍橋的三一學院學習數學，在大學期間他對哲學的興趣與日俱增，拿到數學學位後，他留在學校裡繼續學習精神哲學。1895年他獲得三一學院六年期的研究員職位，這六年中他外出求學，在柏林研究哲學和經濟學。1900年在巴黎結識意大利數學家朱塞佩·皮亞諾（Giuseppe Peano，1858-1932年），他早年對數學和邏輯的興趣被重新激發出來。他開始一項長期的計劃，試圖論證數學可以從邏輯（邏輯主義）中推導、演繹出來。期間他與A·N·懷特海（A. N. Whitehead）合著了三卷本的《數學原理》（1910年、1912年、1913年），由此他發現了"羅素悖論"，導致了**弗雷格**邏輯主義方案的衰落。

羅素的生活從此以後充滿了事故和不雅的新聞。1916年他因為反戰言行丟掉了劍橋的職位，學校和政府都對他課以罰款，還把他投進監獄關了五個月。在獄中他寫出了《數學哲學導論》（Mathematical

Philosophy，1919年）。一戰後他訪問蘇聯，發現蘇聯的社會主義版本和實際操作令他大為失望；他還訪問了中國，並在北京大學短期任教。

從中國返回英格蘭後，羅素和第二任妻子創辦並經營一家教育實驗學校，同時在美國多所大學任教。他在《我所相信的》（What I Believe，1925年）、《婚姻與道德》（Marriage and Morals，1929年）等作品中所表達的性自由的自由派觀點和他對宗教的批評，引發了強烈的公眾不滿，他在紐約城市學院、賓州伯恩斯基金會的職位被撤消或解除。

1944年羅素返回英格蘭，再次在三一學院任教。認識到納粹所帶來的危險性，羅素開始修正自己的和平主義觀點，轉而支持同盟國的戰爭行為。1949年他榮獲功績勳章，1950年獲諾貝爾文學獎。二戰後，他的和平反戰觀促使他又一次行動起來，他

……對核武器軍備競賽，是核裁軍運動的創……主席，與阿爾伯特·愛因斯坦（Albert Einstein）一道發表聯合宣言，89歲高齡時……加示威遊行而被拘禁。他在威爾士生……了幾年之後病逝，去世前的多數時間仍……積極參加社會運動。

……素最著名的貢獻或許是這些：《西方哲學史》（History of Western Philosophy，1945……）、邏輯原子論和摹狀詞理論。《西方哲學史》引導很多人進了哲學的門，但更……有重要哲學意義的卻是他的後兩個理……。

邏輯原子論

邏輯原子論是羅素在論文《邏輯原子主義的哲學》（1918年）中層層展開描繪的關於意義的理論。該理論認為語言可以被分析成意義的基礎原子——所有論斷都建立在此基本建築材料上。這種語言分析像繪製地圖一樣闡釋對世界的分析項，這樣一來，邏輯原子就與形而上學原子（事態或論據）相對應。羅素認為，通過直接的可感知的習得，這樣的形而上學原子，是可以被經驗地發現和瞭解的。所有原子論者面臨的共同問題是對其所謂原子的概念界定。**大衛·休謨**提出了簡單的色彩、形狀之類的概念。羅素則試圖借用諸如"現在這塊紅布"等客觀物體。**路德維希·維特根斯坦**的《邏輯哲學論》繼續沿用擴展羅素的解決方法，採納了明確鑒定原子是不可能的這一說法。邏輯原子主義影響了邏輯實證主義，雖然羅素和維特根斯坦最終都把作為理論的邏輯原子主義拋棄掉。

摹狀詞理論

人們或許以為，發現敘述句的事實，比如"卡里古拉瘋了"這句話，需要先找主語卡里古拉，再去找後面的論斷，看他是不是瘋了。這種方法本來沒有問題，但是假如我們遇到如下的句子，就不太好辦了。比如："俄亥俄的現任國王瘋了"，我們滿世界尋找俄亥俄的現任國王，但是找不到——這樣我們自然也就不能判斷他是不是瘋了。上述例子說明，陳述判斷句並不一定包含有真理值，按照羅素對意義的陳述，它是無意義的。但是我們仍然能夠理解句子的意思，這是怎麼回事？羅素的方式是通過分析類似的陳述句，剝離出它的邏輯（與語法相對而言）結構。這樣一來，"俄亥俄的現任國王瘋了"這句話，就可以分析為："只有一樣事物滿足做俄亥俄現任國王的條件，而且這一事物具備發瘋這一特性"。現在我們只需搜索滿足兩個條件的事物即可：俄亥俄的國王；發瘋。如果找不到，我們就可以宣稱，此陳述為假陳述，而不是無意義的陳述。

我們都願意相信，世界最好按照我們的偏見行事。相反的看法需要做出一些思想的努力。絕大多數人寧可死掉也不願意思考——事實上，他們正是這樣做的。

《相對論ABC》（The ABC of Relativity），第166頁

阿拉梅・穆罕默德・伊克巴爾 爵士

Sir Allāmeh Muhammed Iqbāl

生：1877年，錫亞爾科特，旁遮普	卒：1938年，拉合爾，旁遮普

術業：形而上學、認識論

師承：萊布尼茨、康德、黑格爾、尼采、柏格森、懷特海

嗣響：當代伊斯蘭哲學

著作舉要：

《伊斯蘭宗教思想的重建》(The Reconstruction of Religious Thought in Islam)

伊克巴爾去世後第九年，巴基斯坦建國。他的誕辰被定為國家節日，舉國慶祝。

伊克巴爾誕生於旁遮普（當時屬於印度，今天是巴基斯坦的一個省），在錫亞爾科特當地的學校和學院受教育，之後進入拉合爾大學，學習阿拉伯語和哲學。1899年獲得哲學碩士學位後，在拉合爾的東方學院擔任阿拉伯語講師。伊巴克爾不久成為一個著名詩人，完成了他的第一本烏爾都語著作《經濟學知識》(The Knowledge of Economics，1903年)。

1905年他到歐洲繼續哲學研究，先在劍橋，後轉到慕尼黑大學，獲得博士學位，其論文題目是《波斯形而上學的發展》。1907-1908年他在倫敦大學一面教授阿拉伯語，一面學習法律，1908年他返回拉合爾，進入法律界當了一名律師。在拉合爾高等法院任辯護律師期間，業餘時間兼任哲學和英國文學教授，發展他的學術生涯。1911年他被任命為拉合爾管理學院的哲學教授，1923年被封爵。

雖然伊克巴爾曾經做過律師，著有哲學著作，並積極參加政治活動，但他最有名最為人推崇的，還是他的詩歌。不過其他那些社會活動確實給他帶來了名聲，他在馬德拉斯大學、海得拉巴邦的奧斯曼尼亞大學，以及阿利加爾大學所做的六次演講，後來結集成《伊斯蘭宗教思想的重建》出版（1930年）。1930年代早期，他多次出

語錄：

在純粹的持續當中存在，就是成就一個自我；成就一個自我，就能夠說"我是"。

《伊斯蘭宗教思想的重建》，第56

訪中東和歐洲，參加國際政治會議，與哲學家見面，並繼續自己的寫作。

伊克巴爾感覺一個穆斯林的國家不是理想的，他的理想是建立一個世界性的穆斯林大社會。不過他也認為，至少在中期來說，印度那些按照伊斯蘭教義生活的穆斯林們，其唯一出路是生活在這樣的一個社會裡。他根據這一想法，相應地進行鬥爭（不過最近對他的書信研究發現，他的腦海中實際上已有一幅作為一個印度聯邦一部分的伊斯蘭巴基斯坦的藍圖）。

伊克巴爾的哲學工作包括將西方的各種哲學思潮，**萊布尼茨、黑格爾、尼采**等介紹給伊斯蘭世界，因而指出了真正伊斯蘭教哲學思想的復興前景——回歸伊斯蘭教在哲學世界的地位——可惜，這一遠景至今仍沒有真正實現。

薩維帕里·拉達克里希南 Sarvepalli Radhakrishnan

生：1888年，提魯塔尼	卒：1975年，密拉包爾，馬德拉斯

術業：宗教、倫理、形而上學

師承：柏拉圖、柏羅丁、商羯羅、康德、黑格爾、柏格森

嗣響：印度

作舉要：

《印度哲學》(*Indian Philosophy*)、《東方傳統與西方思想》(*Eastern Traditions and Western Thought*)

文情懷必須以一種生的存在方式認可爭。假如要精神在世如回歸家園般的自在，而不僅僅是個囚徒，一個逃，精神的根基必須深埋在心底，精保存。宗教必須用理的思想、有效的動、合適的社會組表達它自己。

拉達克里希南出生在印度南方一個貧窮的婆羅門家庭，依靠各種獎學金完成在提魯塔尼和提魯馬拉的中小學教育。17歲時他進入馬德拉斯基督教學院，主攻哲學，先獲得學士學位，20歲時獲得碩士學位。他的碩士學位論文《吠檀多的倫理觀及其形而上學先決條件》(The Ethics of the Vedanta and Its Metaphysical Presuppositions)，奠定了他日後哲學研究的總方向。

1909年他在馬德拉斯省立學院擔任助理講師期間，繼續研究印度教宗教文獻和哲學文獻，同時又將視野擴展到西方哲學上。1918年他被任命為邁索爾大學哲學教授，同年出版第一本專著《羅賓德拉納特·泰戈爾的哲學》(The Philosophy of Rabindranath Tagore)；第二本書《當代哲學的宗教盛世》(The Reign of Religion in Contemporary Philosophy，1920年)也在緊張的寫作之中。1921年他當選為加爾各答大學倍受尊敬的英王喬治五世講座教授。其後的幾年他積極參加世界各地重要的學術會議，他最著名的著作《印度哲學》(上下卷，1923年和1927年)也出籠於這一時期。

1929年拉達克里希南在牛津，做了關於比較宗教學的厄普頓演講，在倫敦和曼徹斯特，做了希伯特演講。返回印度後他被任命為安得拉大學副校長，五年後的1936年，擔任牛津大學東方宗教及倫理學客座教授——專門為他設立的職位。其後三年，他一邊教授哲學，一邊為印度獨立奔走呼號。

1939年他入選英國社會科學院成員，返回印度後擔任貝拿勒斯印度教大學副校長——他的努力確保了該大學的繼續存在與繁榮。1947年印度終於獲得獨立，拉達克里希南在新的政府裡扮演了一系列重要角色，1962-1967年擔任國家總統，75歲時退休離開公共舞台。

拉達克里希南創作了一大批哲學宗教著作，雖然他最基本的哲學觀是吠檀多的不二論或曰**商羯羅**的非二元對立，但是他不拘泥於不二論傳統（和更傳統的印度教思想），宣揚一個人性化的神和一個單獨的、個人的自我。他將歐洲傳統，尤其是黑格爾的哲學與《奧義書》的精神結合起來，創立了一種唯心主義哲學觀。

按：

拉達克里希南的誕辰日在印度被定為"教師節"。

路德維希‧維特根斯坦 Ludwig Wittgenstein

生：1889年，維也納	卒：1951年，劍橋，英格蘭

術業：數學、語言學、形而上學、邏輯

師承：奧古斯丁、萊布尼茨、克爾愷郭爾、詹姆斯、弗雷格、羅素、卡納普

嗣響：卡納普、波普爾、安斯康姆、杜梅特、內格爾、克里普克

著作舉要：

《邏輯哲學論》
（*Tractatus Logico-Philosophicus*）、《哲學研究》
（*Philosophical Investigations*）、《論確定性》（*On Certainty*）

維也納學派由一群哲學家、數學家和科學家組成，他們創造了一種獨特的哲學方法：邏輯實證主義。

對於不可說的東西，我們只有保持沉默。

《邏輯哲學論》，§7

維特根斯坦出生在維也納一個富裕的家庭，是家中八個孩子當中最年幼的。他在家接受家庭教師的教育直到14歲，然後在林茨的實科中學學習了三年，進入柏林大學學習機械工程。1908年他在英國的曼徹斯特大學研讀航天工程的博士課程，有機會更深入地瞭解數學，接觸到**羅素**的《數學原理》。回到德國後，他曾短期為**弗雷格**工作，遵從弗雷格的建議，1912他前往劍橋，在羅素的指導下學習數理哲學。

維特根斯坦在挪威一個偏遠的小木屋度過了短暫卻又多產的一段時期，完成了他早期傑作《邏輯哲學論》的大部分，此時大戰爆發，他自願參加了奧匈帝國的軍隊。在各種戰場，包括在俄羅斯前線服役後，他被派到意大利的一個軍事團隊，被捕後被遣送到戰俘營。戰爭期間他仍然進行哲學研究，完成了《邏輯哲學論》的第一稿。這部手稿獲准被送給時在劍橋的羅素，1922年這部書成為他生前出版的唯一一部著作。

維特根斯坦認為有了《邏輯哲學論》，哲學的一切問題（真正地）迎刃而解，於是他返回奧地利，做了一名小學教師，然後是園丁，最後還當了建築師（為他姐姐設計房子）。這段時間裡他仍與一些哲學家保持私人聯繫，經莫里茨‧石里克

思想簡括：

哲學的任務，無非是分析我們的狀況，暴露那些無意義的東西（不附引用文獻）。

（Moritz Schlick）介紹入維也納學派。多次的探討爭論之後，維特根斯坦開始意識到他在《邏輯哲學論》表達的觀點有一些缺陷。1929年他重返劍橋，繼續哲學研究；獲得三一學院的獎學金，得到了一個講師的職位。

在劍橋他呆了五年左右，期間給學生授課的講義結集成《藍皮書和棕皮書》（The Blue and Brown Books，1952年），在他死後出版。在蘇聯短期停留之後，他去了挪威，埋頭致力於《哲學研究》的著述。後來他再一次回到劍橋，1939年升為哲學教授，不久加入英國國籍。二次世界大戰期間他做過醫院運送員和實驗室技師，在劍橋教書直至1947年退休，專心著述。1949年發現患有前列腺癌，在生命的最後兩年裡他仍然執教於劍橋、牛津和維也納。他1949年以前的演講材料和手稿，在他去世後以《哲學研究》（1953年）之名編輯出版，1949年到臨死之前的手稿出版時定名為《論確定性》（1979年）。

劍橋大學精神科學俱樂部，1913年。那時候劍橋是高級知識分子活動的場所。羅素（前排，左五）和摩爾（第二排，右三）是其中影響最大的。維特根斯坦在羅素指導下學習，他們成為很好的朋友。維特根斯坦是俱樂部的活躍成員。

描畫意義理論

維特根斯坦的著作可以被分為兩大主要時期：早期著作以《邏輯哲學論》為標誌，後期以《哲學研究》為代表。《邏輯哲學論》為我們陳述了七種主要數命題，除了最後一個命題之外，其他命題都由一系列灰套補命題進行補充。書中最基本的哲學命題是邏輯原子主義的一種闡釋，這是我們經驗世界理解世界的正題，可以被分析到最小單位，而一套原子真實則不可以再解析。世界由原子真實組成，不是由物體組成。這一說法與維特根斯坦的意義圖像理論相契合，根據他的理論，語言之所以能夠成功地斷言世界，是因為命題與這些斷言所描繪的事物——正確的或可能的真實之間有着共通之處。二者結合在一起告訴我們，一個不能被分析為原子真實的陳述判斷沒有任何參考價值。

個人語言

在晚期著作中，維特根斯坦深陷哲學的概念牢籠，他視哲學為人類思想及事實陳述的消毒劑，不過，我們也注意到他過分簡單化地對待語言現象。觀念的變化導致了他的研究法的變化，從一種相當思辨的叙述：我們**應當**如何使用語言，變成了更為謹慎的審視：我們事實上是如何應用語言的。《哲學研究》最著名的一部分，是他

對邏輯的個體化語言的觀點，邏輯個體化語言指的是其他個人**原則上**無法理解的語言，因為它只傳達使用者的個體感覺，維特根斯坦指出這種解釋是不可能的。他這一論斷對哲學的諸多領域本來應該能夠激起較大的反響，因為它降低了經驗主義論者試圖將個體經驗作為地基建構知識大廈的荒謬性。

維特根斯坦的著作在大陸學派與英美學派的夾縫中艱難尋找自己的位置。跟其他大陸學派的哲學家一樣，他更傾向於展現思想的脈絡，而不是進行大段的論證。但他明澈簡潔的文風，以及他對邏輯的興趣和嫻熟，分明更類似英美學派。兩個學派都承認他的貢獻地位，不過他在英美學派內部的名聲正在下滑。

我們對世界的認知可以一直分析到基岩——基本事實——但是到此為止。

馬丁·海德格爾 Martin Heidegger

生：1889年，梅斯基爾希，巴登州	**卒**：1976年，梅斯基爾希，巴登州

術業：形而上學

師承：前蘇格拉底哲學家、亞里士多德、康德、克爾愷郭爾、尼采、胡塞爾

嗣響：薩特、凡特、阿多諾、梅洛─龐蒂

著作舉要：

《存在與時間》（Being and Time）

從納粹黨的身上，我看到了一個可能的內聚力和人民的復興，看到了一條道路，容許人民去發現它在西方世界的歷史使命。

"校長任期1933-1934年"，《形而上學評論》（The Review of Metaphysics，1985年），第483頁

無自身虛無。

"什麼是形而上學？"見《基礎寫作》（Basic Writings），大衛·克瑞爾（David Krell），第105頁

海德格爾出生在德國西南部一個天主教家庭，最初的理想是做一名牧師，因而他的教育由教會資助——先是在康斯坦茨，然後是弗賴堡的高中。高中時他開始接觸哲學，畢業後進入耶穌會神學院，但是只呆了幾個星期，就轉到弗賴堡大學研習神學。糟糕的健康狀況迫使他放棄了所有從事傳道業的夢想，他只得選修哲學、數學、自然科學等方面的課程。

1913年海德格爾獲得弗賴堡大學哲學博士學位；不久一戰爆發，他應徵入伍，但因身體太差得以提前離開部隊，繼續自己的學術研究。1915年他當上了弗賴堡大學的講師，次年，**胡塞爾**調到弗賴堡，海德格爾曾經研讀過胡塞爾的著作。1918年海德格爾短期應召在西線服務，回來後他成為胡塞爾的助手。

在弗賴堡五年的講師生涯，使他榮膺亞里士多德詮釋者的名聲。1923年他升為馬堡大學助理教授，雖然他的教育工作深受好評，但遲遲沒有專著出版，影響了他的前程。1927年他不得已，出版了自己未完成的著作《存在與時間》。這本書被視為重要的形而上學專論，並為他贏得了馬堡大學正教授的職位。過了一年，胡塞爾退休，海德格爾接替了胡塞爾在弗賴堡大學的教授職位。

按：

《存在與時間》的第一版上有獻給導師胡塞爾的題詞，但在1941年的第二版上，海德格爾拿掉了獻辭。

1930年代隨着希特勒勢力的崛起，海德格爾開始捲入到納粹黨的政治當中去，193□年他被推舉為弗賴堡大學校長，僅一個月後，他就加入了納粹黨。他組織納粹黨的改革，疏遠了自己從前的導師胡塞爾，胡塞爾受到學校的公開侮辱。二戰結束後，雖然海德格爾一再聲言自己無罪，他還是被解除校長職務，禁止執教。不許他上講台的禁令1949年才被取消，海德格爾把餘生用在旅行、講學、著書立說上，1976年去世。

海德格爾或許是英美學派與大陸學派分界的最好象徵：在大陸學界他的影響力巨大（在最近的大陸哲學界，可以看到他的風格之面面觀），而在英美學派的圈子裡，他幾乎沒有什麼地位。

魯道夫·卡納普 Rudolf Carnap

生：1891年，隆斯多夫	**卒**：1970年，聖莫尼卡，加州

術業：數學、物理學、邏輯、認識論、形而上學

師承：康德、弗雷格、羅素、維特根斯坦

嗣響：維特根斯坦、奎因、波普爾、艾爾、普特蘭

作舉要：

《世界的邏輯結構》
The Logical
Structure of the
World)、《語言的邏
輯句法》(The Logical
Syntax of
Language)、《概率
邏輯基礎》(Logical
Foundations of
Probability)

科學是一門建立在直
接經驗之上的陳述體
系，由實驗的檢驗來
判別。科學當中的檢
驗並不是一個單獨的
孤立命題，而是一整
個體系，或是一整套
這樣的陳述式體系。
《科學的統一》(The
Unity of Science)，
第42頁

卡納普出生在隆斯多夫，在今日的北萊茵—威斯特法倫州，七歲的時候父親去世，全家搬到巴門。卡納普在巴門上了高等中學，1910年開始在耶拿和弗賴堡大學學習哲學、物理和數學（在耶拿他受到戈特羅·弗雷格的指導）。他的學術生涯（當時他是希望從事物理研究）由於一戰的爆發而中斷。在軍隊服役三年之後，他去了柏林，在柏林邊研究物理學，邊寫作他的博士論文，論文的主題是他自從開始科學研究以來就迷戀不已的——空間與時間。但是導師們建議，他的論文似乎與哲學的關係更大一些，於是他決定將論文往哲學的方向扭轉。這就是1922年出版的《空間》(Space)。

自1923年起，卡納普逐漸結識一些維也納學派的成員，1926年他前往維也納，在當地的大學做了一名助理教授。不久他就成為小圈子的領導成員之一，與另外兩人共同起草了1929年的宣言。在此前一年，他出版了自己第一部重要著作《世界的邏輯結構》，他在書中提出了原子主義的一種實證多樣性，他認為，每一個概念，從最抽象的到最具體最日常的，都建構在我們的直接經驗之上（若非如此，這一概念必定沒有意義）。

1931年卡納普在布拉格的德語大學擔任自然哲學教授，在此期間他撰寫了又一部重要著作：《語言的邏輯句法》（1934年）。維拉·范·奧曼·奎因到布拉格拜訪卡納普，受到了卡納普學說極大的影響，奎因和查爾斯·莫里斯（Charles Morris）一起於1935年幫助卡納普飛往美國，逃避國內甚囂塵上的法西斯主義。

卡納普在美國幾所大學一共執教了16年，1941年加入美國國籍。在40年代他開始對語義學感興趣，推出了一些重要著作：《語義學導論》（Introduction to Semantics，1942年）、《邏輯的形式化》（Formalization of Logic，1943年）、《意義和必然：語義學與模態邏輯研究》（Meaning and Necessity: A Study in Semantics and Modal Logic，1947年）。他對物理學的基礎依然很有興趣，但他最後一部主要著作是《概率的邏輯基礎》（1950年）。這本書無比精密地論證了科學理論如何被經驗證實（而不是他在早期著作中指出的，被經驗界定）。他對於推導邏輯的興趣也很濃厚，直至1970年臨去世之前都在研究它。

思想簡括：

任何概念，假如不能被切分為基本的便利單位，都是無意義的。

馮友蘭 Fung Yu-lan

生：1895年，唐河縣，河南	卒：1990年，北京

術業： 形而上學、倫理學

師承： 儒學、亞里士多德、程頤、朱熹

嗣響： 一

著作舉要：
《中國哲學史》、《新理學》、《新原人》

馮友蘭最有名的著作可能是他的《中國哲學史》，但他卻是當代中國最有創造性，影響最大的哲學家之一。

馮友蘭出生在小康之家，少年時經歷了一系列戰亂和時局動盪。長大後先是在上海唸大學，後來（因為找不到能夠教授西方哲學和邏輯的老師）轉到北京大學。1918年哲學系畢業，考取公費赴美留學，在哥倫比亞大學學習哲學，1923年回國工作，次年出版了他的博士論文，獲得哥倫比亞博士學位。

之後的十年他在中國的幾所高校任教，如北京的清華大學等。在清華時馮友蘭出版了他最有名的學術著作《中國哲學史》（1934年），書中嘗試用西方哲學的研究方法解釋中國哲學，成為同類著作當中的參照標準。1939年馮友蘭出版《新理學》一書，提出了理性的新儒學的主張。

抗日戰爭爆發後，馮友蘭與清華大學、北京大學、南開大學的師生員工一起撤離北京，在湖南衡陽組成長沙臨時大學，後來輾轉到昆明，組成西南聯合大學。1946年聯大師生重返北京，馮友蘭到賓夕法尼亞大學做訪問學者。逗留美國期間，迹象顯示共產黨顯然會控制中國的局勢。他那多多少少帶些社會主義的政治觀使他對中國的未來充滿樂觀，回國之後，他開始潛心研究馬列主義。

但是政治氣候並不如他所期望的那樣風平浪靜，50年代中期馮友蘭發現他的著作遭

想一想：

一個人信不信宗教，不是必須的；但他應該是哲學的，達觀的。一個達觀的人，才能沐浴到宗教最好的恩賜。

到批判，他不得不修正甚至拋棄自己早年的思想觀點，重寫《中國哲學史》以適應"文化大革命"的階級偏見。他仍然留在中國，挺過了最艱難的歲月，並最終獲得了昔日的部分思想自由和著書立說的自由，他一直工作到去世。

馮友蘭從中國傳統哲學中摘取一些基本的形而上學概念，用西方哲學的觀點對其進行發展和分析。他就這樣建立了理性主義的新儒學形而上學以及倫理學理論，不僅對道德的本質，也對人類道德發展的構造進行描述。

讓—保羅·薩特 Jean-Paul Sartre

生：1905年，巴黎	卒：1980年，巴黎

| 術業：形而上學、認識論、倫理學、政治學 | |

| 師承：康德、黑格爾、克爾愷郭爾、尼采、凡特、胡塞爾、海德格爾 | |

| 嗣響：— | |

著作舉要：

《存在與虛無》（Being and Nothingness）、《存在主義是一種人道主義》（l'Existentialisme est l'humanisme）

咖啡館的男招待不可以馬上成為咖啡館的"一個"招待，如同這個意義上說，這個墨水池不是一個墨水池，這個玻璃杯不是一個玻璃杯一樣……我必須是這個人，且就是這個人，如果我就是問題中的男招待的話），事實上我又不是這個人。

《存在與虛無》，第59頁

薩特幼年的時候父親就去世了，他由外祖父母撫育長大。1924年他進入巴黎高等師範學校學習，1929年畢業。1931年他成為一名中學老師，開始在好幾所中學任教，當中有一年在柏林拜在**胡塞爾**和**海德格爾**的門下學習。1938年出版自己第一部小說《噁心》（Nausea）。1939年二戰期間應召入伍服役，1940年被德軍俘虜，次年即被釋放。返回法國後他再次投身教育界，積極參加抵抗運動，一邊筆耕不輟，1943年出版他的重要著作：《存在與虛無》。

戰後薩特告別教師生涯，開始以寫作為生。正是在這段時間，他的觀點在政治運動中找到了發洩口；雖然他從未加入過共產黨，但他是個極其熱心的親共派，以真正的馬克思主義者自詡。1956年蘇聯坦克開進布拉格，撲滅了匈牙利的革命，這件事使他幻想破滅，他公開譴責法國共產黨向莫斯科卑躬屈膝。不過他仍然繼續自己的政治思考，逐漸形成了存在社會主義哲學觀，他的著作《辯證理性批判》（Critique de la raison dialectique，1960年）展開描述了這一觀點。

1964年薩特獲得諾貝爾文學獎，不過他拒絕了。有爭議認為薩特天才的文學成就其實比他的哲學貢獻更重要——《噁心》、《自由之路》（The Roads of Freedom）三部曲：《理智之年》（The Age of Reason）、《緩期執行》（The Reprieve）、《痛心疾首》（Iron in the Soul）是他出色的小說；戲劇作品如《蒼蠅》（The Flies）、《死無葬身之地》（The Vicious Circle）也有很大影響。

1960年代他潛心寫作關於福樓拜的四卷本著作，這之後——雖然他繼續從事各種項目的工作——他的健康急劇惡化；最後雙目失明，1980年死於肺癌。

薩特是存在主義最著名的宣傳家——存在主義是對人生、對哲學思潮的一種態度，其來源最早可追溯到克爾愷郭爾。薩特把存在主義視為馬克思主義政治解決方法的個人補充；存在主義強調個體自我的自由（還有個體責任）；馬克思主義試圖在政治自由中保證這種自由的表達。

語錄：

所謂"自為"，事實上無非是純粹的"自在"的虛無罷了，猶如"存在"中心的一個"存在"空洞。

《存在與虛無》，第617頁

卡爾·萊蒙德·**波普爾**爵士 Sir Karl Raimund Popper

生：1902年，維也納	**卒**：1994年，克羅伊登，英格蘭

術業：科學、政治、認識論、精神哲學

師承：柏拉圖、休謨、穆勒、皮爾斯、卡納普、石里克、羅素、維特根斯坦

嗣響：—

著作舉要：

《科學發現的邏輯》
(The Logic of
Scientific
Discovery)、《開放
社會及其敵人》(The
Open Society and its
Enemies)、《歷史主
義的貧困》(The
Poverty of
Historicism)、《猜想
與反駁：科學知識的
增長》(Conjectures
and Refutations: The
Growth of Scientific
Knowledge)、《自我
與大腦》(The Self
and Its Brain)

科學命題在涉及現實
性的時候，必須是可
以被證偽的：假如它
不能夠被證偽，它就
不能討論現實性。

《科學發現的邏輯》，
第314頁

波普爾出生於維也納一戶中產階級猶太家庭，父親是律師，他的青年時代在一戰後奧地利複雜動盪的時局中度過——少年時的經歷深刻影響了他後來的政治思想，除去在維也納音樂學院主修鋼琴作曲的一年之外，他在維也納大學學習數學、物理學和生理學，課餘時間自修哲學，1928年獲得哲學博士學位。他認識維也納學派的哲學家，也受到一定影響。1934年維也納學派出版了波普爾的第一本著作：《科學發現的邏輯》，不過波普爾從來沒有全盤接受維也納學派的觀點（確實，從他第一本書當中就可看出他們之間的分歧）。

1930-1936年波普爾在一所初等中學教數學和科學，到了1937年，納粹德國入侵奧地利的意圖已非常明顯，波普爾遠避新西蘭，在基督城的坎特伯雷大學學院任教九年。這段時期波普爾受二戰時間的影響，寫下了他最著名的作品：《開放社會及其敵人》，他在書中論證他所瞭解的多種政治理論的危險性，從柏拉圖到馬克思，都是開放社會的敵人。

1946年波普爾到英格蘭，在倫敦經濟學院擔任講師；1949年擢升為科學方法和邏輯學教授，一直工作到1969年退休為止。在倫敦經濟學院教書的這段日子裡，他出版了幾本最重要的著作：政治經濟學的回

思想簡括：

所有人類的知識都是臆想性的
——科學、政治、哲學、概莫例
外——創造性的頭腦生產出這些
知識，它依靠創造物的語境存
在。

歸：《歷史主義的貧困》（1957年）、論文集《猜想與反駁：科學知識的增長》（1963年）等等。1965年他被封爵，1982年被冊封為"榮譽爵士"。

波普爾的著作直到退休時仍未完成，除到世界各地四處講學外，他在80高齡時又繼續推出傑出的論證嚴密的大作，部分是他比較熟悉的領域，如《客觀知識——革命性的方法》（Objective Knowledge: An Evolutionary Approach，1972年）；有些是新的課題，如《自我與大腦：為交互主義一辯》（1977年），與約翰·埃克爾斯爵士（Sir John Eccles）合著。

政治

波普爾政治論述的主要靶子是歷史主義，歷史主義者認為：人類歷史由歷史法則統治，跟自然世界由自然法則統治是一樣的道理。他認為，一旦有人的力量介入，精

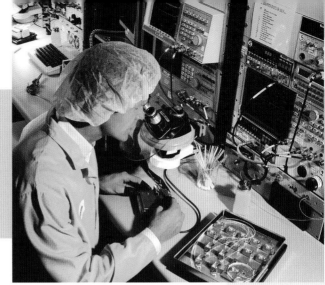

> *我們創造理論，把握世界，但沒有任何一種經驗觀察能夠結論性地證實假說的真，因為只有一種觀察能夠證它的偽。假說一旦被證偽，就會有另一條假說代替它。科學不是為了證明理論，科學接納理論，直到這些理論不能被證實為止。*

的歷史預測就變得不可能，因為人的決定在歷史事件中扮演關鍵角色，因果混雜在一處。他分析說，歷史主義的理論導致了權威、封閉的社會制度的設立——也就是根據這種理論按部就班成立上層建築的社會，以避免變革的發生。他的目標，是倡開放社會的概念，使政治實體可以由被統治者改變，使思想、批評和政治實驗能夠獲得最大程度的自由。烏托邦的政治理論，試圖一舉改變社會，建立某種理想化的國家，也被波普爾擯棄，他更傾向於漸近式政治變革。

證偽主義學說

波普爾是著名的科學哲學家，不僅對其他哲學家，而且直接對科學家，都有着巨大的影響。他的研究法核心，是證偽主義的概念。他的看法跟**休謨**近似，他認為，雖然經驗的觀察無法最終證實一項假說，但一次觀察可以證實假說的"偽"，即證偽。這樣一來，科學的工作方法不是通過收集證據來證實它的理論，而是開動想像力，進行大膽臆測，盡量證明理論之偽。一則理論通過了這樣的檢驗後，可以被確證，但不能認為它被證明為真。所謂大膽的臆測，指的是那些證偽性很有效的判斷——一條能夠檢驗很多預命題的判斷。這種解釋導出了一條重要的推論：真正的科學理論是能夠被證偽的，不能夠被證偽的理論就是不科學的。波普爾應用這一原則，證明占星術、精神分析學、馬克思主義都是偽科學。

精神

在與神經生物學家約翰・埃克爾斯爵士合著的《自我與大腦》一書裡，波普爾展示並論證精神與肉體的雙重理論。波普爾提供主要哲學理論的哲學描述，展開哲學論證。埃克爾斯解釋神經生物學方面的問題，探討大腦研究得來的證據。書中最後一個章節是他們關於這一問題的談話記錄。

波普爾認為經驗世界有三個類別：世界1是物理對象，世界2由（主觀）精神世界組成，世界3由人類精神的產物構成，是非物質的、客觀的。世界3中的客觀物質，雖然是精神創造的，但獨立於精神存在。世界，尤其是人，是精神與生理交互作用的複合體。

> *這樣，孩子只是個孩子——一個發育中的人。它還不是一個人：精神與肉體的結合。*
>
> 《自我與大腦》，第115頁；*emphasis in original*

維拉·范·奧曼·奎因 Willard Van Orman Quin

生：1908年，阿克倫，俄亥俄	卒：2000年，波士頓，麻省

術業：邏輯、語言、科學、數學、形而上學

師承：詹姆斯、羅素、懷特海、塔斯基、卡納普

嗣響：—

> 語言翻譯的操作模式
> 可以用種種的方式建
> 立：所有方式都能和
> 語言配置的總數兼
> 容，但彼此之間不能
> 相容。
>
> 《詞和對象》，第27頁

奎因的父母分別是工程師和教師，作為家中最小的孩子，他幼年的興趣主要在科學方面。在學校的時候他的哥哥介紹他讀了威廉姆·詹姆斯的著作；在俄亥俄的奧伯林學院學習數學時，他閱讀了**羅素**與懷特海合著的《數學原理》，開始選修數理邏輯方面的課程。1930年奧伯林學院畢業後，他考取哈佛獎學金，在阿爾弗雷德·懷特海指導下攻讀博士課程；懷特海介紹他認識了來訪的羅素，此後，奎因與羅素開始了曠日持久的通信。1932年奎因博士畢業，獲得哈佛的謝爾登旅行獎學金，到歐洲遊學一年。在歐洲他結識了維也納學派的成員：**A·J·艾爾**、庫爾特·哥德爾、莫里茨·石里克，尤其是華沙那些傑出的波蘭邏輯學家塔斯基，阿爾弗雷德等人，以及**魯道夫·卡納普**，他還在布拉格跟隨卡納普進行短期學習。

返回美國後，他在哈佛謀得一份初等研究基金，主要研究方向是哲學。1936年他成為哲學系的講師（在哲學系和數學系代課），1941年升為助教授。二戰的爆發中斷了他的學術道路，他在海軍情報處破譯部門服役。戰後重返哈佛，1948年被提升為正教授。1950年代他的哲學邏輯開始為世人所知，以他的論文集《從邏輯的觀點看》（1953年）為標誌，其中收有他1951

思想簡括：

我們應當只接受那些需要的事物作為存在，以便我們的闡明有效工作。

年的文章《經驗主義的兩個教條》（Tw
Dogmas of Empiricism）和後來寫的《意義
與存在推論》（Meaning and Existentia
Inference）。這本論文集在他於牛津做伊斯
特曼訪問教授時（1953-1954年）出版。

1956年起奎因被封為哈佛哲學系艾德加·皮爾斯教授，直到1978年退休。退休後他仍然以名譽教授的名義留在哈佛，繼續工作（並且頻繁地旅行）直至去世。

邏輯與科學

奎因的哲學主要受兩大流派影響：實用主義和實證主義。他吸收改造這兩種學說的精華，讓其適應他的發展哲學觀。對他的思想影響最大的個人，當屬卡納普。不過，奠定了他的名聲的論文《經驗主義的兩個教條》，卻在很大程度上擯棄了卡納普的中心概念，實質上等於擯棄了邏輯實證主義的兩個教條，即：分析—綜合區分法和科學還原論。

關於分析—綜合區分法，奎因論證說，沒

學預測未來的經驗

為一個經驗主義者，我不斷地想把科學的概念框架作為一種工
，在過往經驗的燭照下，最終預測未來的經驗。物理客體被當
便利的中介物概念地輸入情境當中——不是通過以經驗為名的
義，而是簡單地作為不可簡化的論斷，從認識論的角度看，猶
荷馬的諸神一般。

《經驗主義的兩個教條》，*收入***《從邏輯的觀點看》**，*第44頁*

一個可被人接受的分析法的叙述，其區
法自然不能長久。這就使得實證主義們
能解釋無法經驗地證明的陳述式的真
，比如數學陳述即屬此類。談到科學還
論，奎因認為，科學不能被歸納還原為
單個的陳述命題，它們分別都能被檢驗，
且是科學的成與敗是作為一個整體，一個
陳述命題的網，經驗沿着整體的圓周同科
學碰觸，因此脫開其他命題，隔離一個叙
述單獨進行證偽，是行不通也不可能的。
這一"激進的整體論"觀，在奎因的晚
年，被"有節制的整體論"所取代，他承
認，觀察陳述可以被單獨地檢驗，起起落
落的也並不是科學的全體，而是科學陳述
比較重要的子集。

語言

在《詞和對象》一書中，奎因引入了一直
以來被廣泛討論的概念：**翻譯的不確定
性**。這種譯不準理論認為，當面對一種陌
生的語言，又沒有通曉雙語的譯者在場的
情況下，兩個語言學家能夠各自形成一套
不一致的語言闡述體系，都能夠天衣無縫
地套用到觀察得出的事實上（語言應用，
對疑問的回應，等等），而且，我們沒有
藉口用一套體系去取代另一套體系，這就
是說，翻譯是可能的。這種理論對我們的
哲學實踐很有啟示。例如，它排除了那種

認為一個事實陳述由一個命題表達的普遍
觀點，在同樣的語境中，可以用兩個陳述
句，如"天在下雨"和"it is raining"——
表達同一個命題。陳述句總是能夠通過不
同的語言方式（表達不同命題）得到正確
的詮釋。不過，奎因的觀點是建立在說話
者行為當中沒有更多含意的前提之上的。

中和認識論

奎因的學說當中最不被人稱道的，恐怕就
是這個中和認識論了。奎因試圖用這一方
法將我們的知識歸納成輸入與輸出的關係
——輸入指的是經驗經歷，輸出指的是信
念。人這一主體被看作一架生理機器，處
理數據，回應數據。換句話說，認識論被
簡化為生理學（以及生理學家，某種程度
上的行為心理學家）。

但無論奎因理論學說的狀態如何，他的影
響力卻是無比巨大——對那些直接受教於
他的學生：**唐納德‧戴維森、戴維‧劉易
斯**等；他也影響了那些間接接觸到他和學
生們（包括論敵）的著作的讀者。沒有奎
因的思想，當代哲學必定會遇到不少難
題。

阿爾弗雷德‧諾思‧懷特海
對科學哲學、邏輯、形而上
學都有舉足輕重的影響，對
倫理學、教育學等領域也有
影響。在劍橋的時候他指導
過羅素，二人後來合著《數
學原理》一書。在哈佛任教
期間，懷特海介紹奎因與羅
素相識，二人長期保持通信
聯繫。

*如果判斷一個陳述的
真假唯一藉助於它所
蘊涵詞語的意思，該
陳述被叫作分析陳
述；藉助於世界的方
式判斷真或假，該陳
述被叫作綜合陳述。*

*在奎因看來，人是一架
機器，知識是我們加工
經驗形成信念的結果。*

阿爾弗雷德・朱爾斯・艾爾 爵士 Sir Alfred Jules Ayer

生：1910年，倫敦	**卒**：1989年，倫敦
術業：邏輯、形而上學、認識論	
師承：休謨、穆勒、羅素、穆爾、卡納普、石里克	
嗣響：—	

著作舉要：

《語言、真理和邏輯》（Language, Truth, and Logic）、《知識問題》（The Problem of Knowledge）、《哲學的中心問題》（The Central Questions of Philosophy）

我們用來檢驗明顯的事實論述的真偽的標準，是可證實性標準。我們說，一個陳述句對某個特定的人的來說有着重大的意味，如果，並且只能如果他知道怎樣證實那句子意欲闡解的命題——也就是說，如果他知道在某種條件下，什麼樣的觀察能夠引導他，在命題為真的時候接受它，命題為假的時候拋棄它。

《語言、真理和邏輯》，第16頁

艾爾在伊頓中學和牛津基督學院受教育，1932年畢業後到維也納遊學，結識維也納學派成員——這次相識奠定了他的學術生涯基礎。返回牛津後，他在基督學院任教，二戰爆發後加入威爾士近衛團，不過多半時間都在軍事情報處工作。1944年他升為牛津瓦德漢學院研究講師，兩年後得到大學學院精神與邏輯哲學系的格柔特教授一職，13年後的1959年被選中牛津新學院懷克漢教授一職，教授邏輯，1970年被封爵。1978年他退休離開教授崗位，直到1983年依舊是沃爾夫森學院的教師。

《語言、真理和邏輯》（1936年）一書使艾爾聲名鵲起，他用一種頗有說服力又很有趣味的文風，在書中陳述了邏輯實證主義。他熱情洋溢地傳播實證主義，無比嚴格地套用可證實性標準：不僅宗教、倫理學、美學和許多形而上學的論斷都被宣佈為無意義，很多科學陳述（比如關於基本微粒的論述）也只有在被重新闡釋作為對可觀察現象的注解時，才能夠免於其無意義的命運。

隨着艾爾思想的發展成熟，他逐漸認識到可證實性標準過於含糊而無法成為有用的意義文本，過於嚴格而無法通過絕大多數人類積累的知識活動（確實，根據它自己設定的標準，其本身就是個毫無意義的陳

語錄：

一個理智的人是一個能夠正確使用理性的人：其弦外之音是，在其他事情當中，他能正確估測證據的力量。

《或然性和證據》，第3[頁]

述）。艾爾修正了他的標準，例如他允許一個陳述命題可以被一個假想的能夠在時空中穿梭的觀察者所證實。

艾爾學術生涯的後期，他的觀點更偏向方精明的傳統的經驗主義，而不是邏輯實證主義（但他的《語言、真理和邏輯》依舊在出版印行，說服了一代又一代青年學子擯棄無意義的倫理學和形而上學）。在許多方面艾爾比他的同代人如**奎因**等更加開放理性一些；他擯棄了沒有一個好的理由去信仰（例如信仰神）某種事物這種看法，保留了某種形而上學的信念：精神的雙重論等。他認為形而上學信念建立在經驗之上，物理科學尚未能夠提供有效的替代物取而代之（這觀點跟他垂暮之年即將體驗死亡並無關聯）。

理查德·梅文·黑爾 Richard Mervyn Hare

生：1919年，巴克維爾，薩默塞特郡	**卒**：2002年，易威爾墨，牛津城

術業：倫理學

師承：穆勒、穆爾

嗣響：—

"揭示非同尋常的
狂納粹真實慾望
質，我們不妨設
下面這個文字遊
用到他身上……
對他說："你還
道吧，我們發現
是你現在父母的
，你的親生父母
是兩個純種猶太
你太太的情況也
樣。"……那麼
能會怎麼回答呢
根據邏輯他的回
能是——"那
把我全家都送到
瓦爾德集中營
！"可能嗎？

由與理性》，第171頁

黑爾從拉格比公學畢業後，進入牛津巴利奧爾學院攻讀古典學。雖然他是個和平主義者，1939年他主動參加皇家炮兵隊，在印度山地炮兵團服役到1942年，被日本軍隊俘虜，作為戰俘被關押了三年，先是在新加坡，後來做苦力修建緬一泰公路。這段經歷在他的人生和職業選擇上都打下了烙印，使他更加堅信，哲學，尤其是倫理學，有責任幫助人們做出選擇，幫助人們做道德生物過道德人生——不僅僅是在相對良善的哲學世界，更是要在學術界以外更富有挑戰性的世俗世界裡。

1945年黑爾回到英格蘭完成學業，入選巴利奧爾學院研究基金。在巴利奧爾他一直呆到1966年，當選為道德哲學系懷特斯教授，並轉到基督聖體學院。1983年他從牛津退休，受聘在蓋斯威爾佛羅里達大學擔任研究生指導教授，在佛羅里達與牛津城易威爾墨他的家之間定期飛來飛去，1994年去職。

黑爾不同意所謂人類道德判斷僅僅是對象物描述的意譯這一理論，但他對替換的標準情緒主義也並不滿意，認為僅僅增加了一項感情因素而已。他的學說受到普通語言研究哲學方法的影響，把它拿來作為自己理論歸納道德術語被標準使用方式的基礎。黑爾認識到，道德判斷的首要任務是

規範行為的過程，他論證說這些規範因具有普世適用性而成為道德的，也就是說，它們並不指向某個特定的個體，而是適用於任何道德媒介。他的研究法即我們熟知的"規範主義"。

黑爾對改版的實用主義和他的道德思想結果性兩層分析的辯護也非常有名。他認為人們有能力做到兩種道德上的慎重思考：行為功利主義的"天使長"，嚴格地思考，直接運用功利主義原則做出理性的決定，另一種是規則功利主義，依靠直覺思考，根據其類似於原則的意願行事。在真實生活中，人們能夠做到這兩種思考（也需要做到），不過對行為功利主義不太擅長而已。

黑爾晚年的著作試圖用道德理論套在實際倫理學的問題上。

思想簡括：

倫理判斷是道德要求，施用於每一個處於相關情境的個人。

唐納德・赫伯特・戴維森 Donald Herbert Davidson

生：1917年，斯普林菲爾德，麻省	卒：2003年，伯克利，加州
術業：語言、邏輯、認識論、形而上學	
師承：柏拉圖、亞里士多德、斯賓諾莎、康德、懷特海、弗雷格、奎因	
嗣響：—	

著作舉要：

《論行動和事件》
（ Essays on Actions
and Events ）、《對真
理和闡釋的探討》
（ Inquiries into Truth
and Interpretation ）

*在午夜的衛生間裡，
約翰斯慢慢地、小心
翼翼地拿着一把刀
——他所做的，不過
是往麵包片上塗一層
黃油罷了。我們對描
述動作的語言太熟悉
了，開始根本注意不
到其中的異常：
"Jones did it slowly,
deliberately, ..." 一
句中的 "it" 似乎指
向某種實體，某種假
定的動作，可以有無
數的方式描繪它。*

《動作句的邏輯形式》，
選自《論行動和事件》，
第105頁

戴維森學術道路的開端與其他哲學家相比稍微有些不尋常。他最早在哈佛學習英文、比較文學和古典學，二年級時旁聽了兩次阿爾弗雷德・諾思・懷特海的哲學課，從此開始走上另外一條道路。1939年本科畢業後，他繼續攻讀古典哲學研究生，1941年獲得碩士學位。他的博士研究（關於柏拉圖的《斐利布斯篇》）因為二戰而中斷，他參加海軍在地中海服役。戰爭結束後，他完成博士論文，1949年獲得學位。哲學思想上對他影響最大的師長是**奎因**，戴維森讀研究生時曾做過奎因的學生，其最直接的結果就是使戴維森把自己的興趣從起初的文學和思想史，轉到了哲學和分析學上。

戴維森的教師生涯始於紐約的女王學院，1951年他應聘到斯坦福大學，一直任教到1967年。在斯坦福工作的第一個階段，他與帕特里克・薩伯斯合作研究決策理論，

思想簡括：

精神活動即生理活動，但這並不意味着我們能夠用生理法則去套精神上。

這對他日後的思想有極其關鍵的影響。不過，直到60年代戴維森才開始推出為他帶來聲譽的學術成果，以1963年的論文《行動、理性和原因》為開端。

1967年戴維森在普林斯頓大學呆了三年，之後在洛克菲勒大學六年，芝加哥大學五年。從1981年起他在加州伯克利任職，2003年做了膝蓋手術後突然去世。

精神與行為："變異的一元論"

戴維森對精神的叙述比較難以把握，他花了很多精力摸索其深層的矛盾之處（他傾向於把這些矛盾歸結為他的主題內容而不是他的理論）。他是個虔誠的生理主義者，認為因果關係只在生理事件之間發生。跟他的導師奎因的不同之處是，戴維森努力將這一觀點與精神術語無法被歸為生理術語的看法結合起來，這意味着，被視為精神事件所描繪的東西，如果包含在因果關係中，這事件實際上必須是生理的，雖然它的精神描繪不能被歸納為生理描繪。他進一步解釋說，精神描繪在科學

為了使我們學會用語言溝通，語言必須被建立在數量有限的元素單位上，即使那種語言潛在的表達法或許是無窮無盡的。

去則中無法現身，也沒有精神事件（指描述為精神的事件）在科學法則的基礎上能夠被解釋和被預言。另一方面，這樣的事牛又從屬於理性、相容性和一致性的制約，不然就無法構成精神了。因為戴維森承認只有一種事物真正存在，他把自己的理論稱作**"一元論"**，而因為精神描述又不能用法則的語言來解釋，他又把他的一元論稱為：**"變異的"**。

在戴維森看來，行為的理性是我們行為的原因。他論證道，我們說一個人依照某種理性行事，如果不是這"某種理性"引導他選擇行事的方式，那又會是什麼意思呢？戴維森這個行為觀點還稍微有些複雜。行為是一種在某種描述下有意圖的事件：肌肉的收縮、刀子的挪動、麵包片上的黃油──這些全都是同一事件，只是描述不同而已，到目前為止這些動作還都是在描述下的有意為之的動作，因而它們是同樣的行為。

語言

戴維森對精神和行為所做的思考構成了他學術思想最有影響力的一部分，這些思考與他的語言哲學緊密相連。他認為自然語言必須被建構於數量有限的元素之上，以便使用者掌握它。語言哲學家的任務是向他人展示精心結構的句子，其意義如何依賴於它的各構成部分存在。他對這一問題的探索方法主要有兩個部分：真理論（取自波蘭邏輯學家阿爾弗雷德‧塔斯基（Alfred Tarski），戴維森借鑒塔斯基在正式的邏輯語言裡對真理的定義，改名為自然語言），及激進解釋論（就是一種賦予完全未知的語言以意義的理論）。**弗雷格**的著名概念是：一個陳述命題的意義由它的真值條件賦予，戴維森的真理論就是從這一概念發展而來。他的激進解釋論包括"施惠原則"，就是說對對象語言的翻譯闡釋應當最大化對象語言中為真的陳述命題數。

阿爾弗雷德‧塔斯基開始在華沙研究、教授邏輯和哲學，1942年轉到加州伯克利，在邏輯學領域影響甚廣。戴維森借鑒了他的正式邏輯語言的真理論，聲稱自然語言建構在有限的語詞之上。

語言當中沒有這樣的東西，不是許多哲學家語言學家以為的那種東西，語言並非如此。

《一份很好的錯亂墓誌銘》
見《**真理與解釋**》，
LePore編輯，第446頁

彼得·弗雷德里克·斯特勞森爵士
Sir Peter Frederick Strawson

生：1919年，倫敦	卒：—

術業： 邏輯、語言、形而上學、認識論、倫理學

師承： 亞里士多德、萊布尼茨、休謨、康德、維特根斯坦、羅素、賴爾、艾爾

嗣響： —

著作舉要：

《邏輯理論導論》
（Introduction to Logical
Theory）、《個體》
（Individuals）、《自由
與仇恨》（Freedom
and Resentment）、
《懷疑論和自然主義》
（Skepticism and
Naturalism）、《實體
與其自身》（Entity and
Identity）、《理性的界
限》（The Bounds of
Sense）

人的概念理論上優先
於個體意識的概念。
人的概念不能像分析
有生命的軀殼或具象
化生命的概念那樣被
分析。

　　　《個體》，第103頁

斯特勞森出生在倫敦西區的伊令，父親是小學校長，他最早在芬切利的基督學院受教育，獲得牛津聖約翰學院獎學金（再加上一份國家助學金和一個匿名資助人的資助），得以繼續本科學業的學習。他最初的目標是英語專業，但在讀學位之前改變了主意（部分是他閱讀了**盧梭**《社會契約論》的結果），將重點轉到了哲學、政治學和經濟學（P.P.E.）。

1940年畢業後應徵在皇家炮兵團服役，戰時主要呆在國內戰場，但在意大利和奧地利作為佔領軍也駐紮過一段時間。1946年退役，返回英國後在班戈北威爾士大學學院做過一年助理哲學講師，在此期間他申請到了牛津約翰·洛克獎學金，他的工作得到吉伯特·賴爾（Gilbert Ryle）的賞識，被推薦到牛津城市學院做了一個學院講師。次年獲得一個研究員職位。

1948-1968年斯特勞森在牛津任教。1950年他發表了第一篇重要文章，至今對學術界還有影響。在《論指稱》一文中他批評了**羅素**的摹狀詞理論，對學界普遍相信的意義與真理相關聯的方式提出了挑戰。1968年他當選為牛津大學韋恩弗利特學院的形而上學哲學教授，並獲得瑪格德雷學院的研究職位，1977年被封爵。

思想簡括：

哲學應當關注我們熟悉的事物，不應當斤斤計較超越我們經驗的抽象而深奧的世界，或是某些人造的形式理論。

邏輯與語言

斯特勞森的早期著作主要關注邏輯和語言問題。他是當時以牛津為中心的普通語言學派的活躍成員。普通語言學派的觀點是，許多哲學問題的產生，都是由於剝離了哲學術語和結構在正常語境當中的使用，欲解決這類問題，只需認真分析語言的日常應用即可。斯特勞森在他早期的論文《論指稱》中，論證說羅素誤解了指稱表達法如"法國現任國王"的用法，試圖讓語言去適應某種特定的哲學理論，詞語被迫進行意譯，無異於削足適履。在他的專著《邏輯理論導論》中，斯特勞森秉持同樣的觀點，認為形式邏輯的邏輯聯結詞距離日常應用語言過於遙遠，使得哲學家無法從形式的立足點理解並解釋語言。

1945年的紐倫堡審判。斯特勞森的哲學研究聲稱，我們的責任概念、歸咎概念與宿命論的假設相容；他相信即使我們的行為是前定的，我們的倫理關係也不會改變，我們仍會期待人們為自己的行為負責。

形而上學

斯特勞森1959年的論著《個體：論描述的形而上學》是將形而上學重新納回到主流哲學軌道的最重要因素之一。形而上學曾經被邏輯實證派及其追隨者們放逐出哲學的主要領域。斯特勞森把自己在書中描述的現象稱之為 **"描述的"** 形而上學，以便和所謂的 **"修正的"** 形而上學區分開來。修正的形而上學試圖修改我們思考世界的方式，在現實的真本質上，表象誤導我們（斯特勞森把笛卡兒、萊布尼茨、貝克萊都歸入這一陣營）；而描述的形而上學僅僅試圖描述我們認識世界的思考方式，和我們關注物體及人類的思想的結構方式（他認為這一派的代表者有亞里士多德和康德）。這樣一來，斯特勞森的形而上學著作與他早期的思想並未脫節，正如他自己的解釋："意圖其實沒有什麼不同（無論是哲學的、邏輯的、還是概念的分析），只是規模和概括性方面不同罷了。"（《個體》，第9頁）

斯特勞森選用 "個體" 這個詞，意在指稱首要的基礎的特別體，該特別體可以被鑒定和再鑒定。他覺得這意味着這些特別體必須在時－空中存在，如此排除了笛卡兒的心靈和萊布尼茨的單子。另一方面，特別體當中的某一些──人類──既有精神，又具備生理屬性，這引導他推出屬性二元論：人不是由兩種物質組成的，如笛卡兒的圖示所說──人是一種東西，具備兩種屬性。

斯特勞森對形而上學很感興趣，他自認屬於康德一派，因而在他最重要的一本專著《理性的界限》（1966年）中，收錄了一篇《康德純粹理性批判》（Kant's Critique of Pure Reason），這不僅僅是一篇評論文章，它還進行了哲學探討，把康德的著作作為討論的出發點和焦點。

倫理學

在一篇很有影響的論文《自由與仇恨》（1962年出版，1974年收入同名書中再版）裡，斯特勞森論證說，我們希望人們為他們的行為負責這一事實，是我們人類生活不能割捨的一個自然部分。如此，形而上學聲稱我們所有的行動皆由與倫理行為風馬牛不相及的前因所決定；即使（**不可能**）這樣的聲明可以被證明為真的，我們人與人之間的關係也不會──**也不能**──改變。這是一種全新的不尋常的立場，被稱作相容論；也就是說，它力圖展示，我們所持有的責任、讚揚、責備、憎恨等等概念，與宿命論的假設彼此相容。

傑特魯德·伊莉莎白·瑪格麗特·安斯康姆

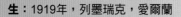

Gertrude Elizabeth Margaret Anscombe

生：1919年，列墨瑞克，愛爾蘭		**卒**：2001年，劍橋，英格蘭	

術業：倫理學、行為、宗教

師承：亞里士多德、安塞姆、阿奎納、休謨、弗雷格、羅素、維特根斯坦

嗣響：—

著作舉要：

《意向》（Intention）、
《維特根斯坦邏輯哲學
導論》（An
Introduction to
Wittgenstein's
Tractatus）

……政府的專業意願
是……無限的，他們
曾聲稱："當我們在
A、B、C點做到了公
正以後，我們就不再
鬥爭。"他們也曾談
到："掃除納粹主義
立足的一切東西"，
還說："在歐洲建立
一個新秩序"。可
是，我們的意願無窮
無盡，也許我們或德
國人民，永遠不能對
政府說："夠了，別
再鬥爭了，我們的條
件已經得到滿足
了。"除此之外，還
有什麼意思呢？

《當前戰爭公義審視》，
第10頁

安斯康姆的父親是倫敦一位教科學的老師，她是家中三個孩子中最小的，倫敦西頓漢姆中學畢業後，1937年進入牛津，在聖休學院學習古典學；一年級時皈依天主教。1941年畢業後進入劍橋紐漢姆學院攻讀碩士學位。

在劍橋時安斯康姆選修了維特根斯坦的課程，從此深受維特根斯坦哲學研究的影響。1946年她回到牛津，在薩默維爾學院獲得一個研究職位。她與維特根斯坦一直保持聯繫，成為很親密的朋友，直到維特根斯坦1951年去世時為止。安斯康姆和G·H·馮·賴特（G. H. von Wright）、若什·瑞斯（Rush Rhees）同為維特根斯坦的遺稿管理人，她在編輯、翻譯維特根斯坦的英文版著作方面功不可沒。由她翻譯的《哲學研究》（Philosophical Investigations）出版於1953年，其後又陸續推出其他一些譯著，還寫作關於維特根斯坦的文章。她與基奇（Geach）合作翻譯了笛卡兒哲學著作之一種。

除了她評介其他思想家 —— 如亞里士多德、安塞姆、阿奎納、休謨、弗雷格這些重要人物的文章以外，安斯康姆自己也是個獨特的哲學家，她的論著《意向》（1957年）被普遍看作是行為哲學領域的開創性著作。她在道德哲學方面的開拓也

語錄：

……是否應當對導致無辜者的司法執行這樣的行為完全不予以考慮，如果有人預設立場，認為這個問題需要存疑。那麼 —— 我不想與他爭論，這顯示出他心靈的墮落。

《當代道德哲學……》，見《哲學》
（1958年），第16頁

促進了德性倫理學的復興（"推斷論"這一術語就是她引進的）。事實上她對道德哲學的思考深深植根於她的許多哲學論著當中 —— 甚至《意向》一書的寫作，很大程度上也是由於杜魯門總統被定罪而促成的，杜魯門總統作出的對日本平民使用核武器的決定，犯下了戰爭罪行，安斯康姆曾抗議杜魯門獲得牛津大學的榮譽學位。

1967年安斯康姆當選為英國社會科學院研究員，1970年回到劍橋，任哲學教授，直到1986年退休。晚年她環遊世界各地，教書、作講座，生活豐富多彩。

約翰・波德萊・羅爾斯 John Bordley Rawls

生：1921年，巴爾的摩，馬里蘭	卒：2002年，萊克星頓，麻省

術業： 政治學、倫理學

師承： 霍布斯、洛克、盧梭、穆勒、康德、西季威克、柏林、哈特

嗣響： 一

著作舉要：

《正義論》（A Theory of Justice）、《政治自由主義》（Political Liberalism）、《作為公平的正義：一個重述》（Justice as Fairness: A Restatement）

的目標，是展示一個公義的概念，歸納出我門所熟悉的洛克、盧梭、康德提出的社會契約理論，把它帶到一個更高的抽象的層次。

《正義論》，第11頁

羅爾斯出生在馬里蘭州，在康涅狄格州的肯特中學讀書。1939年進普林斯頓，1943年畢業，畢業後馬上參加美國軍隊，在太平洋的步兵團服役。他目睹了戰爭核武器製造的悲慘狀況，後來發表譴責美國政府行為的文章。或許由於這次震撼，他拒絕了升職的委任狀，以普通列兵的身份復員回鄉。

1946年羅爾斯回到普林斯頓，1950年獲道德哲學博士學位。在普林斯頓教了兩年書後，他得到富爾布賴特（Fulbright）獎學金，到牛津基督學院遊學一年，這一年是碩果纍纍的一年。回國後在康奈爾大學先被聘為助理教授，後升為副教授。在此期間他整理自己在普林斯頓、牛津和康奈爾的思考，發表了論文《作為公平的正義》。這篇文章成為他日後學術道路的紮實基礎。

1960年他被聘為麻省理工學院的正教授。他在麻省只呆了兩年，就去了哈佛，這一次紮根哈佛40年，埋頭梳理他在康奈爾時成形的“偉大作品”的思路。1971年終於推出他多年思考的結果《正義論》，立即引起轟動，使他脫穎而出，躋身政治哲學的最前列——雖然他出版發表了很多專著、論文，羅爾斯最著名的，還是他的《正義論》。不過在晚期的思考中，羅爾斯修正了他的觀點，開始向左派轉型（左的程度：一個簡單的標籤可以被貼到羅爾斯這樣的複雜思想家身上。）。

羅爾斯對正義的描述非常廣泛而又複雜，其中心思想是兩個原則：1. 基本的平等原則；2. 社會與經濟不平等的原則。第二條原則的不平等只有在它為社會最低等階層提供補償的條件下才應該允許其存在，並且，人人應當有“機會”的均等。羅爾斯論證說，上述原則的公平性是由如下事實引起的：即使我們尚處在“無知之幕”背後的、他稱之為“原初狀態”的情形下，我們也會選擇上面的兩個原則。換句話說，假使我們必須要選擇自己即將生存的社會，但卻不知自己在這社會的等級和角色——前提是忽略性別、社會背景、價值觀念、個人才能，等等——我們一定會選擇最大程度公平的社會形態。

語錄：

人人擁有建立在公義之上的不可侵犯性，即使作為整體的福利社會也無法踐踏。

《正義論》，第3頁

托瑪斯·薩繆爾·庫恩 Thomas Samuel Kuh

生：1922年，辛辛那提，俄亥俄	卒：1996年，坎布里奇，麻省

術業：科學

師承：科瓦雷、巴歇拉爾、波普爾、奎因、弗萊克

嗣響：—

著作舉要：

《哥白尼革命》(The
Copernican
Revolution,)、《科學
革命的結構》(The
Structure of Scientific
Revolutions)、《必要
的張力》(The
Essential Tension)

*在某種意義上我無法
進一步闡明，競爭範
式的擁護者們在不同
的世界操練他的手
藝。如此一來，兩
組科學家從同樣的起
點同一個方向張望，
看到的東西卻大相徑
庭。*

*《科學革命的結構》，
第149頁*

庫恩在哈佛大學學習物理，1943年畢業，
二戰時受僱於哈佛，當時附屬於美國科學
研究與發展辦公室，在歐洲。戰後他返回
哈佛繼續自己的理論物理研究。攻讀博士
期間他也為一群非科學家授課，為了備課他
去研究查閱科學史，結果極大動搖了他對
科學本質的看法，開始轉向科學史和科學
哲學領域。後來他被聘為基礎教育和科學
史方向的助教授。

1956年庫恩到了加州伯克利，出版他的第
一本著作：《哥白尼革命》（1957年），研
究日心說宇宙論發展。1961年庫恩提升為
科學史教授，出版了他最著名最有影響力
的著作《科學革命的結構》（1962年）。
1964年庫恩成為普林斯頓M·泰勒·潘恩
的哲學及科學史教授，於1977年推出《必
要的張力》，次年出版他最後一本論著：
《黑體理論和量子突變》（The Black-body
Theory and the Quantum Discontinuity，1978
年）。在紐約人文學院呆了一年之後，他
去了麻省理工學院，做了洛克菲勒
（Laurence S. Rockefeller）哲學教授，直到
1991年退休。

在《科學革命的結構》一書中，庫恩展開
論述了科學如何發展，而不是我們**應當**如
何做它。常態科學，庫恩認為，其任務是
解惑，解決問題，科學家在一個背景理

按：

**"範式"這個概念是哲學史上最被
誤讀的一個詞，它被錯誤地安在
各個非科學領域（尤其在藝術領
域），雖然語焉不詳，釋義不明，
但是看起來特別有學問。**

論、假想、專門技術、典型模式：即範式
的共享框架內完成。無法解決的問題——
反常態現象——日積月累，越來越大的張
力最終導致一次科學革命，轉換到新的範
式中去。常態科學在這個新的範式中運
行，等待下一次轉換。

這一構想在很多方面闡幽洞微，但也有一
個缺陷："範式"這個詞要承擔的工作實
在太多，反而沒有一個清晰的意義。庫恩
在《對範式的再思考》一文中，改用"專
業母體"這一術語，代替廣義的"範式"
（科學界共享的價值、信念、技術手段），
用"模式的"一詞取代狹義的範式（標
準、模式理論，給出可接受的問題解決模
型）。

概述
科學哲學

兩千多年以來，我們今日稱之為物理學的學科一直包括在哲學的領域中。這兩門學科在前現代時期開始真正分野。但這分野並非是徹底的決裂，科學、哲學、哲學科學這三者之間依然有着千絲萬縷的聯繫，一個清晰、固定的分界線並不存在。它們緊密相連的一個標誌（或可能的一個原因）是：很多科學哲學家都是科學家出身。

可以用各種方式區分科學方法與哲學方法的不同。最明顯的一個是，科學關注經驗世界，關注從日常觀察得來的知識。我們熟知的"樸素經驗主義"的科學觀認為，科學家通過觀察世界，歸納自然現象然後創造理論，再用新的觀察檢驗這些理論。這一觀點的天真之處在於，它沒有注意到觀察與理論之間的區別，根本不是涇渭分明。所有的觀察至少與概念、技巧緊密相關，並且依靠概念和技巧，有些觀察更是裝滿理論。再說了，什麼東西可以被叫做"觀察"呢？純粹使用感官？藉助於科學儀器？望遠鏡觀察算不算？射電望遠鏡、光學望遠鏡、掃描電子顯微鏡算不算？

很多當代科學家覺得哲學跟科學完全不相干，其中不少人是因為斷章取義接受了邏輯實證主義"可證實性標準"的變體（只有被經驗的證實的，才是有意義的）。就是說，他們離棄哲學的理由是建立在對一條哲學理論不加思索的接受上的，而這條理論，多年來一直受到質疑，漏洞百出（它消解掉了科學的大部分工作，也消解掉了自身）。不過，也有很多偉大的科學家，或者認為自己身兼科學家與哲學家（如達爾文、愛因斯坦），或者承認哲學對自己科學研究的影響（在這方面，**波普爾**經常被作為哲學家引用。）。

科學哲學所關注的中心議題很多很多：科學的本質是什麼？它怎樣與非科學區分？與非科學的關係是什麼？歷史、經濟、社會學、心理學這些學科算不算真正的科學？一個好的科學描述有什麼要求？是什麼構成科學進步？科學理論的地位如何？除了上述問題，科學的分支也會出現一些問題，如物理學等，最近生物學的新問題也層出不窮：時間與空間的本質是什麼？量子論有何形而上學的含義？生命是什麼？物種是生命世界自然創造還是人為創造的分野？

當代科學哲學的重點集中在一個問題上：什麼是科學理論準確的現狀？科學理論是試圖描繪世界呢，還是單純的預言工具？就是說，科學試圖探知世界（尤其是不可觀察的世界）運轉方式的真相，還是僅僅關注生產可檢驗的（也是有用的）推斷？前面的觀點被叫做唯實論，後者被叫做工具論。工具論有各種各樣的表現形式，有天然粗淺的邏輯實證主義，拒絕給不可觀察的命題賦予意義；還有比較複雜的"建構經驗論"，允許理論試着描繪世界，但是只允許那些對科學而言可驗證的推斷問題。

唯實論者對工具論者一次主要的反擊，是著名的"沒有奇迹"論斷：假設科學理論確實能夠製作出成功的預言，那麼，如果理論甚至不能部分真實地描述世界的真相，那實在是一個太令我們驚訝的巧合。

Darwin

Einstein

邁克爾・安東尼・伊爾德雷・杜梅特 爵士
Sir Michael Anthony Eardley Dummett

生：1925年，倫敦	卒：—
術業：邏輯、語言、數學、認識論、形而上學	
師承：布勞威爾、弗雷格、維特根斯坦	
嗣響：—	

著作舉要：

《弗雷格：語言哲學》
（Frege: Philosophy of Language）、《真理和其他之謎》（Truth and Other Enigmas）、《分析哲學起源》（Origins of Analytic Philosophy）、《形而上學的邏輯基礎》（The Logical Basis of Metaphysics）、《語言之海》（The Seas of Language）

唯實論與反實在論的衝突，是一個關於意義實質的衝突，意義由有爭議種類的陳述所賦予的。

《真理和其他之謎》，
第155頁

杜梅特出生在倫敦，在威爾特郡的桑德羅伊德公學和溫徹斯特學院讀書，1943-1947年在軍隊服役。戰爭結束後他進入牛津基督學院攻讀P.P.E.（哲學、政治學、經濟學），1950年畢業，獲得牛津萬靈研究生院的獎學金。課餘時間他在伯明翰大學代課一年（1950-1951年），1962年被聘為牛津數學哲學高級講師。1979年他當選為牛津威克姆（Wykeham）教授，直到1992年退休。數年來他在世界各地的大學擔任客座教授，跟妻子安一道積極參與社會事業，反對種族歧視和與移民有關的事物。這兩項主題在他的寫作中都有反映。此外他還抽時間出版了一系列關於塔羅牌的書籍。

杜梅特對哲學的許多領域都作出了非凡的貢獻，在語言哲學、哲學邏輯和形而上學方面尤其出色。他第一部重要的論著是：《弗雷格：語言哲學》（1973年），這之後他的半生時間都在研讀、闡釋**弗雷格**的思想，成為世界上最重要最有影響力的弗雷格專家。事實上，英語哲學界能夠以如今這種方式接觸到弗雷格，全拜杜梅特所賜。

語言

語言是杜梅特哲學著作的核心。他聲稱弗雷格之前的哲學有缺陷，過分強調認識論的首要作用，不把自己置於語言研究的基礎上。這一觀點有頗多值得推敲之處，因為就連弗雷格自己，似乎也沒有注意到他所關注的是語言（他以為自己處理的是邏輯和思想命題）。

在杜梅特看來，唯實論與反實在論的衝突，實質上是關於語義學——語言如何獲得意義——的衝突。唯實論者認為所有有意義的陳述都是非真即假（二值原則，真或假原則），不以人的意志為轉移。這樣，一個唯實論者會認為：“‘邈邐王’艾思爾萊21歲生日那天消化不良。”這樣一個過去的陳述或為真或為假，即使我們沒有辦法能夠判斷其正確與否。反實在論的觀點是，陳述的真只是證據的事情，這個證據或支持陳述，或反對陳述——證據就是肯定陳述或拒絕陳述的條件——我們無法提供任何證據證明艾思爾萊這個陳述，因此這個陳述既不為真，也不為假。杜梅特把他否認二值原則這一語言觀和真理觀貫徹到他的數學描述中去。

思想簡括：

> 所謂真，就是被證明為真了的；
> 所謂假，就是被證明為假了的。

數學

學界對於數學反實在論描述：直觀主義的持續興趣，應當歸功於杜梅特，直觀論最早由荷蘭數學家L・E・J・布勞威爾（L.E.J Brouwer，1881-1966年）提出，認為數學的客體不是真實的，獨立於我們之外，跟柏拉圖主義的唯實論相似，不過是由數學家建構而已。如此說來，數學的敘述僅僅是一個數學家對他所做建構的報告，其為真還是為假要看有沒有證據證明它。假如沒有這樣的證真或證假存在，該敘述就沒有真值——它既不為真也不為假。

杜梅特實際上並未接受布勞威爾版的直觀主義，因為它依賴數學家腦子裡的私人零件和運行。不過，他採納了布勞威爾的基本研究法，認為一個數學陳述如果要算得上為真，就應當有一個證據來證明它，數學家的工作就是建構這樣一個證據。

唯實論與反實在論的分歧，對數學和邏輯有着直接而又實際的暗指意義。例如，已知證據：某陳述P的真必然包括陳述Q的真；另一證據：陳述P的假也必然包含陳述Q的真，唯實在論者據此得出結論說陳述Q為真，即使我們不能證明陳述P的真或假，因為唯實論的二值原則告訴我們P必須是非真即假，兩種可能性都暗示了Q（為真）。但反實在論者拋棄了二值原則，因此有更多證明工作要做，他必須先證明陳述P是真的，或者是假的。

杜梅特使得"反實在論"這個名詞開始流行，他的部分著作力圖構造一個原則，解決許許多多的爭論。每一次爭論都有一個普通形式，但其主題千變萬化。在每一個爭論中，有一個唯實論立場，一個非實在論立場。立場運用不同的邏輯方法在陳述上。在這次關於過去事件陳述的爭論中，唯實論認為"'邋遢王'艾思爾萊21歲生日那天消化不良。"這一陳述必然為真或為假；反實在論反駁說陳述的真是證實它或推翻它的證據的事情。

學習語言，包括學會判斷不同種類的句子所需要的知識。在語言學習的最初階段，要求小孩子對其他人的論斷作出反應。但在稍大些以後，小孩子也會質疑那些可能會被肯定的東西，即使它是一些共識。

《弗雷格：語言哲學》，
第622頁

雅克・德里達 Jacques Derrida

生：1930年，埃爾比哈，阿爾及利亞	卒：2004年，巴黎

術業： 語言、語言學、政治學、認識論

師承： 馬克思、盧梭、列維－斯特勞斯、海德格爾

嗣響： 後結構主義思想

著作舉要：

《論文字語言學》（De la Grammatologie）、《文字與區分》（L'Écriture et la Différence）、《撒播》（La Dissémination）、《馬克思的幽靈們》（Spectres de Marx）

真正的意義，來自於符號之間的區分，這些區分本身又成為新的符號。

雅克・德里達1930年7月15日出生在阿爾及利亞一個本地的猶太家庭，當時阿爾及利亞屬於法國的殖民地。1941年根據反猶太人法，他被開除出學校，那時他對足球的興趣遠遠超過對學業的關心，1947年中學畢業會考失利，德里達接連試了三次，1954年總算被法國高等師範學院錄取。畢業後，他在巴黎大學文理學院教了四年書，然後回到高等師範學院，在這裡度過他大半生的教書生涯。在美國各大學的英語系，德里達的名聲十分響亮，他定期在加州紐約等地講學，2004年10月8日去世。

語言與分歧

沒有哪個思想家像德里達這樣，被他的追

思想簡括：

通過分解寫作與言語背後的假想與過程，我們可以超越文本，發現新的方式思考世界。

隨者和他的批判者誤用、濫用到如此程度。跟所有的學說一樣，德里達的理論應當放到當時的社會背景知識語境下去考察理解。1960年代的法國哲學全部籠罩在瑞士語言學家索緒爾（Ferdinand de Saussure）語言學派的陰影下。索緒爾認為語言是一套系統，理解它的關鍵不是字詞本身，而是字詞之間的**差別**。單獨的一個詞或一個符號，它的意義不是存在於自身，而是體現在與其他符號的區別上，無論是音／語言符號（**能指**）還是概念（**所指**，詞的意義）。能指之間的任意轉換，比如從"貓"到"喵"，能夠在意義上產生根本的改變。

索緒爾的興趣是在決定意義的深層結構上，不是拘泥於語言本身。其他一些思想家，如人類學家克勞・列維

而上學的終結

覺得，為了考慮表達話語和歷史整體性，迄今為止提出的所有概念，應該
我質疑的形而上學終結的語境內予以理解，因為我們不知道其他的概念，
不能創造任何其他的概念，事實上只要這一終結限制了我們的話語，我們
不應該創造其他的概念……因此，我們的研究包括質疑作為徵兆的這些文
的內部結構。

《論文字語言學》，第147-148頁

-斯特勞斯受到科學關係如DNA解碼的啟發，拓展索緒爾的語言分析到家庭結構、政治結構等社會體系中去，認為這些也可以像語言系統一樣被解讀。這種"結構主義"正是德里達試圖解構的理論框架。

德里達的創新是展示能指之間的區分永不會完結：每一種新的意義都成為一個新的能指，形成德里達所稱的"無限操作"，語言沒有一個固定的停頓點，而與此同時，我們又需要言語有特定的意思，因此我們就把它當成有特定含義，在日常生活中阻止其無限操作的進程。德里達把語言這種動態變化趨勢與對變化抑制之間的張力稱為"différance"（緩別），用這一個"difference"（法語單詞區別）扮演與"deferment"（延緩）的功能。

解構

重要的一點是，德里達這樣做不僅僅是為了學術辯論，而是為了動搖某些思想家如列維一斯特勞斯、盧梭等人著作中的世界觀：粗糙的二分法，將世界分為無罪／有罪或是確實可靠／人為手段。作家本人並不一定意識到這些分界線，他們運用這些界線來標誌某種相關的文化或觀念的價值，與其他文化和觀念相區分。德里達對這些作者的著作進行了深入的語境式分析，試圖揭示隱藏在文字背後的假想和客觀。這樣一來，他突破，或曰"解構"了作者營造的固定框架，為我們打開心靈之窗，顯示出嶄新的不那麼僵硬的思維方式。

德里達經常受到右派的指責，認為他似乎拒絕真理的可能性，自由派的研究生也經常向德里達發難，要求他判斷那些甚至更為複雜的遊戲節目和兒童玩具。德里達希望他的理論能夠跨出校園走進大眾，但是他對文字遊戲的癡迷，晦澀含糊的文風，都妨礙了這一意圖的實現。他試圖跳出笨拙的困擾當代政治的善惡兩個極端，他為此所作的激進的努力，是不容否認的。

解構：拆除隔牆，開闢新的空間。

概述
非洲哲學

肯尼亞哲學家亨利·奧德拉·奧拉卡（Henry Odera Oruka）把非洲哲學區分為四種動向：種族哲學、哲學智慧、民族主義－意識形態哲學和職業哲學。實際上把這四種流派稱作是非洲哲學的候選者，也許更現實些，我們理解不止一種動向可以滿足上述要求。

種族哲學關注記錄發現於非洲文化的信仰。這種研究法把非洲哲學視作是一套共享信仰，共享世界觀——是一項社區公有財富，不是個人行為。

哲學智慧是種族哲學的一種個人主義版本，它記錄社區某個特定成員的信念。其邏輯前提是：雖然絕大多數社會都要求成員們保持某種程度的信仰與行為的一致性，但是，總有少數幾位精英能夠獲得高水準的知識，理解母族文化的世界觀，這類成員被稱為智者。有些時候，智者能夠超越純粹的知識和理解力，進行反思和質疑——成為哲學智慧的研究目標。

當前的一個考慮是，並非所有的反思和質疑都是哲學的；此外，假如非洲哲學純粹以哲學智慧之名為界定，那麼這些智者哲人的思想就不應該被稱作是非洲哲學，因為他們並不是從其他智者身上記錄得來的。而且，從這個角度看，非－非洲人類學或人種學與非洲哲學的唯一區別，似乎只是研究者種族的區別。

種族哲學與哲學智慧的問題是，哲學與思想史之間自然有着十分重要的差別。無論一個民族的信念信仰對哲學家來說多麼有趣，比如阿肯人或約魯巴人的信仰，但它們仍然只是信仰，不是哲學。把這樣的想法叫做哲學，那其實是借用了哲學這個詞的第二層意思：比如「我的哲學是自己活也讓別人活。」

民族主義－意識形態哲學或許可被視為是哲學智慧的特殊個案，只是將理論家代替智者成為被研究的主體罷了。相應地，我們也可以把它看作是職業政治哲學的個例。在這兩種情況下，出現了同樣的問題：我們必須首先劃分意識形態與哲學之間的界限，成套的方法與特殊理性方法之間的界限。

職業哲學認為，哲學是特殊的思考、反映與推理的方式，這種觀點在（大部分）非洲相對比較新穎。非洲哲學必須按照非洲人哲學著作中的思想發展，並且應用（或許不那麼絕對）到非洲的事物當中去。這一觀點或許是對大多數西方哲學家們（無論大陸學派還是分析學派）所提問題的最直觀的解答：「什麼是非洲哲學？」

種族哲學家試圖展示非洲哲學的獨特性，結果它過分注重「非洲」而幾乎丟掉「哲學」了。種族哲學的最大對手是職業哲學家，這一派認為非洲哲學必須從非洲本土的哲學著作中脫穎而出，倒是將重心移到了「哲學」上，可惜又有忽略「非洲」之虞，這種危險並非是不可避免，確實有不少非洲哲學家成功地避開了這個陷阱，艾皮亞（Kwame Anthony Appiah）、卡瓦美·傑基（Kwame Gyekye）、**誇斯·維雷度**、奧西塔·O·奧西塔（Oshita O. Oshita）、凱塔（Lansana Keita）、彼得·波頓林（Peter Bodunrin）和裘克烏度姆·B·奧考羅（Chukwudum B. Okolo）都是成功的例子。

誇斯·維雷度 Kwasi Wiredu

生:1931年,庫馬西,加納	卒:—

術業:哲學邏輯、認識論、形而上學、政治學

師承:柏拉圖、休謨、康德、羅素、杜威、賴爾、漢普舍爾、斯特勞森

嗣響:—

著作舉要:

《哲學與非洲文化》
(Philosophy and an African Culture)、
《文化共相與獨特性:一個非洲的角度》
(Cultural Universals and Particulars: An African Perspective)

「讓一個思想體合法地與一個特定語言、人民、宗教、國家聯繫起來,這種思想應該是(或應該成為)一個鮮活的傳統。至於它是本地土生土長的,還是從其他民族照搬照抄來的,都沒有太大關係。」

《定義非洲哲學》,見《非洲哲學重要文選》,澤內·色勒奎伯翰(T. Serequeberhan)編,第106頁

1948-1952年維雷度在阿堤沙德爾上中學,開始接觸哲學著作——先讀了**柏拉圖**的對話錄,又學習了**伯特蘭·羅素**的著作。在里金的加納大學讀書,1958年畢業後進入牛津大學學院繼續深造,1960年獲得哲學學士學位。在牛津的時候,吉伯特·賴爾(Gilbert Ryle)、**皮特·斯特勞森**、斯圖亞特·漢普舍爾(Stuart Hampshire)曾經做過他的老師,他的論文題目是《知識、真理與理性》。在基爾大學(當時是北斯塔福德大學學院)教了一年哲學,1961年回到加納大學,執教23年,1971年當選為系主任,1981年成為教授,此前的一年他出版了第一本著作:《哲學與非洲文化》。

維雷度在很多大學做過客座教授,如加州大學洛杉磯分校(1979-1980年),尼日利亞的伊巴丹大學(1984年),維吉尼亞的里奇門大學(1985年),明尼蘇達的卡爾頓學院(1986年),北加州的杜克大學(1994-1995年、1999-2001年)。在伍德羅－威爾遜國際學者中心(1985年)和國家人文科學中心(1986年),他也得到過職位。1987年起在坦帕南佛羅里達大學擔任哲學教授。

維雷度認為區分民間信仰與世界觀非常重要,世界觀在任何文化、哲學當中都能找到,它對於該文化和哲學是獨特的。維雷度反對種族哲學和哲學智慧派對非洲哲學的剖析方法;這種他稱之為"民間哲學"的東西,可以構成真正哲學的一部分(事實上,他曾經談到過自己的著作要"歸功於不知名的玄學智人的思想,他們用鼓的語言,在阿肯文化〈我的文化〉裡留下了宇宙之謎"),不過民間哲學必須要加上有力的辯證和批判式的分析。他的哲學穩穩紮根在職業哲學的陣營,在當代非洲哲學領域,他是最為成功的學者之一。

與他對哲學本質的理解相對應,維雷度將分析法和論證法(主要受到杜威實用主義思想影響,及賴爾和斯特勞森對語言的關注)靈活運用到部族人民(阿肯人)豐富的語言和文化資源當中去,也應用到真理、人權等領域。其研究結果是徹底哲學的,對其他文化背景的哲學家一樣有吸引力。但它同時又是非洲中心非洲本質的。

思想簡括:

維雷度代表非洲哲學,但是他的哲學不僅僅只與非洲有關。

戴維・維金斯 David Wiggins

生：1933年，倫敦	**卒**：—
術業：形而上學、邏輯、倫理學	
師承：亞里士多德、萊布尼茨、休謨、弗雷格、皮爾斯、羅素、奎因、戴維森	
嗣響：—	

著作舉要：

《同一性與時空延續性》（Identity and Spatio-Temporal Continuity）、《相同性與實體》（Sameness and Substance）、《需要、價值和真理》（Needs, Values and Truth）、《相同性與實體續》（Sameness and Substance Renewed）

……是那些我們將其應用於經驗的概念分類的東西，決定我們所能夠發現的，但我們要用一種平淡無奇的方式來理解上面的意思，正如你理解這樣一個命題：魚網和網眼的大小決定的不是海裡的魚，而是我們能夠抓住的魚。

"關於選出決定性客體的問題"，見P・佩提（P. Pettit）、J・邁克多維爾（J. McDowell）編輯的《主體、思想和語境》，第171頁

維金斯出生在倫敦，在聖保羅中學讀書，後進入牛津布拉斯諾斯學院學習古典學，開始時對哲學心不在焉，但很快就被它迷住了。1957年他做了一名公務員，一年後獲得普林斯頓的獎學金。1959年在牛津新學院當哲學講師，次年獲得研究員職位；在牛津他一直呆到1967年，後應聘到倫敦貝德福學院擔任哲學教授。1981年他回到牛津大學學院任研究員，八年後再次回到倫敦，在伯貝克學院任哲學教授。1993年他當選為牛津威克漢邏輯學教授，回到新學院，2000年退休。

維金斯從不追逐哲學風尚。作為一名教師，一個哲學家，他以自己持之以恆的作風引人注目，一代又一代明星在哲學的天空熠熠閃爍，而他卻在相對僻靜之處默默耕耘，等到空中的光芒逐漸暗淡，人們發現，維金斯依舊頑強地在繼續他最初的探索。在多種多樣的主題中，維金斯哲學著作的特點是對事物、世界、我們的本質的關注——世界上的事物"如何被接合、隔離、發現、汲取、形成或重塑"的形而上學問題。

維金斯提出了唯名論（概念論）與唯實論的結合觀：某種概念唯實論。他認為，雖然我們選擇如何定義現實，但我們並不選擇要定義什麼。雖然我們在事物的種類之

語錄：

自然或其他人在我們的道路上設置的障礙愈大，前途似乎愈暗淡，絕大多數人所能感覺到的事物的意義就愈少。……最後，意義部分依賴於對結果的期待；而期待又依賴於過去的結果。

《需要、價值和真理》，第98頁

間設置分界線，但是做起來沒有那麼理直氣壯——總有正確的和錯誤的劃分方式。在倫理學領域，維金斯提出了主觀主義元素與唯實論的類似結合，根據道德判斷在其意義方面是主觀條件性的，但目的在於真理這一說法，建立了一套客觀道德理論。如，當我們審視所有與奴隸制相關的一切，很明顯，除了想到奴隸制的錯誤與難以容忍，我們想不出其他的詞彙。

托馬斯・內格爾 Thomas Nagel

生：1937年，貝爾格萊德	卒：—

術業：精神、認識論、倫理學、政治學

師承：康德、維特根斯坦、斯特勞森、羅爾斯、維金斯、威廉姆斯、克里普克

嗣響：—

著作舉要：

《利他主義的可能性》（The Possibility of Altruism）、《人的問題》（Mortal Questions）、《從烏有之處張望》（The View from Nowhere）、《平等與偏見》（Equality and Partiality）

內格爾還為青少年讀者寫過一本哲學入門書，書名是《這都意謂什麼？》（What Does It All Mean?）（1987年）。

內格爾1958年於康奈爾大學畢業後，前往牛津聖體學院，獲得哲學學士，後到哈佛攻讀博士，1963年獲得博士學位。畢業後他先是在加州伯克利教書，1966-1980年到了普林斯頓，從助教授一直升到正教授。在任副教授期間，他出版了第一本學術著作：《利他主義的可能性》。第二本專著《人的問題》（1979年）在他離開普林斯頓轉到紐約大學的頭一年出版。內格爾在紐約大學擔任哲學教授及菲奧雷洛・拉・瓜迪亞法學教授。

內格爾的著作，算得上是當代哲學中對物理學、機能主義、神經生物還原論或曰意識淘汰理論最有力的辯駁了，他為精神概念的不可還原性辯護，更重要的是還為主觀事實的實在、主觀事實與以一種特殊的角度經驗世界的主體之間密不可分的不可還原性辯護。他把主體經驗世界的角度視為意識的本質。這樣，意識必然使得某種事物可能成為一個獨特的有意識的存在。正是這一無可辯駁的事實，對所有一元論的、還原論的理論叙述提出了最有力的挑戰，標識出了可還原的生理現象與不可還原的主觀現象之間的重要差異。像某種東西做一個有意識的生物，沒有這一事實，一元論不免乾燥無趣，自我消解；有了這一事實，一元論又陷入困境。內格爾的中心思想體現在他影響最大的論文《做一隻蝙蝠是什麼樣子》（1974年），這篇論文收入《人的問題》一書中。

內格爾的道德哲學和政治哲學著作是寫實的，採納了康德式的研究法。他發現自我意識至少是道德與利他主義的本質及可能性的必要條件，也是平等、政治約束的必要條件。有自我意識的存在才能夠回顧過去，反思自身，反思自己的行為、生活和世界。內格爾在這些領域的主要興趣與現實的理性和自律並行不悖。自律指的是一種在現實理性要求的指導下思考並且選擇的能力。跟康德一樣，內格爾反對任何相對論的道德和政治理論還原描述。

語錄：

正如思想需要理性一樣，行為同樣需要理性，利他主義就是其中的一種。

《利他主義的可能性》，第3頁

梭爾・阿倫・克里普克 Saul Aaron Krip

生：1940年，紐約	卒：—

術業：哲學邏輯、語言、形而上學、認識論

師承：穆勒、弗雷格、羅素、維特根斯坦、維金斯

嗣響：—

著作舉要：
《命名與必然性》（*Naming and Necessity*）、《維特根斯坦論規則和私人語言》（*Wittgenstein on Rules and Private Language*）

假如疼痛是個大腦過程，如果它不被感覺到，那它就不存在。

克里普克生在紐約，長在內布拉斯加的奧馬哈，在哈佛讀書，1962年畢業。他是個少年天才，十幾歲的時候就發表了邏輯學的論文。他大學一畢業就被聘為哈佛大學初級教員，直到1966年（其中也在普林斯頓做講師和助教授），1966-1968年升為哈佛講師。1968年到洛克菲勒大學擔任副教授，1972年成為正教授。1976年起到普林斯頓，1997年轉為名譽退休職位。他同時還是紐約研究生中心城市大學的傑出哲學教授，美國國家藝術與科學學院、英國社會科學院的成員。

克里普克的哲學重要性主要體現在著作中的三個領域：意義、形而上學與模態，他對**維特根斯坦**某些學說所做的偶像破壞式探討也很有一定影響。他的很多著作都沒有出版，只是以錄音帶或手稿的方式流傳，這一點在當代哲學家中頗為少見。

意義、模態與心靈

在普林斯頓講稿基礎上整理而成的《命名與必要性》（1980年）一書中，克里普克批評了**弗雷格、羅素**等哲學家關於指稱的摹狀詞理論——該理論認為，名稱通過與論述相聯結而起作用，這個論述由名稱所指示的客觀物體所滿足。克里普克像**J・S・穆勒**一樣，否認專有名稱的意義，他提出了一種因果的指稱理論，認為一個名稱之所以指代某一物體，是因為一連串因果聯結起該名稱的用法，通過言語者體回溯到其最初的根源。其最初的根源身或許能夠被描述，但隨着一個又一個使用者的歷史傳遞，名稱的描述通常消失扭曲。

克里普克還引入了固定指稱這一概念。每一個物體存在的可能場合，假如一個示性表達都指代同一件物體，這一表達就是固定指稱。如果場合改變，它所指代物體跟着改變，這一指示性表達只是非定指稱或曰弱指稱。確定性的描述通常是弱指稱，而名稱（包括"疼痛""腦狀態這樣的術語）多半屬於固定指稱。"Scrapple from the Apple的作者"與"查理・派克"（Charlie Parker）實際上指的是一個人，但派克也可能不是"Scrapple from the Apple"的作者——因此，"查理・派克"總是指代一個人，而"Scrapple from the Apple的作者"在某個能的場合卻可以指迪茲・吉萊斯皮（Dizzy Gillespie），在另一場合指瑟隆尼斯・孟克（Thelonious Monk），在某種古怪的語境中，甚至可能指的是早慧天才梭爾・克里普克。

現在我們知道1953年"查理・派克"在宣傳"Jazz at Massey Hall"唱片的時候使用

克里普克拋棄弗雷格和羅素的摹狀詞理論，代之以因果指稱理論。專有名詞如"查理·派克"，通過命名最初的行為獲得意義。這一名稱成為固定指稱，因為它在任何場合都指代被命名的實體。

⋯是"查理·常"的名字，說"查理·常"⋯是（同一個人，相等同於）"查理·派⋯"這個也是對的。任何真實相等的論述⋯必然是對的，但是要知道"查理·常"⋯是"查理·派克"就需要一些知識才⋯了。因此，有一些必然真理需要經驗才可以獲得。

⋯究客觀物體的本質這個概念有兩個基本⋯徑：1. 所謂本質，指的是我們如何選擇⋯述該物體，而不是該物體自身的特點⋯這一觀點來自於**奎因**）；2. 克里普克的觀點是，本質是能夠被經驗地發現的客觀物體的某種或某些特性。物質的本質是它的原子結構之類的東西，而一個個體的本質卻是它的源頭。如，水的自然本質是H_2O，一個人的本質則是一個卵子和一個精子的結合體。

克里普克論證說疼痛之類的狀態也有本質，疼痛的本質，形成痛的物質，就是疼痛的感覺——是可疼痛的。聯繫到形而上學和語言，如果"痛"和"腦狀態"是固定指稱，那麼，假如痛和腦狀態是相等的，他們就必然是同一的。但是假如有一種相關的腦狀態，卻沒有疼痛感，或者相反，那麼"痛"與"腦狀態"就不是必然相等，不是同一物。宇宙機械論將疼痛與某些生理、功能狀態鑒定為同一物質，因

而是不真的假命題。

維特根斯坦

克里普克將他在普林斯頓的教案整理編輯，以《維特根斯坦論規則和私人語言》為名出版（1982年）。這本書不太像一本以**維特根斯坦**的立場和論證為出發點和重心的哲學著作，對維特根斯坦的（後期著作）評論不是太多。不過克里普克的確提供了某種不同尋常的叙述，講述他認為已經是維特根斯坦所關注問題的形式。他的中心議題是維特根斯坦服從規則問題的論證，克里普克試圖展示，私人化語言的論證是對整體思想的具體運用。這一觀點與學界的標準看法相去甚遠，評論家們將克里普克本書主題定為："克里普克主義"。

名稱的聚合概念理論確實是個不錯的理論，我以為它唯一的缺陷是，對所有的哲學理論來說它太普通了，它是錯誤的理論。

《命名與必然性》，第64頁

思想簡括：

萬物的本質是它的來源。

戴維・克羅格・劉易斯 David Kellogg Le[wis]

生：1941年，奧伯林，俄亥俄 　　**卒**：2001年，普林斯頓，新澤西

術業：邏輯、語言、形而上學、認識論、倫理學

師承：萊布尼茨、休謨、賴爾、奎因、斯特勞森

嗣響：—

……每一個世界在它
自身都是真實的，因
此所有的世界都在同
一水平上。但這並不
是說所有的世界都是
真實的——沒有一個
世界在那個世界是真
實的，正如所有的時
間都是“現在”的時
候，反而沒有一個時
間存在。

《關於多元世界》，第93頁

劉易斯的父母都是知識分子，一個是政府管理教授，一個是中世紀史教授。他在奧伯林讀中學時，開始對化學產生濃厚興趣。在斯沃斯摩爾學院讀本科時也是化學專業。在牛津一年的留學期間（1959-1960年），他選聽了賴爾、格萊斯、**斯特勞森**、奧斯汀等名家的講座，回到斯沃斯摩爾學院後，他轉到哲學專業。1964年畢業後到哈佛在**奎因**的指導下攻讀博士學位。

1966年他到加州大學洛杉磯分校擔任助教授，出版了他的博士論文《習俗論：一個哲學研究》。在書中他運用遊戲理論的概念分析語言習俗。1970年劉易斯到普林斯頓當副教授，1973年升為正教授。同一年他出版了自己最重要的著作之一：《反事實》。在《反事實》一書中，他對可能世界理論條件下的反事實條件進行了新奇而又特別有影響的分析，引入了一個他終生都與之密切相關的理論——模態實在主義。《關於多元世界》是他1984年在牛津任約翰·洛克高級講師時的部分講義，劉易斯拓展了模態實在主義的論述，在書中進行詳盡詳細的論證。2001年，劉易斯在普林斯頓因多年罹患的糖尿病引發綜合症而去世。

劉易斯酷愛旅遊，尤喜火車旅行，對澳大利亞非常迷戀，就像他的第二個家一樣。

語錄：

休謨式的“意外發生”……也就是那種“對世界來說一切都在那裡”的學說是一幅巨大的馬賽克，是特殊事實局部事件的拼貼畫，一件小事又一件小事。

《哲學論文導言》（Introduction t[o]
Philosophical Papers），卷II，第ix[頁]

劉易斯的哲學興趣甚廣，迄今為止他已出版的五卷論文集就是明證：倫理學、政治學、形而上學、認識論、哲學邏輯、語言。他的寫作主題也非常寬泛，從小洞到世界，從**安塞姆**到**穆勒**，從心靈到時間旅行，無所不有。他所寫的一切都是那樣生機勃勃，立場鮮明，清晰利索。他身上最獨特的品質，或許是他對待其他哲學家，批評家的態度：在每一本每一篇批駁劉易斯觀點的書或文章中，幾乎每一位作者都向劉易斯給予他們的幫助表示感謝。他所關心的——也是他所熱愛的——是思想、論證、哲學，不是輸贏，不是對錯。他是理想主義的模範的哲學家，他也是（這是非常不同的一個問題了）被世人公認的同代人當中最好的哲學家——也許是20世紀最好的哲學家。

哲學與街頭普通人

我們並不要求哲學理論一定要符合隨便一個普通人所堅持得到的一切，因為普通人漫不經心，知識欠缺，因而不能為任何通過改變思想而得到的哲學收穫所影響。（尤其是，跟今天的很多普通人一樣，他可以為芝麻大小的瑣事隨機應變，任意播弄哲學，這樣的人更不會為哲學而改變）。

《關於多元世界》，第134頁

哲學理論沒必要向街頭巷尾的普通人解釋清楚，因為他孤陋寡聞，不大可能因為理論辯證而改變自己的心意。

可能的世界

劉易斯最著名的學說或許是他的模態實在論。他在《關於多元世界》的前言中寫道，模態實在論不是普通意義上的唯實論，不是宣稱語義學、真理、知識局限性或二值原則的理論。模態實在論只是關於存在的學說，其觀點是，我們所談論的可能世界（"它是不是可能世界當中最好的？""有一個可能世界，那裡的袋鼠不長尾巴"等等）不是一套精神的、語言學的、或什麼建構的客觀物，而是像此岸世界一樣真實的世界。我們的世界對我們是特別的，因為我們住在這裡（換句話說，它是真實的世界），但它並不比其他世界更真實。其他世界的居民也把自己的家看作是真實的，他們有權利這麼做。"真實"，就像"這裡"、"現在"一樣，是個索引名詞。

雖然"我本來可以去爭冠軍"這樣的命題，在另一個可能的世界是真實的，這個命題可以解釋得通，但這並不是說我們（或其他東西）存在於不止一個世界；說我們在另一個世界有"對應物"更好一些——跟我們非常相像的人類，在另一個世界回應我們（如同在計算機模擬中有人會相當於我一樣）。我們在另一世界不存在，他們對我們完全關閉——他們存在於

時空之中，彼此隔絕，因而在各個世界穿梭是講不通的。

哲學家和學者們所談論的世界、可能的世界，指的是"宇宙"，或可能的"宇宙"，不是指這個或那個星球。

蘇珊·哈克 Susan Haack

生：1945年，伯漢姆，英格蘭	**卒**：—

術業：邏輯、語言、認識論、形而上學、科學、法律

師承：弗朗西斯·培根、皮爾斯、羅素、斯特勞森、奎因、奧斯汀

嗣響：—

著作舉要：

《變異邏輯》（Deviant Logic）、《邏輯哲學》（Philosophy of Logics）、《證據與探究》（Evidence and Inquiry）、《一位熱情的穩健派的宣言》（Manifesto of a Passionate Moderate）、《捍衛科學——在理性的範圍內》（Defending Science – Within Reason）

丘奇蘭德急急忙忙從海蛞蝓的神經節這樣的非命題工作，突然轉到追問的目的這樣粗糙的實用主義上，對他這一不得體的舉動，忍不住要有些過度反應。不過我仍然承認，假如認識論者們多放一些精力在命題方面，知其所以然，多關注一些隱性知識，可能會更理想一些。

《證據與探究》，第169頁

哈克在牛津希爾達學院學習PPE（哲學、政治學、經濟學），1966年畢業，稍後獲得哲學學士學位。在劍橋的新廈學院獲得三年期的獎學金，拿到了博士學位。1971年她到沃威克大學任教員，1976年被聘為高級講師，1982年升為教授。從1990年起她執教邁阿密大學，是文理學院的庫珀高級學者、哲學、法學教授。

哈克最擅長寫作清晰、幽默辛辣而又切中肯綮的文章，她虔誠信奉誠實追問的哲學理想，對於知識界空虛的風潮和經院式哲學的枯燥乏味都不屑一顧（不過她也還是能夠花點時間，切開時尚表面誘人的糖霜，露出下面乾枯的蛋糕）。哈克的前兩本邏輯學著作為她奠定了名聲：《變異邏輯》（1974年）、《邏輯哲學》（1978年），不過她對哲學最重要的貢獻，是在認識論領域，可以用她《證據與探究》（1993年）一書作為起點。

哈克對認識論的貢獻，主要體現在她稱之為"基礎整合論"的學說方面，"基礎整合論"聽起來有些不雅，是哈克開始認識論研究的開端，實際上是將基礎主義與整合論的要素貫通在一起的雙向理論。哈克評估了這兩種傳統（也被傳統否定的）認識論的研究方法，得出結論說雙方各有自己的長處，她力圖建構一個框架，將經驗經歷的重要和兩種學說間互相支撐的重要都容納進去。哈克用填字謎遊戲來類比解釋她的想法：你對某一線索的答案是否正確的肯定程度，通常依賴於交叉答案或潛在答案所給出的解釋支持項。哈克詳細陳述了這一類比，為我們展現一個豐富而複雜的知識理論。

語錄：

沃威克大學官方簡報的大標題，嗯，我記得，寫的是："沃威克大學物理學重要研究成果"。它的內容，講的不是學校的物理學家取得了重大突破，而是他們獲得了重要的研究基金。

《一位熱情的穩健派的宣言》，第194頁

既述
道德哲學

道德哲學可以被分為兩個領域：元倫理學和規範倫理學。規範倫理學又可被進一步細分為兩大主要方面：實踐倫理學和一種尚沒有傳統標籤的倫理學，它介於抽象推理的元倫理學與關注個人問題的實踐倫理學之間。在西方哲學領域，人們的主要興趣傳統上還是放在元倫理學和更抽象些的規範倫理學領域。實踐倫理學直到20世紀中葉才逐漸為人們所重視，但今天它已成為哲學界最大的一個方面，這是根據它的基金以及雄厚基金的部分結果）研究課題及出版物的數量，在大學裡開設的課程數量而言。

元倫理學

"對道德名詞的意義等問題的審視與分析（概念式分析），或者，對道德價值的本質、狀態、及可認識性的審視與分析（形而上學的和認識論的）"。前者的例子如**R・M・黑爾**的論證，概念式分析是道德陳述意義的一部分，應該是可普遍化的；換句話說，一個特殊判斷，比如，"瑪麗本來不應該搶銀行的"，只有在它被包含於整體判斷"沒有人（在主語瑪麗的位置上）應該搶銀行"時，才是道德的。後者我們可以用**柏拉圖**作例子，他論證說有一些真正的道德價值有待我們去發現。**戴維・維金斯**把這兩種方法結合起來，他認為我們可以發現道德價值，不過我們的理解並非完全獨立於我們的概括能力和敏感度之外。

元倫理學的中心辯題是主客觀問題，一派人認為道德價值是客觀的，另一派人則認為是主觀的。每一個大論題又有更小的分歧，使得論爭更龐大，更蕪雜。聲明一下，我個人的觀點是客觀主義的：道德價值是客觀的，可以施用於任何有知覺、有知識、有感情並能分享我們理智與情感的生物身上。這樣的生物分享同樣的基本道德反應及認知能力，這些反應和能力，產生於我們的知識之中，產生於我們的感覺（疼痛、恐懼等等），我們的對其他人感覺的掌握能力（智力的情感的雙重掌握），我們的推理能力（例如，能夠將我們的感覺，通感移情到那些不直接的不明顯的事物上面，並能作出得體的回應）。

抽象的規範倫理學

規範倫理學是做出道德選擇總體方式的發展，例如，按上帝說的去做！也可以是選擇行為，避免引起不必要的痛苦。典型的觀點有**J・S・穆勒**的功利主義原則："那些通常能夠促進幸福感的行為，相應地就是正確的；容易引起與幸福相反情緒的是行為自然就是錯誤的"（《功利主義》第二章）。它並沒有告訴我們"正確"是什麼含義，如元倫理學一樣，也沒有像實踐倫理學那樣告訴我們在某種情境下應當如何應對；而是給出了行正事避惡行的整體上的方法論。

實踐倫理學，或應用倫理學

實踐倫理學試圖回答一些我們應當怎樣行動這些個別問題，如：墮胎、安樂死、自殺是不是不道德的？我們應該怎樣對待動物？世界上有沒有正義的戰爭？克隆人牽不牽涉到道德問題？實踐倫理學對這些問題的典型結論，可以**彼得・辛格**為例，他聲稱我們不應該以動物為食，富裕國家應當為更多的難民提供庇護。雖然辛格為他的結論做了廣泛的論述，也考慮並批駁了反對的論點，不過他並不關心道德的本質問題。實踐倫理學對這個問題的答案必須要預設元倫理學的某些立場，也許還需要抽象規範倫理學的一些方法（例如辛格就借鑒了實用主義的立場），這一領域的許多爭論和紛亂的頭緒都可以歸源於人們未能檢視他們的元倫理學立場。實踐倫理學常常為政治哲學社會哲學等學科所遮蔽。

彼得・辛格 Peter Singer

生： 1946年，墨爾本	**卒：** 一

術業： 倫理學、政治學

師承： 黑格爾、邊沁、穆勒、馬克思、黑爾

嗣響： 一

著作舉要：

《民主與不服從》
（Democracy and
Disobedience）、《動
物解放》（Animal
Liberation）、《實踐
倫理學》（Practical
Ethics）、《擴展圈》
（The Expanding
Circle）、《我們如何
生活》（How Are We
to Live?）、《生與死
的再思考》
（Rethinking Life and
Death）、《一個世
界：倫理學與全球化》
（One World: Ethics
and Globalization）

物種主義——這個詞
聽上去一點也不有
趣，但我想不出更好
的詞——指的是以某
一物種的利益至上，
歧視或用偏見的態度
對待其他物種。

《動物解放》，第6頁

辛格的父母是居住在維也納的猶太人，1938年逃到澳大利亞。父親是成功的咖啡茶葉進口商，母親行醫問診。辛格在墨爾本大學學習法律、歷史和哲學，1967年畢業。1969年獲得碩士學位（畢業論文是《我為什麼要做道德人？》），之後他得到牛津大學學院的獎學金，1971年拿到哲學學士。1971-1973年在大學學院任瑞德克里夫講師，在此期間，他在 **R・M・黑爾** 的指導下寫作有關非暴力不合作的博士論文（1973年出版，名為《民主與不服從》）。

離開哈佛後他在紐約大學教了16個月的書，醞釀寫出了他的第二本書《動物解放》（1975年）。回到墨爾本後，除了在國外很多大學擔任客座教職以外，辛格先是在拉托貝大學任高級講師，1977年起被聘為莫納什大學哲學教授。自1999年起擔任普林斯頓人類價值中心的艾拉・W・德坎普生物倫理學教授。

辛格的哲學興趣極大地局限在倫理學和政治學領域，即使在這兩個領域中，他也幾乎只關心一些實際的問題，比如對待動物、墮胎和安樂死等。即便如此（也許正因為這個），辛格是當代最有名的哲學家，也是最有爭議的哲學家。在動物倫理學領域辛格的影響最大。

思想簡括：

樂善好施、為他人着想的一生，道德上沒有虧欠，個人又受益良多。

動物

辛格1975年的著作《動物解放》奠定了他日後的道路。在書中辛格論證說人類長久以來虐待動物，這種行為不能享受道德豁免。道德的核心問題是引起不必要痛苦的錯誤行為，痛苦並不因性質而不同，只有其中一些才與道德相關——我們不能夠一方面譴責導致某一族類痛苦的行為，另一方面又寬恕導致另一族類痛苦的行為，不同人種和性別之間也不能這樣。非人類的動物缺乏我們的智力和道德理解力這一事實（至少目前為止它還是個事實），在這裡是不相干的，折磨一隻狗和折磨一個新生的嬰兒並沒有什麼本質的區別。

《動物解放》一書不僅有哲學論證，還提供了大量的證據，揭露動物實驗與工廠養殖。這本書沒有涉及辛格道德立場的理論基礎，不過從書裡對 **傑里密・邊沁** 的參考和引用來看，辛格的態度與功利主義有關。也就是說，判斷一種行為的不道德，要看它的損害性後果和它引發的痛苦。辛

動物的權利

如果某種生物遭受痛苦，我們沒有道德藉口去拒絕考慮這種痛苦。無論這生物是人還是動物，平等原則要求我們一視同仁地看待一種生物與另一種生物的痛苦——迄今為止所能做出的粗糙比較。

《動物解放》，第8頁

殘忍地對待動物，人類沒有道德赦免權。

格在後面的書裡將他這一功利主義基礎觀表述得更加明確。

辛格的著作影響巨大，不僅影響了個人——很多普通人、哲學家、非哲學家變成了素食主義者——也影響到社會。如今我們想當然地把動物解放這一概念視作是令人尊敬的道德事業，而在辛格寫作《動物解放》的年代，大眾普遍認為只有行為怪癖的、養無數貓咪的老婦人才會關心這樣的事情。

生與死

辛格狼藉的聲名主要歸咎於他對墮胎、安樂死和流產的看法。他認為，胎兒、嬰兒和嚴重殘疾者雖然能夠感知痛苦，但是沒有能力計劃、參與未來；因此**在某種情況下**，結束他們的生命，從道德上來說是允許的。這樣做的附帶條件非常重要，辛格仔細區分了所謂的自願性安樂死和非自願性安樂死。對自己的各種道德態度和立場，辛格進行了全面而又有力的論證，但

他的很多論敵（遺憾的是，包括不少哲學家）不是就事論事，而是斷章取義，甚至搞人身攻擊。辛格曾被指控為有納粹思想，反對者曾經試圖取消他的演講甚至學術職位（有時也真做到了，可以參見1993年版的《實踐倫理學》一書附錄：在德國沉默）。

而當論敵們就辛格的論點進行反擊時，他們又常常扭曲並簡單化了辛格的原意——這個頗有一點奇怪，因為辛格是文風最明晰的哲學作家之一，他的很多著作本來是專門針對非專業人士閱讀的。

"流產合法"這個觀點是從個人自由的角度出發，因而避免了胎兒的道德狀態。辛格聲稱墮胎不單純是選擇的權利，我們必須建立胎兒不值得保護這一觀念。他頗受爭議的立場是，在某種情況下，胎兒的確不值得保護。

推薦書目

哲學總論

辭典

Simon Blackburn, *Oxford Dictionary of Philosophy*（Oxford University Press, 1996）
西蒙·布萊克本恩,《牛津哲學辭典》（牛津大學出版社,1996）

Nicholas Bunnin & Jiyuan Yu（eds.）, *The Blackwell Dictionary of Western Philosophy*（Blackwell, 2004）
尼古拉斯·本甯、余紀元合編,《布氏西方哲學辭典》（布萊克韋爾,2004）

Antony Flew & Stephen Priest（eds.）, *A Dictionary of Philosophy*（Pan Books, 2002）
安東尼·傅路·斯蒂芬·普雷斯特合編,《哲學辭典》（潘神圖書,2002）

初階、指南及讀本

Kwame Anthony Appiah, *Thinking it Through: An Introduction to Contemporary Philosophy*（Oxford University Press, 2003）
卡瓦美·安東尼·阿皮亞,《徹底全面地思考：當代哲學導論》（牛津大學出版社,2003）

Robert L. Arrington（ed.）, *A Companion to the Philosophers*（Blackwell, 1996）
羅伯特·L·阿靈頓編,《哲學家手冊》（布萊克韋爾,1999）

Nicholas Bunnin & Eric Tsui-James（eds.）, *The Blackwell Companion to Philosophy*（Blackwell, 2002）
尼古拉斯·本甯、艾利克·崔－詹姆斯合編,《布氏哲學手冊》（布萊克韋爾,2002）

John Cottingham（ed.）, *Western Philosophy: An Anthology*（Blackwell, 1996）
約翰·柯汀翰編,《西方哲學讀本》（布萊克韋爾,1996）

Alexander Lyon Macfie（ed.）, *Eastern Influences on Western Philosophy: A Reader*（Edinburgh University Press, 2003）
亞歷山大·萊昂·麥克菲編,《東方對西方哲學的影響讀本》（愛丁堡大學出版社,2003）

William McNeil & Karen Feldman（eds.）, *Continental Philosophy: An Anthology*（Blackwell, 1998）
威廉·麥克內爾、卡倫·費爾德曼合編,《歐陸哲學讀本》（布萊克韋爾,1998）

A. P.Martinich（ed.）, *A Companion to Analytic Philosophy*（Blackwell, 2001）
A·P·馬汀尼克編,《分析哲學手冊》（布萊克韋爾,2001）

Thomas Nagel, *What Does It All Mean? A Very Short Introduction to Philosophy*（Oxford University Press, 1987）
托馬斯·內格爾,《這都意味着什麼？哲學小引》（牛津大學出版社,1987）

Ruth J. Sample, Charles W. Mills, James P.Sterba（eds.）, *Philosophy: The Big Questions*（Blackwell, 2003）
露斯·J.桑普爾、查爾斯·W·米爾斯、詹姆斯·P.斯特爾巴合編,《哲學：一些大問題》（布萊克韋爾,2003）

哲學各領域

形而上學

Richard Gale（ed.）, *The Blackwell Guide to Metaphysics*（Blackwell, 2002）

理查德·蓋爾編,《布氏形而上學指南》（布萊克韋爾,2002）

Peter van Inwagen, *Metaphysics*（Oxford University Press, 1993）
彼得·范·陰瓦艮,《形而上學》（牛津大學出版社,1993）

Peter van Inwagen & Dean W. Zimmerman（eds.）, *Metaphysics: The Big Questions*（Blackwell, 1998）
彼得·范·陰瓦艮、丁恩·W·金美曼合編,《形而上學：一些大問題》（布萊克韋爾,1998）

Michael Jubien, *Contemporary Metaphysics*（Blackwell, 1997）
邁克爾·朱柄,《當代形而上學》（布萊克韋爾,1997）

Jaegwon Kim（ed.）, *Metaphysics: An Anthology*（Blackwell, 1999）
雅各宛·金編,《形而上學讀本》（布萊克韋爾,1999）

Jaegwon Kim & Ernest Sosa（eds.）, *A Companion to Metaphysics*（Blackwell, 1995）
雅各宛·金、恩斯特·索薩合編,《形而上學手冊》（布萊克韋爾,1995）

認識論

Linda Martin Alcoff（ed.）, *Epistemology: The Big Questions*（Blackwell, 1998）
琳達·馬丁·阿爾卡夫編,《認識論：一些大問題》（布萊克韋爾,1998）

Jonathan Dancy, *Introduction to Contemporary Epistemology*（Blackwell, 1985）
喬納森·丹西,《當代認識論導論》（布萊克韋爾,1985）

Jonathan Dancy & Ernest Sosa（eds.）, *A Companion to Epistemology*（Blackwell, 1992）
喬納森·丹西、恩斯特·索薩合編,《認識論手冊》（布萊克韋爾,1992）

Jaegwon Kim（ed.）, *Epistemology: An Anthology*（Blackwell, 1999）
雅各宛·金編,《認識論讀本》（布萊克韋爾,1999）

Charles Landesman, *An Introduction to Epistemology*（Blackwell, 1997）
查爾斯·藍德斯曼,《認識論導論》（布萊克韋爾,1997）

Adam Morton, *A Guide through the Theory of Knowledge*（Blackwell, 1997）
亞當·莫頓,《認識理論指南》（布萊克韋爾,1997）

邏輯學與語言學

Bob Hale & Crispin Wright（eds.）, *A Companion to Philosophy of Language*（Blackwell, 1997）
鮑勃·黑爾、克里斯品·萊特合編,《語言哲學手冊》（布萊克韋爾,1997）

Dale Jacquette（ed.）, *A Companion to Philosophical Logic*（Blackwell, 2002）, *Philosophical Logic: An Anthology*（Blackwell, 2001）
達爾·雅克奎特編,《哲學邏輯學手冊》（布萊克韋爾,2002）；《哲學邏輯學讀本》（布萊克韋爾,2001）

Andrea Nye（ed.）, *Philosophy of Language: The Big Questions*（Blackwell, 1998）
安德拉·奈爾編,《語言哲學：一些大問題》（布萊克韋爾,1998）

Stephen Read, *Thinking about Logic*（Oxford University Press, 1995）
斯蒂芬·里德,《邏輯學漫想》（牛津大學出版社,1995）

Patrick Shaw, *Logic and Its Limits*（Oxford University Press, 1997）
帕特里克·肖,《邏輯學及其限》（牛津大學出版社,1997）

道德哲學與政治哲學

R. G. Frey（ed.）, *A Companion to Applied Ethics*（Blackwell, 2003）
R·G·富雷編,《應用倫理學手冊》（布萊克韋爾,2003）

Robert E. Goodin & Philip Pettit（eds.）, *Contemporary Political Philosophy: An Anthology*（Blackwell, 1997）
羅伯特·E·古丁、菲利普·佩提特合編,《當代政治哲學讀本》（布萊克韋爾,1997）

Brad Hooker（ed.）, *Truth in Ethics*（Blackwell, 1996）
布拉德·胡克兒編,《倫理學的真實性》（布萊克韋爾,1996）

Hugh LaFollette（ed.）, *Ethics in Practice: An Anthology*（Blackwell, 1997）
休·拉福勒特編,《實踐中的倫理學讀本》（布萊克韋爾,1997）

D·McNaughton, *Moral Vision*（Blackwell, 1988）
D. 麥克諾頓,《道德視野》（布萊克韋爾,1988）

Robert L. Simon（ed.）, *The Blackwell Guide to Social and Political Philosophy*（Blackwell, 2002）
羅伯特·L·西蒙編,《布氏社會哲學和政治哲學指南》（布萊克韋爾,2002）

Peter Singer, *Practical Ethics*（Cambridge University Press, 1993）
彼得·辛格,《實踐倫理學》（劍橋大學出版社,1993）

Peter Singer（ed.）, *A Companion to Ethics*（Blackwell, 1993）
彼得·辛格編,《倫理學手冊》（布萊克韋爾,1993）

James P.Sterna（ed.）, *Ethics: The Big Questions*（Blackwell, 1998）
詹姆斯·P·斯特納編,《倫理學：一些大問題》（布萊克韋爾,1998）

Leo Strauss & Joseph Cropsey（eds.）, *History of Political Philosophy*（University of Chicago Press, 1987）
列奧·斯特勞斯、約瑟夫·克羅普塞合編,《政治哲學史》（芝加哥大學出版社,1987）

Adam Swift, *Political Philosophy: A Beginners' Guide for Students and Politicians*（Polity Press, 2001）
亞當·斯威特,《政治哲學：學生及政治家初級指南》（帕立梯出版社,2001）

Bernard Williams, *Morality: An Introduction to Ethics*（Cambridge University Press, 1993）
伯納德·威廉姆斯,《道德：倫理學導論》（劍橋大學出版社,1993）

心智哲學

Samuel Guttenplan（ed.）, *A Companion to Philosophy of Mind*（Blackwell, 1994）
薩繆爾·古騰普蘭編,《心智哲學手冊》（布萊克韋爾,1994）

Jaegwon Kim, *Philosophy of Mind*（Oxford University Press, 1996）
雅各宛·金,《心智哲學》（牛津大學出版社,

…96）

…olin McGinn, *The Character of Mind*（Oxford
…niversity Press, 1982）

…林‧麥克金，《心智的特徵》（牛津大學出版
…，1982）

…homas Nagel, *The View from Nowhere*（Oxford
…niversity Press, 1986）

…瑪爾‧納格爾，《來自烏有之鄉的觀點》（牛
…學出版社，1985）

…eorges Rey, *Contemporary Philosophy of Mind*
…Blackwell, 1996）

…治亞‧雷，《當代心智哲學》（布萊克韋爾，
…996）

…ernard Williams, *Problems of the Self*（Cambridge
…niversity Press, 1973）

…納德‧威廉姆斯，《自我的疑難》（劍橋大學出
…版社，1973）

宗教哲學

…rian Davies, *An Introduction to the Philosophy of Religion*
…Oxford University Press, 1993）

…布萊恩‧戴維斯，《宗教哲學導論》（牛津大學出
…版社，）

…. L. Mackie, *The Miracle of Theism*（Oxford University
…Press, 1982）

…‧L‧麥傑，《有神論的奇迹》（牛津大學出版
…社，1982）

…Philip Quinn & Charles Taliaferro（eds.）, *A Companion
…to Philosophy of Religion*（Blackwell, 1999）

…菲利普‧奎因‧查爾斯，塔利亞費羅合編，《宗
…教哲學手冊》（布萊克韋爾，1999）

…Eleonore Stump & Michael J. Murray（eds.）,
…*Philosophy of Religion: The Big Questions*（Blackwell,
…1999）

…艾利奧諾‧斯坦普‧邁克爾‧J‧穆雷合編，《宗
…教哲學：一些大問題》（布萊克韋爾，1999）

…Charles Taliaferro, *Contemporary Philosophy of Religion*
…（Blackwell, 1998）

…查爾斯‧塔利亞費羅，《當代宗教哲學》（布萊克
…韋爾，1998）

科學哲學

David L. Hull, *Philosophy of the Biological Sciences*
（Prentice-Hall, 1974）

戴維‧L‧哈爾，《生物科學哲學》（普倫提斯－
霍爾，1974）

Peter Machamer & Michael Silberstein（eds.）, *The
Blackwell Guide to the Philosophy of Science*（Blackwell,
2002）

彼得，馬查梅‧邁克爾‧西爾伯斯坦因合編，
《布氏科學哲學指南》（布萊克韋爾，2002）

W. H. Newton-Smith（eds.）, *A Companion to the
Philosophy of Science*（Blackwell, 2000）

W‧H‧牛頓‧W‧H‧史密斯合編，《科學哲學
手冊》（布萊克韋爾，2000）

Lawrence Sklar, *Philosophy of Physics*（Oxford
University Press, 1992）

勞倫斯‧斯卡拉，《物理哲學》（牛津大學出版
社，1992）

Elliott Sober, *Philosophy of Biology*（Oxford University
Press, 1993）

艾略特‧索伯爾，《生物哲學》（牛津大學出版
社，1993）

各時期的哲學

Steven M. Emmanuel（ed.）, *The Blackwell Guide to the
Modern Philosophers*（Blackwell, 2000）

斯蒂文‧M‧伊曼紐爾編，《布氏近代哲學家指
南》（布萊克韋爾，2000）

Patrick Gardiner（ed.）, *Nineteenth-Century Philosophy*
（Free Press, 1969）

帕特里克‧賈第納編，《十九世紀哲學》（自由出
版社，1969）

Jorge J. E. Gracia & Timothy Noone（eds.）, *A
Companion to Philosophy in the Middle Ages*（Blackwell,
2002）

約各‧J‧E‧格拉西亞‧提姆西‧奴恩合編，
《中世紀哲學手冊》（布萊克韋爾，2002）

Steven Nadler, *A Companion to Early Modern
Philosophy*（Blackwell, 2002）

斯蒂文‧納德勒編，《近代早期哲學手冊》（布萊
克韋爾，2002）

Terry Pinkard, *German Philosophy, 1760-1860 : The Legacy
of Idealism*（Cambridge University Press, 2002）

特里‧品卡德，《德意志哲學，1760-1860：唯心
主義的遺產》（劍橋大學出版社。2002）

Christopher C. Shields, *The Blackwell Guide to Ancient
Philosophy*（Blackwell, 2002）

克里斯托弗‧C‧席爾茲，《布氏古代哲學指南》
（布萊克韋爾，2002）

非西方哲學傳統

Ray Billington, *Understanding Eastern Philosophy*
（Routledge, 1997）

雷‧比靈頓，《認識東方哲學》（路特勒傑，
1997）

Brian Carr & Indira Mahalingam（eds.）, *Companion
Encyclopedia of Asian Philosophy*（Routledge, 1997）

布萊恩‧卡爾、因第拉‧馬哈林噶姆合編，《亞
洲哲學小百科》（路特勒傑，1997）

Eliot Deutsch & Ron Bontekof（eds.）, *A Companion to
World Philosophies*（Blackwell, 1997）

艾略特‧杜茨、蘭‧邦特科夫合編，《世界哲學
手冊》（布萊克韋爾，1997）

Robert & Kathleen Higgins Solomon（eds.）, *From
Africa to Zen: An Invitation to World Philosophy*（Rowan
& Littlefield, 2003）

羅伯特、席金斯‧索羅門、凱瑟琳‧席金斯‧索
羅門合編，《從非洲到禪：世界哲學入門》（羅萬
－利特爾費爾德，2003）

非洲

Kwame Gyekye, *An Essay on African Philosophical
Thought: The Akan Conceptual Scheme*（Temple
University Press, 1995）

卡瓦美‧傑基，《非洲哲學思想論：阿肯概念圖
式》（騰普爾大學出版社，1995）

Paulin Hountondji, *African Philosophy: Myth and Reality*
（Indiana University Press, 1983）

寶林‧豪恩通紀，《非洲哲學：神話與現實》（印
第安納大學出版社，1983）

Samuel Oluoch Imbo, *An Introduction to African
Philosophy*（Rowan & Littlefield, 1998）

薩繆爾‧奧羅奇‧伊姆波，《非洲哲學導論》（羅
萬－利特爾費爾德，1998）

Tsenay Serequeberhan（ed.）, *African Philosophy: The*

Essential Readings（Paragon House, 1991）

澤內‧色勒奎伯翰編，《非洲哲學重要文選》（帕
拉甘書屋，1991）

Kwasi Wiredu, *Philosophy and an African Culture*
（Cambridge University Press, 1990）

卡瓦西‧魏勒度，《哲學與非洲文化》（劍橋大學
出版社，1990）

Kwasi Wiredu（ed.）, *A Companion to African Philosophy*
（Blackwell, 2004）

卡瓦西‧魏勒度編，《非洲哲學手冊》（布萊克韋
爾，2004）

中國

Chung-Ying Cheng & Nicholas Bunnin（eds.）,
Contemporary Chinese Philosophy（Blackwell, 2002）

成中英、尼古拉斯‧本寧合編，《當代中國哲學》
（布萊克韋爾，2002）

Feng Yu-lan（trans. Derek Bodde）, *A History of Chinese
Philosophy*（Princeton University Press, 1983）

馮友蘭，《中國哲學史》（普林斯頓大學出版社，
1983）

Fung Yu-lan, *A Short History of Chinese Philosophy*（Free
Press, 1997）

馮友蘭，《中國哲學簡史》（自由出版社，1997）

Philip J. Ivanhoe & Bryan W. Van Norden（eds.）,
Readings in Classical Chinese Philosophy（Seven Bridges
Press, 2001）

艾文賀、萬白安合編，《中國古典哲學讀本》（七
橋出版社，2001）

Wing-Tsit Chan（ed.）, *Sourcebook in Chinese Philosophy*
（Princeton University Press, 1992）

陳榮捷，《中國哲學資料彙編》（普林斯頓大學出
版社，1992）

印度

Sue Hamilton, *Indian Philosophy: A Very Short Introduction*
（Oxford University Press, 2001）

蘇‧漢密爾頓，《印度哲學小引》（牛津大學出版
社，2001）

Richard King, *Indian Philosophy: An Introduction to Hindu
and Buddhist Thought*（Edinburgh University Press,
1999）

理查德‧金，《印度哲學：印度教和佛教思想導
論》（愛丁堡大學出版社，1999）

J. N. Mohanty, *Classical Indian Philosophy*（Rowan-
Littlefield, 2000）

J‧N‧莫翰提，《印度古典哲學》（羅萬－利特爾
費爾德，2000）

Sarvepalli Radhakrishnan & Charles A. Moore（eds.）,
A Source Book in Indian Philosophy（Princeton University
Press, 1967）

薩維帕利‧拉達克里西南、查爾斯‧A‧摩爾合
編，《印度哲學資料彙編》（普林斯頓大學出版
社，1967）

術語解釋

後天的（a posteriori）：認識只能通過經驗獲得，那它就是**後天的**（或**經驗的**）。（參見"先天的"）

先天的（a priori）：認識如果不藉助經驗就可以獲得，那它就是**先天的**。（參見"後天的"、"經驗的"）

分析（analytic）：一個陳述，如果僅僅根據其包含的詞語的意義，被證明是正確的或者是錯誤的話，那麼這個陳述就是分析的。（參見"綜合"）

反實在論（antirealism）：反實在論有很多種，有些應用於所有領域，有些則只適用於某些特定的範疇（比如道德價值觀或者未來）。一般地，反實在論認為，相關的陳述既不是正確的，也不是錯誤的，或者認為，相關的客體或事件事實上並不存在。（參見"實在論"）

原子論（atomism）：從字面上來講，是指認為（物質）世界是由原子——微小的、不可分的、基本的微粒——以不同的排列方式組成的這樣一種觀點。這一術語也可以用於其他領域，例如**邏輯原子論**，根據這種理論，語言可以根據簡單的、基本的意義單位進行解釋，與簡單、基本的原子構成世界相對應。

笛卡兒哲學（cartesian）：既指笛卡兒的觀點、立場和方法，也指其追隨者的觀點、立場和方法（有時候容易引起誤解）。

認知（cognitive）：精神上的認知，是產生認識、信仰、知識（與意願等相對）或與之相聯繫的過程。在表述的意義上，認知可能是正確的，也可能是錯誤的（與命令或疑問等相對）。

整合論（coherentism）：整合論者認為，人關於一組命題的認識，乃是建立在這些命題整合的力量之上——所謂整合，是指它們彼此契合、彼此支持的方式。（參見"基礎主義"）

相容論（compatibilism）：也稱作**"柔性決定論"**，認為道德責任、讚揚和指責，與世界在整體上是確定的這一觀點，是相容的——所有的事件，不管是物質的還是精神的，都有一個完全決定性的始因。

概念論（conceptualism）：這種理論認為，概括性的和抽象的詞語，其意義依存於指示概念的詞語。（參見"唯名論"、"唯實論"）

偶然（contingent）：一個事物，如果它依賴其他事物而存在，而產生，或者獲得其本質；或者如果它本來是可以不存在的，那它就是偶然的。一個命題，如果它不會出現相反的情況，那它就是偶然地真，或者偶然地假。

二元論（dualism）：認為世界上存在兩種事物的觀點。最常見的二元論認為，世界是由精神和物質（心靈和肉體）組成的。（參見"一元論"、"物理主義"、"唯心主義"）

情緒論（emotivism）：元倫理學理論，認為表面上符合道德的陳述實際上表達的是說話人的情緒，因此既不是真的也不是假的。（參見"主觀主義"）

經驗的（empirical）：經驗信仰是指其合理性依賴經驗的信仰。（參見"先天的"、"後天的"）

經驗論（empiricism）：所有的知識（或者除了關於概念之間聯繫的本質的知識如邏輯學知識以外的所有知識）都是基於經驗——通常是指感性經驗，但並非總是感性經驗，是為經驗論。

認識論（epistemology）：證實信仰合理性的東西，不需要為相信這信仰的人所瞭解，是為認識論。

外在論（externalism）：關於心智和語言的哲學：認為人的精神狀態的要素和人的詞語的意義，並非來自他們自身，而是來自外部世界。

基礎主義（foundationalism）：基礎主義者認為，認識的可能性最終基於一組信仰，這些信仰本身不需要藉助其他的信仰來證明其合理性；這種的基礎主義觀點可能是**先天的**，也可能是**後天的**。（參見"整合論"、"實證主義"）

功能主義（functionalism）：一種**物理主義**的理論，認為精神狀態是由導致它們的原因以及它們對（行為）的效果來界定的。

唯心主義（idealism）：**一元論**的形而上學觀點，認為世界基本上是精神的（產物）。這一重要理論表現為多種截然不同的形式，包括**萊布尼茲**、**貝克萊和黑格爾**的觀點，都是唯心主義。（參見"物理主義"）

轉向語言學（linguistic turn）：指英美傳統下許多哲學家的興趣從討論存在什麼，人如何認識它，人應該怎麼做等等問題，轉向討論人使用的詞語。

唯物主義（materialism）：用於心智哲學。（參見"物理主義"）

樣式（modality）：命題 p 的樣式是指該命題為真時呈現的方式（樣型）；比如，我們會說命題 p 是必然的，或是可能的，或是過去時，或是將來時，或是容許的，或是強制性的。哲學家——尤其是邏輯學家和邏輯哲學家——往往集中關注必然性和可能性之類的"邏輯樣式"。

一元論（monism）：主張在一個指
定的領域內只存在一種事物的所有理
論。在世界的本質方面，一元論的研
究方法主要是**唯心主義**和**物理主義**。

必然（necessary）：一個事物，如
果它不依賴其他任何事物而存在，或
者它的不存在是不可能的，那它就是
必然的。一個命題，如果它不可能出
現相反的情況，那它必然是真的，或
者必然是假的。（參見"偶然"）

唯名論（nominalism）：在中世紀
哲學中，這一觀點認為，世上只有個
體存在，**共相**只是虛有其名。（參見
"唯實論"）

悖論（paradox）：當一個有效論
證，在假定為真的前提下，得出一個
與它自己或其他假定為真的命題相矛
盾的結論時，就會出現悖論。悖論所
以重要，是因為它們表明有某些錯誤
存在——受到質疑的論證中通常有一
個或者更多的前提是錯誤的。

物理主義（physicalism）：**一元論**
的形而上學觀點，認為世上只有物質
存在，此外別無他物。這種理論認
為，根本不存在非物質的精神實體，
根本不存在意識；每一種實際存在的
真正的物質，都可以根據有形的事物
及其相互關係進行解釋。

實證主義（positivism）：是一種**基
礎主義**的觀點（本質上是一種激進的
經驗主義），認為所有真正的知識或
最高級形式的知識，都來自人對世界
的感性經驗；這樣的知識就是實證
的，因為它是由經驗獲得的，不需要
進一步的（形而上學或神學）證明。
邏輯實證主義是一種更極端的實證主
義，利用近代形式邏輯的發展，將實
證主義觀點擴展到意義領域。

實用主義（pragmatism）：美國的
哲學流派，其中心是關於"意義"

（後來的實用主義者又增加了"真實
性"）的理論：概念的意義，或者命
題的真實性，全部表現為其注重實效
的實踐內涵。

命題（proposition）：我們可以從
句子中分辨出來，句子是用來進行陳
述的語言項目，這陳述表達的就是命
題。一個命題就是表述、主張、隱
含、理解的東西；理解一個陳述，就
是抓住它表達的命題。

唯實論（realism）：在中世紀哲學
中，它與**唯名論**相對，認為**宇宙萬物**
是存在於人的思維之外的。廣泛地
講，唯實論是指認為某種客體（或屬
性，或事物的狀態）確實存在的觀
點，或者指認為某一種陳述正確或錯
誤的觀點。（參見"反實在論"、
"物理主義"、"相對主義"、"主觀
主義"）

相對主義（relativism）：這種觀點
認為，至少在部分領域，真理是相對
的，依據文化、社會或者其他相關的
觀念體系而變化。

主觀主義（subjectivism）：一種研
究道德的通用方法，認為道德判斷在
某種程度上表達的是個人的偏好或感
情。主觀主義理論有多種，比如**情緒
論**，根據這種理論，"謀殺是錯誤的"
並不比"謀殺——噓！"表達了更多
的意思；再如，有觀點認為，道德判
斷是普遍的（因為所有的人或者大多
數人對同樣的行為和事件具有同樣的
基本情感反應），但是，這種普遍性
往往是可能會變化的。

實體（substance）：傳統上就是形
而上學的主要內容之一；因此，對於
實體有很多種論述。主要的三種（互
相聯繫的）觀念是：奠定屬性之基礎
但本身不能是一種屬性的任何東西
（是為作為基礎的實體）；獨立存在
於其他任何東西之外的東西；事物的

本質或真正的本性。

綜合（synthetic）：依循世界的規
律，如果一個陳述是正確的或者錯誤
的，那麼就可以說這個陳述是綜合
的。

功利主義（utilitarianism）：一種
道德和政治學說，認為行動的社會道
德規範，純粹是用來闡釋這行為給
他人帶來的快樂或者不快樂的全部意
義（而另一方面，我們判斷一個人的
道德，必須考慮其動機）。

世界（world）：指存在的所有事
物；因此，世界不是孤立的客體，而
是單指所有客體的總和（或者，在某
種意義上，也是指所有事實或事件的
總和）。

索引

a posteriori 後天的 186

a priori 先天的 112-113, 186

Abelard, Pierre 皮埃爾‧阿伯拉爾 **60-61**

Abraham and Isaac 亞伯拉罕和以撒 125

Absolute 絕對 121, 133

abstract ideas 抽象概念 61

abstract normative ethics 抽象規範倫理 181

Abunaser 阿布奈撒爾，參見 al-Fārābi (Abū Nasr Muhammad ibn al-Farakh)

Achilles and the tortoise 阿喀琉斯與龜 21

action 行為 160-161, 163, 164, 181, 183

Adi Śamkara 商羯羅 47, 147

advaita 不二論 57, 147

aesthetics 美學 125, 139

al-Fārābi (Abu Nasr Muhammad ibn al-Farakh al-Fārābi) (Alfarabius, Abunaser) 法拉比（阿布‧奈撒爾‧穆罕默德‧伊本‧法拉克‧法拉比）（阿布奈撒爾‧阿爾法拉比） 44, 48, **50-51**, 52

al-Ghazālī (abū Hamid Muhammed ibn Muhammed at-Tusi al-Ghazālī) 加札利（阿布‧赫邁德‧穆罕默德‧伊本‧穆罕默德，吐司‧加札利） **58**, 98

al-Kindī (abū-Yūsuf Ya'qūb ibn Ishūq al-Kindī) 鏗迭（阿布—玉素甫‧雅曲布‧伊本‧伊舒‧鏗迭） 44, **48**, 50

Ammonius Saccas 阿摩尼烏斯‧薩卡斯 37

Amo, Anthony William 安東尼‧威廉‧阿莫 **103**

analytic 分析 149, 156-157, 186

Anaximenes 阿那克西美尼 14

Andronicus of Rhodes 羅得島的安德羅尼科 27

animals 動物 89, 182-183

anomalous monism 變則一元論 160-161

Anscombe, Gertrude Elizabeth Margaret 傑特魯茲‧伊莉莎白‧瑪格麗特‧安斯康姆 **164**

Anselm of Canterbury, St 坎特伯雷的安塞姆 **54-55**, 178

anthropomorphism 擬人論 67

antirealism 反實在論 85, 168-169, 186

applied ethics 應用倫理學 181

Aquinas, Thomas 托瑪斯‧阿奎納 27, 39, 45, 54, **70-71**, 72, 106

Aristophanes 阿里斯托芬 23

Aristotelians 亞里士多德學派 45, 48, 87

Aristotle 亞里士多德 6, 13, 21, **26-27**, 45, 46, 50, 52, 53, 54, 62, 68, 71, 72, 83, 91, 106, 163

Arnauld, Antoine 安東尼‧阿爾諾 **90**, 98, 100

arrow, the 飛矢不動 21

Asclepigenia of Athens 雅典的阿斯克雷皮傑尼亞 40

Aspasia (wife of Pericles) 阿斯帕齊婭（伯里克利之妻） 40

astrology 占星術 86, 155

astronomy 天文學 15, 48, 87

atheism 無神論 86

atomism 原子論 145, 149, 186

Augustine of Hippo (Aurelius Augustinus, St Augustine) （希波的）奧古斯丁（聖奧古斯丁‧奧雷里烏‧奧古斯丁努） **38-39**, 53, 54, 58, 98

autonomy 自律 113, 175

Averröes 阿威羅伊，參見 ibn Rushd

Avicenna 阿維森納，參見 ibn Sina

Ayer, Sir Alfred Jules 阿爾弗雷德‧朱爾斯‧艾爾爵士 133, 156, **158**

Bacon, Francis 弗朗西斯‧培根 **82-83**

Bacon, Roger 羅傑‧培根 68-69

Beauty 美 25

behaviourism 行為主義 91

beliefs 信仰 59, 109, 173, 180

ben Maimon, Moses (Maimonides, Rambam) 摩西‧本‧邁蒙（邁蒙尼德，拉姆巴姆） 44, **66-67**

Bentham, Jeremy 傑里密‧邊沁 114

Berkeley, George 喬治‧貝克萊 61, **102**, 107

Bible, the 《聖經》 49, 67

bivalence 真假二值 169

Boethius, Anicius Manlius Severinus 阿尼西斯‧曼利斯‧塞弗萊努斯‧波伊提烏 **46**

Bosanquet, Bernard 伯納德‧博贊克特 133

Bradley, Francis Herbert 弗朗西斯‧赫博特‧布拉德利 119, 133

Brahma-sūtras 《梵經》 56

Brahman 梵 47, 57

Broad, C.D. C‧D‧布羅德 106

Brouwer, L.E.J. L‧E‧J‧布勞威爾 169

Buddhism 佛教 36, 64

Burke, Edmund 埃德門德‧伯克 115

Carnap, Rudolf 魯道夫‧卡納普 **151**, 156

Cartesian approach 笛卡兒方法 93, 97, 98, 102, 163, 186

categories 範疇 113

causality 因果性 58, 98-99, 101, 102, 113, 123

certainty 確定性 88

change 變化 19, 20, 155, 163

Christianity 基督教 38-39, 41, 44, 49, 54-55

Chrysippus 克呂西普 30

class 類 127

cognitive 認知 181, 186

coherentism 整合論 180, 186

Collingwood, R.G. R‧G‧科林伍德 133

common sense 共通感 106, 107

compatibilism 相容論 186

conceptualism 概念論 113, 174, 186

Confucianism 儒家 17, 22-29 63-64

Confucius 孔子，參見 K'ung fu-zi

connotation 內涵 123

consciousness 意識 120, 141 175

consequences 推斷 123

consequentialism 推斷論 164

Continental philosophers 大陸哲學家 149

contingency 偶然性 186

contract 契約 84-85, 97

Conway, Lady Anne Finch 安妮‧芬奇‧康韋女勳爵 **93**

Copernican system 哥白尼體系 87

cosmology 宇宙論 14, 15, 53

counterfactuals 反事實 178

Crates of Thebes 忒拜的克拉特 30

Cratylus 克拉底魯 24

creation 創造 14, 53

creativity 創造性 132

Cyril of Alexandria 亞歷山大里亞的西里爾 41

daiji (tai ch'i) 太極 65

dao 道 18, 47

Dao de jing 《道德經》 19

Daoism (Taoism) 道家，道教 17, 18, 32, 33

Davidson, Donald Herbert 唐納德‧赫伯特‧戴維森 157, **160-161**

death 死亡 183

Democritus 德謨克利特 87

denotation 外延 123

Derrida, Jacques 雅克‧德里達 170-171

Descartes, René 若內‧笛卡兒 6, 34, 54, 65, 84, 86, **88-89**, 91, 94, 98, 103, 104, 121, 163

descriptions 描述 145, 162

Dewey, John 約翰‧杜威 **142-143**, 173

direct realism 直接實在論 107

dishonesty 不誠實 103

divine right of kings 王權神授論 29, 75

dogmatism 獨斷論 35, 103

doubt 懷疑 87, 88-89

dual-aspect theory 兩面論 95, 131, 180

dualism 二元論 47, 57, 89, 91, 95, 102, 103, 131, 155, 158, 163, 186

Dummett, Sir Michael Anthony Eardley 邁克爾‧安東尼‧伊爾德雷‧杜梅特爵士 **168-169**

鳴謝

出版商Quarto公司曾蒙下列人士惠贈插圖及照片，慨允收入本書，茲開具如下，以示謝忱：

（說明：l—左；c—中；t—上端；b—下端；b/g—背景圖）

6, 7, 61t, 63t, 85, 131t, 142b Bettmann / CORBIS; 8 Science Museum, London/HIP / TOPFOTO; 9 The Image Works / TOPFOTO; 10b/g Wolfgang Kaehler / CORBIS; 13t CM Dixon / HIP / TOPFOTO; 24b Ted Spiegel / CORBIS; 26b Stock Montage / GETTY IMAGES; 27 Araldo de Luca / CORBIS; 39tl, 51b, 53l, 78b/g, 116b/g Archivo Iconografico, S.A. / CORBIS; 42b/g, 113t, 169t The British Library/HIP / TOPFOTO; 51t Christine Osborne / CORBIS 55, 67, 69, 73, 83t, 109, 111, 118, 127, 179 TOPFOTO; 65 Otto Rogge / CORBIS; 71t Gianni Dagli Orti / CORBIS; 89 Stapleton Collection / CORBIS; 95, 96b, 99t, 105t, 121b, 135t, 136b/g Hulton Archive / GETTY IMAGES; 97 Karen Huntt / CORBIS; 121t Fotomas / TOPFOTO; 123t HIP / TOPFOTO; 139cr, 178 Robert P. Matthews, Princeton University; 140b Scheufler Collection / CORBIS; 141t Austrian Archives / CORBIS; 143 Todd Pearson / CORBIS; 145 Jimmy Sime / Central Press / GETTY IMAGES; 149t Trinity College Library, Cambridge; 157t Hulton-Deutsch Collection / CORBIS; 163t Yevgeny Khaldei / CORBIS; 177 Herman Leonard / ArenaPAL; 183t Les Stone / CORBIS; 183b David Reed / CORBIS

其他所有插圖及照片，版權均歸Quarto出版公司所有。Quarto公司盡力注明插圖和照片的提供者，如有疏忽或遺漏，自當致歉——並願意在本書再版時，做適當的更正。

作者致謝

眾多哲學同儕於本書之寫作多有教誨，尤其是安德莉·克里斯多費鐸（Andrea Christofidou）給予了很多的幫助和支持，在此一併致謝。